한국어로 내려온

New Bible

새로운 성경

제37권

3부 | 총10부

하얀마음

하나님 말씀 중에서

1. 사랑의 하나님

- 세상을 창조하신 하나님은 모두를 사랑하신다. 인간만 특별히 더 사랑하지 않고, 우주 만물을 다 똑같이 사랑하신다. 그러니 하나님이 창조하신 천지 만물과 화친하고, 미물까지도 소중히 대하라.

- 하나님은 특정 종파나 민족만을 더 사랑하지 않으신다. 자기 자신만 구원받겠다는 욕심을 버리고, 자기 종파만 구원받는다는 편협한 교리에서 벗어나야 한다. 종파를 초월해서, 모두를 사랑하라.

- 원수까지 사랑하라 했으니, 이 세상에 사랑하지 못할 자가 누가 있겠는가? 종파가 다르다고 해서 부모 형제와 원수처럼 지내는 자는 인간의 근본을 모르는 자다. 가장 가까운 가족부터 사랑할 때 남도 진심으로 사랑할 수 있다.

- 한 사람을 원수같이 생각하던 마음에서 사랑하는 마음으로 돌리면, 자기 자신의 마음이 가장 기쁘고 행복하다. 하나님께서는 인간의 마음속에 무거움이 없이 기쁘고 행복한 삶을 살기를 바라신다.

- 이웃을 "내 몸처럼" 사랑하라 했으니, 마지막 한 장 남은 천국의 티켓도 이웃에게 양보하라. 자기 중심적인 신앙에서 벗어나서 남을 위해 살아야 한다.

- 독초도, 약초도, 이단도 사탄도 천사도 다 필요하기에 존재한다. 독초일지라도 극소량을 사용해서 생명을 살릴 수 있고, 약초라 하더라도 남용하면 생명을 잃을 수 있다.

- 세상 모든 것을 명약으로 활용하는 것은 인간의 지혜에 달렸다. 어떤 것이든 어떤 사람이든 적재적소에 꼭 필요한 명약으로 승화시키라.

- 사탄도 이단도 천사도 모두 하나님의 주관하에 존재한다. 진정한 하나님의 백성은 사탄과 마귀까지도 감화시켜서 천사로 거듭나게 한다.

2. 기도

- 하나님은 인간의 생각까지 모두를 다 알고 계신다. 우리의 소원도 이미 알고 계시기에, 소원의 기도를 할 필요가 없다. 우리가 받을 자격이 되면 내려 주신다.

- 죄를 짓고 아무리 회개를 해도 용서받지 못한다. 도둑질한 자는 용서해 달라고 기도하고, 도둑맞은 자는 도둑을 잡게 해 달라고 기도하면, 공의의 하나님은 누구의 편에 서시겠는가?

- 자기가 잘못한 것은 그 사람에게 직접 갚고 용서를 구하라. 그가 용서하면 하나님도 용서하신다. 땅에서 매면 하늘에서도 매이고, 땅에서 풀리면 하늘에서도 풀리는 이치다.

- "회당에서 기도하지 말고 골방에서 기도하라" 했다. 눈에 보이는 골방이 아니라, 골방과 같이 고요한 마음이다. 잡념을 버리고 하나님을 향해 마음을 집중하며, 사랑하고 용서하는 아름다운 생각만 나오도록 하라.

- "두드리면 열릴 것이다." 하는 것은 육의 소원을 위해 두드리라는 것이 아니라, 진리의 깨달음을 얻기 위해 두드리라는 것이다.

- 기도하는 방법: 생활 속에서 수시로 기도하는 삶을 살아야 한다.

- "저의 죄를 용서하여 주옵소서." 하는 회개의 기도를 하라.
- 범사에 "하나님! 감사합니다." 하라. 현재 가진 것에 감사하며, 과욕하지 말라. 자기 노력 이상의 것을 더 갖고자 기도하는 것은 도둑놈심보다. 공의의 하나님은 각자 노력한 만큼 주신다.
- "하나님 뜻대로 살아가겠나이다." 하며 마음의 각오를 다지라.

- 기도는 하나님의 말씀을 받아서 "행하는 것"이다. 하나님이 계심을 굳건히 믿고, 하늘을 향하여 한 점 부끄럼 없이 사는 삶 자체가 가장 위대한 기도이며, 삶이 곧 예배다.

3. 지도자

- 똑같이 사랑한다는 말을 해도, 순수하게 하는 말은 천사의 말이지만, 사기 쳐서 재산을 가로채려고 하는 말은 사탄의 말이다.

- 종교 지도자가 아무리 훌륭한 설교를 해도, 신도의 재물을 거둬서 더 큰 교회를 짓고 자기의 부귀영화를 바라며 설교하면 사탄의 가르침이 된다.

- "저희 교회는 만원사례요, 믿음은 다 같으니 이웃의 개척 교회에 가서 예배를 드리시오." 하며, 이웃 교회의 부흥을 먼저 생각하여 제 신도를 보내는 종교 지도자가 있다면 그를 따르라. 그가 하나님의 사랑을 실천하는 자다.

- "부자가 천국에 들어가는 것은 낙타가 바늘구멍을 통과하는 것보다 더 힘들다" 하였거늘, 지금의 교회에서는 부자가 되기만을 기도하고 소원하니, 이는 곧 천국을 포기하고 지옥 행 열차의 티켓을 사는 것과 같다.

- 예수는 빈손이었다. 종교 지도자가 예수보다 더 호화롭고 편안하게 살아간다면 잘못된 것이다. 부귀영화와 명예를 바라는 자는 절대로 갈 수 없는 좁고 협착한 길이 종교 지도자의 길이다.

- 종교 지도자는 유리로 비춰 봐 한 점의 부끄러움이 없이 살아야 한다. 의식주도 직접 일해서 해결하고, 예수의 가르침과 행함을 그대로 따라야 한다.

- 종말은 없다. 지금의 잘못 가는 종교 집단에게만 종말이 있다. 보이지 않는 하나님은 보이는 육의 종말은 관여하지 않으신다. 환경 파괴로 인간이 스스로 멸망을 자초하는 것이다. 종파끼리 싸우기 전에, 무너진 인성을 바로잡고 지구의 몸살을 해결하는 데 뜻을 모으는 게 급선무다.

4. 성전이란

- 이 세상 자체가 하나님께서 만드신 성전이다. 자연보다 더 아름다운 성전이 있는가? 보이는 건물이 성전이 아니라, 성스러운 마음가짐이 성전이다.

- 반석 위에 교회를 지으라 했다. 지상의 단단한 돌은 인간이 쪼갤 수 있으나, 마음속의 굳은 결의는 세상 무엇으로도 쪼갤 수 없다. 바르고 굳건한 믿음으로 성경의 가르침을 실천하는 것이 마음의 반석 위에 교회를 짓는 것이다.

- 손으로 지은 건물의 교회에 모여서 복음을 전하는 것이 아니라, 교회를 개인과 가정에 심어 주어야 한다. 무너지고 부서지는 건물을 짓지 말고, 마음속에 영원히 불변하는 참진리의 교회를 지으라.

5. 십계명

- 십계명은 인간이 죽어서 반드시 통과해야만 하는 열 개의 관문이다.
  - 부모를 공경하지 아니한 자는 "네 부모를 공경하라." 하는 제5계명의 관문이 열리지 않으니 구원받을 수 없다.
  - 살인, 간음, 거짓, 우상 등의 나머지 계명도 마찬가지다.
- 십계명은 하나님의 친필이다. 모기소리만 한 하나님의 음성이라도 들어 보겠다고 여기저기 찾아 헤매지 말고, 십계명부터 암송하고 지키라.
- 십계명은 영혼을 구원하는 양식이며, 십계명을 지키는 것이 구원을 받는 길이다. 인간이기에 지키고자 노력하고 또 노력한다면 지킬 수 있다.
- 십계명을 지키고 천사처럼 아름답게 살아가는 그 마음 하나면 세상에 이루어지지 않는 것이 없다.

6. 보물

- 하나님은 재물이 아니라 우리의 마음을 받으신다. 사랑을 실천하며 천사처럼 변하는 마음이 하나님께 바치는 보물이다.
- 보이지 않는 하나님께 재물을 바치려 하지 말고, 너희를 길러 준 부모에게 용돈 드리고, 찾아뵙고, 효성을 다하라. 그것이 하나님께 효도하는 것이다.
- 하늘에는 선과 악의 창고가 있다. 자기 창고에 선이 많으면 천국으로 구원을 받고, 악이 많으면 심판받아 지옥으로 간다. 그것이 바로 "선한 일을 행한 자는 생명의 부활로, 악한 일을 행한 자는 심판의 부활로" 나오는 것이다.
- "선악과를 따먹지 말라"는 것은 양심을 지키라는 것이다. 선과 악을 구분할 수 있는 양심을 최초에 인간에게 주셨다. 선한 열매는 취하고, 악한 열매는 버리며, 양심에 비추어 부끄럼 없는 삶을 살아가라.
- 가장 작은 거짓말을 하지 않고, 가장 작은 죄를 짓지 않으며, 가장 작은 선행을 하고, 가장 작은 악행을 멀리하는 것이 율법의 일점 일획도 빠뜨리지 말고 다 지키는 삶을 사는 것이다.

7. 우상

- 박물관에 있는 불상은 하나의 예술품이다. 그 조각품에 대고 제 소원을 빌 때 우상숭배가 된다. 십자가라 하여도 그 앞에서 소원을 빈다면 우상숭배하는 것이며, 하나님께 소원을 빈다면 하나님을 우상으로 전락시키는 것이다.

- 지금 기복신앙에 젖어 있는 모든 사람이 우상 앞에 절을 하고 있다. 조각품을 우상이라며 파괴하지 말고, 네 마음속에 있는 욕심의 우상을 무너트리라.

- 생수를 약초가 먹으면 약을 만들고 독사가 먹으면 독을 만든다. 같은 성경을 봐도 선한 지도자는 신도를 천사로 만드는 데 활용한다. 그러나 욕심이 가득한 지도자는 재물을 거두어들여 제가 부귀영화를 누리는 데 악용한다. 그가 바로 성경을 우상숭배의 도구로 전락시키는 거짓 선지자다.

- 성경을 한 획도 빼거나 더하지 말라는 것은, 그 가르침을 빠트리지 말고 온전히 지키라는 것이다. 성경 속에서 자기에게 유리한 구절만 보는 것은, 자기에게 불리한 구절들을 빼 버리는 것이다. 믿음이 제일이요, 행함은 구원과는 관계없다는 것은 자신에게 유리한 쪽으로 성경을 악용하는 것이다.

- 진정한 종교 지도자는 종파에 관계없이 어떤 종파든 어떤 책이든 접하고 보고 깨우쳐 견문을 넓히도록 인도한다. 참진리를 모르고 자신이 없는 자가 남을 이단이라며 배척하고, 신도들의 눈과 귀를 가린다.

8. 예수

- 예수의 재림은 없다. 예수가 다시 온다 해도, 과연 누가 그를 예수라고 믿겠는가? 예수와 같은 삶의 행함이 곧 예수의 재림이다. 각자 모두가 "재림 예수"가 되는, 차원 높은 믿음으로 가야 한다.

- 예수는 "주여 주여 하지 말고, 아버지의 뜻대로 행하라"고 했다. 예수가 전한 하나님의 뜻이 곧 "길이요, 진리요, 생명"이며, 그 가르침이 예수의 보혈처럼 소중한 것이다. 예수를 믿는 것은, 예수의 가르침을 믿고 따르는 것이다.

- 예수는 낮은 자로서 만백성을 섬기고자 했다. 만나는 모든 사람을 다 하나님이라 생각하라. 돈을 벌수록 겸손하고, 높은 지위를 얻을수록 낮아지라.

▪ 예수는 종파를 만들지 않았다. 인간이 만든 종교와 인간의 교리를 따르지 말고, 예수를 통해 전한 하나님의 참진리를 연구하고 따르라.

▪ 예수가 2천 년 전에 만백성을 위해 죽었으니, 지금 이 땅에는 예수의 가르침대로 사는 천사만 존재해야 한다. 예수가 죽어 가면서 바란 것은 만백성이 천사가 되어 예수의 자리를 채워 주는 것이지, 지금과 같이 재물을 바치면서 중언부언 제 소원만을 비는 백성들을 바란 것이 아니다.

9. 구원

▪ 천사가 사는 천국에는 천사만 갈 수 있으니, 천사 같은 마음을 길러야 한다.

- "천국 열쇠를 네게 주리니 땅에서 무엇이든지 매면 하늘에서도 매일 것이라" 했다. 땅에서 천사같이 사는 자가 하늘에서도 천사가 되어 천국에 들어간다. 모든 사람에게 천사같다는 말을 듣는 삶을 살아야 한다.

▪ 천사의 곱고 아름다운 마음은 부모를 공경하고 어른을 어른으로 대접하는 데에서 출발한다. 효도하는 자는 형제와 화목하게 지내기에 가정이 화목해지고, 이웃과 화목해지고, 국가가 화목해지고, 온 인류가 화목해진다.

- 그러므로 지상의 아름다운 소왕국은 가정에서부터 이루어야 한다.

▪ 선택된 14만 명만 구원받는 것이 아니라, 천사처럼 변하고자 하는 14만 명을 기초로 온 인류가 천사처럼 거듭나는 영적인 개혁이 시작되는 것이다.

▪ 천 년에 걸쳐서 하늘에서 이루어진 것같이 이 세상을 낙원으로 만들어, 만백성이 지상의 천국에서 살다가 죽어서 그대로 하늘의 천국으로 들어가는, 영원한 지상 낙원을 건설하는 것이 하나님의 계획이다.

- **이것이 구약과 신약에 이어 "새로운 성경"으로 역사하시는 하나님의 창조의 완성이다.**

▪ 지금의 믿음으로 구원받을 수 있다면 그 길을 가라. 그러나 자신이 없다면 하나님께서 직접 내리신 160권의 "새로운 성경"을 읽고 구원의 길을 보라!

하나님 머리말씀

이 새로운 성경을 읽는 너희 모두는
이 율법에 따라 행하면 영원히 구원받을 것이니라.

너희 인간이 수년, 수십 년, 평생
성서를 공부하고 기도하는 것은
하늘나라 나의 곁으로 오고 싶은 소망일진대,

몇천 년 전의 너희 인성과 생각이
지금의 너희와는 판이하게 다르니,

꺾여 가고 병들어 가는 너희를 고칠 수 있는 길은,
오늘 내가 선지자에게 내리는 새로운 성경과 같이
너희가 변화되는 것뿐이니라.

나의 예수가 태어난 것처럼
내가 아들 선지자를 선택하여
나의 새로운 성경을 온 세계에 전하고자 하니,

묵은 것은 버리고 새로운 것은 취하여,
너희 모두는
'여호와 하나님! 저의 죄를 용서하여 주옵소서.'
하는 기도문으로 기도하고, 죄를 뉘우치라.

이 새로운 성경은
수천 년간 내려온 성서를 요약한 것이니,
너희는 이 책을 정독하여 쉽게 깨달음을 얻고,
이대로 실천하여 하늘에 오르라.

대역자 머리말

■ 하나님의 율법을 지키는 선지자로 선택을 받도다.

저는 남들처럼 그저 열심히 살아온 평범한 사람이었습니다. 그러나 50대 중반에 사업에 실패하여 많은 부채에 시달렸으며, 건강도 악화되어 눈이 잘 안 보이고, 걷기도 어렵고, 두통이 심해서 잠을 이룰 수 없는 고통의 나날을 보냈습니다. 그때 제가 선택할 수 있는 것은 육의 삶을 끝내는 길뿐이었습니다.

죽기 직전에 그동안에 죄를 지은 이들에게 용서를 빌고 인생을 끝내기로 작정하였습니다. 어려서부터 지은 죄를 빌고 빌다 보니 끝이 없었고, 죽음으로도 그 많은 죄를 용서받을 길이 없다는 생각에 하염없이 눈물이 흘렀습니다. 그 순간 '재래식 화장실의 구더기는 죄를 짓지 않는데, 나는 인간으로서 구더기만도 못한 삶을 살았구나.' 하는 생각이 들면서 괴로움에 몸부림칠 때, 갑자기 하나님의 음성이 들렸습니다.

"나는 여호와 하나님이니라. 너는 십계명을 암송하고 내가 내려 주는 메시지를 받아 책으로 만들어 만백성을 구하라." 하시며, 제 눈을 손으로 문지르게 하시고, 아픈 머리와 다리를 손으로 두드리게 하셨습니다. 그러고 나니 눈도 잘 보이고 걸을 수 있었으며 머리의 통증도 말끔히 낫게 되었습니다. 그때부터 십계명을 암송하고 나면 들려주시는 말씀을 기록하였고, 1999년 8월부터 2004년 7월까지 권당 288쪽, 총 160권을 받아서 "새로운 성경"이라는 책으로 펴내게 되었습니다.

그러한 저에게 죽기보다도 힘든 길이 시작되었습니다. 모든 교인들이 저에게 사탄이요, 이단이요, 악마요, 마지막 시대에 온 거짓 선지자라 하면서 공격하였고, 저를 짐승을 보듯이 대하는가 하면, 편협한 종교 지도자들의 선동으로 신도들이 이 책을 직접 읽어보고 평가할 기회마저 막아 버렸습니다. 그래서 하나님의 말씀을 세상에 내는 데 많은 어려움을 겪으며, 피를 토하는 심정으로 책을 전하고 있습니다.

그러나 아무리 인간의 힘으로 막으려 해도, 하나님의 뜻이 세상에 전해지는 위대한 역사는 계속될 것입니다. 책으로 전해지는 "하나님의 말씀"은 세상 끝날까지 항상 우리와 함께하실 것입니다. 사람은 죽어도, 책에 기록된 말씀은 영원히 남으니까요.

■ 따뜻한 실천

하나님께서는 어려운 사람들에게 삶의 터전을 마련해 주고, 미래를 열어 주는 것을 기뻐하십니다. 어려운 이웃이 스스로 자립할 수 있도록 이끌어 주는 것이 진정으로 이웃을 돕는 것이라고 말씀하셨습니다. 그래서 일자리가 없는 제자들에게 작은 사업장을 만들어 주는 "달란트 사업"을 하고 있습니다. 식당, 반찬 가게 등을 차려 주고, 기존의 어려운 사업장이 자립할 수 있도록 돕고 있습니다(커피숍, 미용실, 의상실 등).

하나님께서는 교회에 나와서 모든 시간과 재물을 쏟기를 원하지 않으시고, 그 시간과 재물을 교육에 투자하여 스스로 미래를 열어 가기를 원하십니다. 그래서 제때 공부하지 못한 제자들에게 학업을 이어 가도록 하였습니다. 중화요리 주방장을 하며 초등학교 검정고시부터 공부하여 2012년에 방통대를 졸업한 36세 남성, 만학도들의 2년제 중학교에 입학해서 2007년에 명지대학을 졸업한 38세 여성, 중학교 검정고시를 시작으로 숭의여자대학을 졸업한 47세 여성 등이 있습니다. 그밖에도 많은 제자들에게 나이를 초월하여 배우고 깨우쳐서 사회 속의 당당한 일원이 되도록 인도하고 있습니다.

학자금 대출로 힘겨워하는 젊은이들을 위해 "따뜻한 바람 장학회"를 발족하여(2016년 12월) 대출받은 학자금 전액을 매월 갚아 주고 있습니다. 또한, 다문화 가정을 위해 "다문화 가족 랜드"를 조성하여, 각종 시설을 무료로 활용하도록 하고 있습니다.

이러한 따뜻한 실천이 아직은 미약합니다. 그러나 책의 수입이 늘고, 저와 뜻을 같이하는 분들이 늘어나면 계속 확대할 것입니다. 지도자로서 신도의 재물을 헌금으로 거둬들여 착복하는 것이 아니라, 하나님께서 기뻐하시는 일에 사용하도록 중매 역할만 하며 살아가고자 합니다. 이런 제가 과연 사탄이고 이단인가요? 하나님께서 기뻐하시는 일이라면, 저에게 사탄이라 하든 거짓 선지자라 하든 굽히지 않고 실천해 나갈 것입니다.

끝으로, 일상의 삶 속에서 "지금 내가 하는 행동이 과연 하나님께서 기뻐하실까, 슬퍼하실까?" 생각하고, 매사에 하나님께서 기뻐하시는 길을 택하기 바랍니다. 교회에 모여서 집단적으로 예배 드리는 것이 아니라, 개인이나 가정 단위로 새로운 성경을 읽어 스스로 깨우치고 그대로 행하면 충분합니다. 그것이 마음속에 성전을 짓고, 신령과 진정으로 예배 드리는 길입니다. 그러면 천국의 문에 들어서게 됩니다.

2017.2.1.

하나님 말씀 대역자 김용철

차 례

2002년 8월 ... 77

십 계 명

이 책은 십계명을 암송하고 나면 내려 주시는 "하나님의 음성"을 듣고 그대로 받아쓴 기록입니다. 하나님께서 십계명을 모세에게 내려 주셨지만, 그것은 만백성에게 내려 주신 것입니다. 마찬가지로 이 책의 모든 말씀도 저에게 내려 주셨지만, 만백성 각자에게 들려주시는 말씀입니다. 여러분도 이 책을 접할 때마다 십계명을 암송하고 나서 정독해 주시기 바랍니다.

제일은, 너는 나 외에는 다른 신들을 네게 있게 말지니라.

제이는, 너를 위하여 새긴 우상을 만들지 말고, 또 위로 하늘에 있는 것이나, 아래로 땅에 있는 것이나, 땅 아래 물 속에 있는 것의 아무 형상이든지 만들지 말며, 그것들에게 절하지 말며, 그것들을 섬기지 말라.

제삼은, 너는 너의 하나님 여호와의 이름을 망령되이 일컫지 말라.

제사는, 안식일을 기억하여 거룩히 지키라.

제오는, 네 부모를 공경하라.

제육은, 살인하지 말지니라.

제칠은, 간음하지 말지니라.

제팔은, 도적질하지 말지니라.

제구는, 네 이웃에 대하여 거짓 증거하지 말지니라.

제십은, 네 이웃의 집을 탐내지 말지니라.

나 여호와가 존재함을 믿는 그 자체가 구원의 길에 들어서는 기본이요, 근본이며, 나의 새로운 성경을 가슴에 안고 정독하는 자, 반석 위에 서서 하늘에 오르는 찬란한 빛을 보게 되는 영광을 얻게 됨이니라. 진정 나를 따르고 믿는 자는 감히 사탄이나 마귀도 근접하지 못하느니라.

〈하나님 말씀〉

2002년 7월

2,740 번째 하나님 말씀

2002년 7월 29일 23시 32분

1 사랑하는 나의 아들아!
2 이제 네가 나를 대신하여 나의 삶을 사는 자라 생각하며, 네가 지상에서 행하는 모든 행위는 나를 대신하여 행한다는 것을 깨달았음이니,
3 네가 너 스스로 몸가짐과 행동과 언어를 이제는 지키고 다스려 가는 경지에 올랐음이니, 그 누가 너에게 말하겠는가?
4 네가 이제 그와 같은 경지에 올라와 있어 너는 너의 제자들과 나의 법전을 읽는 만백성과 그리고 나의 백성들에게 확실히 깨우쳐 주고 전해야 할 대목이 있느니라.
5 너희들이 하늘에 오르는 길이요, 구원을 받는 것은 나 여호와만이 구원해 줄 수 있으며, 나의 이름으로써 너희들을 구원해 줄 수 있으며, 나 여호와만이 너희들을 구원할 수 있는 선택권이 있음을 나의 피조물 만백성 그들에게 전해 주어야 될 것이니라.
6 나의 아들 예수의 피로써 구원을 받았다 하며 예수의 이름으로써 구원을 받는다 하며 그리고 너희들이 지은 성전에 와서 나의 아들 이름을 부르며 나의 아들에게 기도하고 경배하면 구원을 받는다는 그와 같은 잘못된 생각을 지워 버려야 될 것이며,
7 그들이 지금까지 끌고 온 그 형태가 그리하였기에 너희들이 지금 나의 피조물 만백성이 살아가는 세상을 종말이요, 말세요, 이와 같은 세상으로 만들었음이니, 너희들이야말로 사악한 시대를 열어 온 장본인임을 알아야 될 것이니라.
8 너희들은 어찌하여 성서의 한 구절에 나의 아들이 기록한 그 내용을 알면서 그를 깨우쳐 만백성에게 가르쳐 주지 않는가?
9 너희들의 성서에 기록되기를, 창조주인 나 여호와만이 하늘에 오르게 하는 것이며 나의 뜻이 아니면 오를 수 없다 그리 말하여 기록되어 있는 부분이 있을 것이니라.
10 나 여호와가 아니면 구원의 길에 오를 수 없으며 구원을 받을 수 없다고 그리 예수가 기록하여 너희들에게 그를 깨우쳐 주었거늘,
11 나의 성서의 구약과 신약을 다 뒤져 가르치고 공부하는 자들이, 어찌하여 너희들은 그 대목을 그저 흘려보내면서 이는 너희들과 관계없는 양 그리 넘어가는가?
12 하늘에 오르는 길은 창조주인 나 여호와만이 그리할 수 있으며 나의 뜻이 아니면 이룰 수 없다 하여, 예수는 스스로 제가 구원을 할 수 있는 자가 아님을 너희들에게 깨우쳤으며 나의 아들임을 그들에게 기록하여 알려 주었음이니라.
13 하물며 그와 같은 그 대목이 성서에

기록되어 있거늘, 너희들은 그를 무시
하며 지금 어찌하는가?
14 너희들은 내가 만든 이 자연의 아름다
운 성전에서 나를 찾으며 나의 이름으
로 구원을 받으며, 너희들을 구원해
주고 구원해 주지 아니함은 나의 고유
의 권한이요, 나만이 행할 수 있음이
니라.
15 그리하여 나의 성전에서 기도하면 되
는 것을,
16 너희들은 너희들의 재물과 너희들의
육신의 편안한 그 삶을 위하여 나의
피조물 만백성에게서 고혈을 빨아 두
꺼비집과 같은 그 성곽을 지어 놓고
그것을 더 위대하게, 더 크게, 더 아름
답게 만들어 많은 나의 백성들을 그곳
에 몰아넣어 지옥으로 인도하는 그 역
사를 이루는 것이 너희들로서 최대의
영광과 행복이라 여기고 그리 살아가
고 있음이니, 이를 어찌하여야만 되겠
는가?
17 내가 지금 너희들이 그리 가르치고 있
는 그 모두가 지옥으로 가는 길이라
하였음이니,
18 너희들은 성서에 기록되어 있는 대목
을 찾아봐야 될 것이니라.
19 모두는 예수가 하는 것이 아니며, 예
수를 명하여 내려보낸 자, 그를 있게
한 자, 그리고 그에게 역사하게 한 자,
나 여호와가 하는 것이며, 그리고 나
의 뜻을 대변하여 일하는 것이 예수라
말하였으며, 기적을 이루는 것 또한
나 여호와를 대신하여 이룬다 하였으
며,
20 오로지 구원을 하고 구원을 하지 않는
것은 나 여호와만이 할 수 있으며, 예
수가 그리할 수 없는 길이라 그는 밝
혀 기록하였음이니,
21 그가 그의 위치와 나의 위치를 명확히
하였으며, 창조주는 나요, 나 여호와
하나뿐이며, 모두를 구원하고 구원하
지 않는 것도 나 하나뿐이라는 것을
그리 기록하여 놓았거늘,
22 어찌하여 너희들은 이와 같은 대목을
가르치지 아니하며, 그저 나의 아들의
이름으로 너희 손으로 지어 놓은 두꺼
비집과 같은 성전에 와 기도하는 자,
예수를 찾는 자, 나의 아들을 찾는 자
만이 나의 아들의 보혈로써 구원을 받
는다 그리하는가?
23 이는 천부당만부당한 말임을 알아야
할 것이니라.
24 그와 같이 가르치는 자는 그 죄를 용
서받지 못할 것이니라.
25 오로지 구원은 나 여호와 하나만이 할
수 있으며, 창조주인 나 여호와만이
할 수 있는 것이니라.
26 너희들은 이를 알아야 될 것이며, 이
를 깨우쳐야 될 것이니라.
27 나 여호와만이 인간인 너희들을 구원
할 수 있는 창조주이니라.
28 그 누구도 너희들을 구원할 수 없으
며, 구원의 길로 인도할 수 없음이니
라.
29 다만, 너희들은 목회자로서 구원받을
수 있도록 인도하고 깨우치는 것이 너
희들의 임무이며, 나의 음성과 나의
성령을 전해 주어 그를 듣고 깨우치는
자가 하늘에 오르고 못 오르는 것은
나에게 달렸음이니라.

30 이제 내가 나의 아들을 통하여 나의 성령을 내려보내어 너희들에게 구원의 그 길을 비춰 줌이니, 그 또한 너희들을 구원하고 구원하지 아니함은 나의 아들의 소관이 아니며,

31 나의 법전을 읽고 깨우칠 수 있도록 전하는 것, 전달하는 것으로써 그의 임무는 다하는 것이며, 구원하고 구원하지 아니함은 나의 뜻이니라.

32 아무도 이를 대행할 수 없음이니라.

33 너희들은 나의 아들이 나를 대신하여 구원할 수 있다 하는 그와 같은 망발을 하지 말라.

34 어찌하여 너희들은 나의 아들과 나를 팔며 우리 부자의 이름을 팔아 장사하는 그와 같은 사악한 행위를 지금도 계속하는가?

35 몇천 년 전부터 흘러내려 온 것이 너희들이 우리 부자의 이름을 팔아 장사하며 너희 사리사욕을 챙기며 살아온 것이며, 또 그것을 배운 너희 후손이 또 자손 대대로 그리 내려갈 것이니,

36 2천 년이 흐른 지금의 시대가 사람이 사람을 죽이는 그와 같은 말세의 험악한 시대가 왔음이니,

37 너희들이 가르치는 그 수법과 너희들이 하늘에 오르는 길이라며 인도하고 이끌어 가며 너희들만이 구원한다는 그 방법으로써 천 년, 2천 년의 역사가 더 흐른다면, 인간으로서 감히 사람이 두려워 문을 열고 밖에 나가지 못하는 그와 같은 형국의 험악한 세상이 이루어지는 것은 기정사실이며 뻔한 것이니라.

38 나의 아들 예수가 너희들을 구원하기 위하여 고통 속에 죽어 간 그 세월이 2천 년이 흘렀음이니, 2천 년이 흐른 지금 이 세상이 어찌 되어 있는가?

39 사람의 가장 소중한 생명을 죽이는, 인간의 종말인 그 목숨을 없애는 기업을 만들며 그를 죽이는 방법을 의논하자 하며, 그리하여 돈을 받고 금화를 받고 사람을 죽인다는 그 직업까지 나오는 그와 같은 형국에 이르렀으며, 이를 만백성 앞에 공공연히 말하고 떠드는 자들이 세상에 나오는 사태가 되었음이니, 이보다 더 험악한 세상이 어찌 오겠는가?

40 지금의 이 세대가 이루어지는 것은 종교 지도자 너희들이 잘못 가르친 그 죄이니라.

41 그와 같이 2천 년이 흐른 지금 이와 같이 험악하게 되었음이니, 앞으로 천 년, 2천 년 흐른 다음에도 너희들이 그와 같은 수법으로 또 가르치고 흘러간다면, 그때는 너희들이 인간이 인간을 서로 죽이고, 인간이 두려워서 감히 문을 열고 밖에 나오지 못하는 이와 같이 더 험악하고 험악한 세상으로 이루어질 것이니라.

42 이를 내가 더 이상 볼 수 없으며 너희들의 사악한 행위를 더 볼 수 없어 내가 근거할 수 있으며 증거할 수 있는 나의 성령을 태워 나의 법전으로 세상에 내려보내 너희들을 다스리고 구원하고자 함이니, 이것이 바로 새로운 역사를 이루어 살 자와 살지 못할 자를 구분하고자 함이니라.

43 살지 못할 자 영원히 구원받지 못할 것이며, 사는 자는 구원받을 것이니,

44 새로운 역사를 이루어 사는 자는 나의
십계명을 가지고 깨우치고 깨달아 하
늘에 오르는 근본의 그 길을 볼 수 있
는 자이니,
45 나의 십계명이 너희들의 영혼의 생명
이며 나의 법전이 너희들이 영원히 사
는 영혼의 양식이며,
46 나 여호와가 지금 지상에 내려가 나의
법전으로써 내가 그곳에 있으며, 그리
하여 너희들이 나의 법전을 접하며 나
의 법전의 책장을 열 때 내가 같이한
다 하였음이니, 이 법전이 나의 성령
이며 곧, 나임을 알아야 될 것이니라.
47 이제 너희들이 지금까지 와서 사악한
시대를 만들었음이니, 이보다 더한 사
악한 시대를 만들 수는 없음이니라.
48 2천 년 동안에 너희들이 살아오면서
이와 같이 험악하고 사악한 종말의 시
대요, 말세요, 더 이상 갈 수 없는 극
치의 사악한 시대를 만들어 놓았음이
니,
49 너희들과 같은 수법으로써 다시 2천
년의 역사를 지상에 내가 너희들에게
맡긴다면, 천 년도 못 가 이 세상은 온
통 다시는 재기할 수 없는 사악한 무
리들이 지배하게 됨이니라.
50 그리하여 그를 바로잡기 위하여 천 년
의 역사를 이루어 새 시대에 새로운
역사를 이루고자 하는 것이 나의 뜻이
니,
51 수천 번 너희들에게 또 깨우쳐 주고
부르짖는 이 뜻을 너희들은 깊이 새겨
들어야 될 것이니라.

2,741 번째 하나님 말씀

2002년 7월 30일 0시

1 사랑하는 나의 아들아!
2 "네, 아버님! 말씀하옵소서."
3 저희 스스로 종교 지도자요, 저희들이
공부하고 깨우쳐 종교 지도자라 선 자
들, 그리고 저희 스스로 나로부터 선
택된 자라 말하는 종교 지도자들, 그
들은 과연 어찌 가는가?
4 저희 스스로 모두를 다 선택받았으며
나의 피조물 만백성을 구원한다는 자,
내가 명한 자가 아니라 저희들이 연구
하고 공부하며 저희들이 깨달았다 하
여 종교 지도자로 스스로 나선 자들,
그들은 어찌 가는가?
5 그들은 나의 성령으로 하늘에 오르는
길을 인도하는 것이 아니라 저희들의
육신의 삶을 위하여 재물을 탐하며,
육의 생각과 육의 부귀영화를 위하여
모두를 계획하고 훈련하며,
6 자신의 영광을 위하여, 자신의 영광을
더 복되게 하기 위하여 스스로 기도하
는 것이 그들의 자세이니라.
7 내가 선택하여 명한 자가 아니요, 스
스로 저희들이 종교 지도자라 하여 종
교 지도자가 된 자들, 그들은 저희들
의 부귀영화와 육의 삶을 위하여 그
모두를 거기에 맞추며 계획하고 또 그
리 훈련되어 성장해 온 자들이니라.
8 그리하여 그들이 기도하며 끌고 가는
방법은 내가 이루고자 하는 그 자연의
순리에 따라가는 믿음이 아니라, 전혀
나와는 관계없이 역행하는 길을 가고
있는 것이 그들의 삶이니,

9 수천 년 역사 동안에 그 수많은 나의
피조물 만백성과 지금 현시대에 존재
하는 그 많은 종교 지도자들, 그리고
그곳에서 배우고 깨우쳤다 말하는 자
들, 그 모두가 다 나와는 아무런 관계
도 없이 먼 나라에 존재하는 그와 같
은 자들이니, 너는 지금 과연 그들을
보면서 어찌 생각하는가?
10 그들은 정녕 나에게 오르는 길을 인도
할 수 없으며, 그들 자신이 그를 볼 수
없으며, 저희 자신이 서 있는 위치를
모르며, 저 자신도 구원의 길에 제가
어느 점수를 맞고 있으며 몇 점의 점
수에 서 있는가도 모르는 자들이니라.
11 그러나 여기서 나의 뜻에 의하여 움직
이며 선택된 자는 진리만을 말하며,
성령으로 모두가 다 임하여 만백성의
구원의 양식을 말씀으로 증거하여 전
함이니,
12 영원히 기록되며 영원히 보존되는 나
의 성령이요, 나의 말을 글로써 만들
어 증거하며, 대대손손 너희들이 깨우
쳐 오는 그 기본이요, 구원의 기초가
됨을, 너희들은 그와 같이 다름을 알
아야 될 것이니라.
13 그리하여 저희 스스로 종교 지도자라
말하며 나의 피조물 만백성을 이끌어
가는 자들은 오로지 저희 육의 생각과
육의 삶을 위하여 살아감이니, 모두는
그 계획된 것과 저희들의 생각대로 너
희들을 이끌어 가며 너희들을 구원한
다 그리 말하나,
14 그곳에는 진리가 없으며 진실이 없으
며, 나와 관계없는 자들이니, 나의 성
령이요, 나의 뜻이요, 내가 원하는 것
이 거기에 없음이니, 다 바람결에 날
아가는 그와 같은 것이니라.
15 그러나 나로부터 선택된 자가 너희들
에게 증거하며 깨우치며 지도하는 것
에는 절대로 불의가 없으며,
16 오직 진리만으로써 너희들이 전진해
나가도록 일깨워 주고 가르쳐 주는 것
이 선택된 자가 가는 길이며 그가 깨
우쳐 가르쳐 가는 길이니라.
17 그리하여 나로부터 선택된 백성이 가
르치는 것에는 불의가 없으며 성령으
로만 임하는 말이기에, 너희들이 변해
가는 그와 같은 삶을 스스로 깨닫게
되는 것이며, 너희들이 구원의 길을
그 속에서 얻게 됨이니라.
18 그러나 그렇지 아니한 자는 오로지 저
희들의 육에 초점을 맞춰 저희들의 육
의 생활에서 부귀영화를 누리고 사는
방법에 그 모두를 다 맞춰 가르침이
니, 하늘에 오르는 그 빛은 1프로도
볼 수 없는 자들임을 알아야 할 것이
니라.

2,742 번째 하나님 말씀

2002년 7월 30일 0시 14분

1 사랑하는 나의 아들아!
2 "네, 아버님! 말씀하옵소서."
3 길고도 긴 시간 동안, 많은 세월 동안
에 네가 나의 성령을 받아 기록하여
법전으로 세상에 냈음이니,
4 하루하루 너의 변하는 그 생활 속에서
네가 인내하고 적응하며 살아온 날들
을 나 여호와가 하나도 지우지 아니하
고 있으며, 하나도 놓친 것이 없음이

니라.
5 네가 그와 같이 변하고 변하여 지금
이제 이와 같은 너의 경지에 올랐으
며, 네가 나를 대신하여 사는 나의 아
들이라, 나를 대신하여 역사를 이루는
나의 아들이라 명했으니,
6 네 몸 안에 나의 성령이 있으며, 네 육
신 안에 내가 있음이니, 네가 어찌 바
르게 살아가야 하는가를 깨달았으니,
그보다 더 큰 나의 기쁨이 없음이니라.
7 이제 네가 그만큼 깨달아 하늘 높이
와 있음이니, 모든 사물과 인간관계에
의하여 모두를 판단할 때, 이제는 네
임의로 판단하지 말며, 네 임의로 결
정하여 스스로 행하지 말며, 네 임의
로 모든 것을 이루고자 하지 말지니라.
8 이제는 네가 그만큼 깨우쳐 하늘의 이
치를 알며, 내가 너의 몸에 더불어 성
령이 임하여 있다 하였음이니,
9 이제 너는 나 여호와의 기준으로써 모
든 것을 판단하며, 나 여호와의 생각
으로써 행동하는 그와 같은 네 삶을
살아가야 할 것이며,
10 너는 그리할 수 있다고 믿고 있으며,
또한 지금 네가 그리 행하고 있음이니,
11 지금과 같은 너의 자세로써 살아간다
하면, 네 머리가 하얘지기 전에 만백
성이 너의 변한 모습을 보고 그들이
다 나를 따를 것이며, 나의 법전을 가
슴에 안고 정독하는 그와 같은 역사가
이루어질 것이니라.
12 이제는 인간으로서 판단하고자 하며
너희들의 양심에 의해서 살아가는 삶
의 그 기준을 너는 벗어나야 될 것이
니라.
13 이제 너의 제자들에게 일깨워 주도록
하라.
14 너의 제자들도 너희 스스로 너희 머리
로 판단하지 말며 너희 기준으로써 행
하지 말며, 나 여호와의 기준에 의하
여 행하도록 하라 이르라.
15 그리하여 너희들이 나에게 기도하고
경배하여 내가 원하는 그 뜻에 따라
모두를 행하고 간다면, 너희들이 또한
나와 같은 자들로서 하늘에 오를 수
있는 영광을 가슴에 안게 됨이니라.
16 이제 너희들이 나에게 기도하며 나에
게 경배하여 그 답을 얻지 못하거든,
인간 세상에 살아가면서 인간으로서
의 가장 위대한 양심이요, 양식이요,
질서요, 기본인 그곳에서 길을 선택하
여 깨우침을 얻어야 될 것이니라.
17 너희들이 나에게 기도하고 경배해도
얻지 못하거든, 너희들은 인간이 살아
가는 그 상식에서 가장 최선의 아름다
운 방법을 택하는 그와 같은 길을 선
택하여야 될 것이며,
18 그와 같은 방법으로써 너희들이 행하
고 또 행하다 보면 너희 스스로 믿음
이 깊어지며 하늘의 뜻을 깨닫게 됨이
니, 그리되어 너희들이 기도할 때 나
의 음성을 듣게 될 것이며,
19 내가 너희들에게 원하는 것을 내려 줄
때 너희들이 직접 그를 깨닫게 됨이니
라.
20 이제는 너희들이 나의 기준으로 살아
가기 위하여 기도하며 경배하며, 그게
이루어지지 아니하였을 때 인간사의
상식에서 가장 최선의 아름다운 방법
을 선택하라 하였으며,

21 그와 같은 믿음으로 갈 때 너희들이
나의 음성을 들으며, 나의 형상을 보
며, 모두를 깨우칠 것이라는 것을 다
시 한 번 너희들에게 깊이 심어 줌이
니, 이것을 너희 가슴에 새겨 행하도
록 그리하라.

2,743 번째 하나님 말씀

2002년 7월 30일 0시 23분

1 사랑하는 나의 아들아!
2 "네, 아버님! 말씀하옵소서."
3 지금의 모든 종교 지도자들은 저희가
선택되었으며, 저희들만큼 성서를 깨
우쳐 공부한 자, 없으며 저희들만큼
성서의 내용을 아는 자 없으며, 저희
들만큼 나에게 기도하고 경배를 많이
한 자 없으며,
4 저희들만이 가장 선량하며 하나님의
말씀대로 살아가는 자라 그리 말하며,
5 그리하여 저희들은 성서를 몇십 번 정
독하였으며 그 모든 내용이 다 저희
머릿속에 들어 있으며, 그대로 실천하
고 살아간다 말하느니라.
6 그러나 지금 나의 아들 너는 성령이
무엇인지도 모르며 성서를 읽어 본 적
이 없는 그러한 상태에서 선택되어 네
가 나의 법전을 만들며 그리하여 너는
그와 같은 지금의 길을 가고 있음이니
라.
7 성서를 본 적이 없으며 그들이 만들어
놓은 성전에 가서 설교를 들으며 공부
한 적이 없는 너와 그들과의 차별화는
과연 무엇인지 너는 아는가?
8 저희들이 선택받았다 하며, 스스로 가
장 공부를 많이 하였다 하며, 저희들
만이 가장 위대한 종교 지도자라 그리
말하며, 자기들은 종교 지도자로서 그
길을 가는 데 선택되어 한 점의 부끄
럼 없이 살아온 자라 그리 말하는 자
들,
9 그들은 정녕 내가 원하는 그 길을 모
르는 자들이기에, 저희들은 선택되었
다 말하나, 그들은 직업적으로, 직업
인의 자세로써 살아왔고 살아감이니
라.
10 앞으로도 모든 종교 지도자들은 내가
원하는 그 뜻을 모르며, 성서에 기록
되어 있는 과거나 현재나 미래의 내가
역사하는 것을 모르니,
11 그저 저희 스스로 공부하여 저희들이
종교 지도자가 된 그들과 성서도 읽어
보지 아니하며 성경에 대한 교육을 받
지도 않은 네가 지금 지키고 살아가는
그와 같은 형태를 비추어 볼 때, 그들
과 너는 하늘과 땅의 차이보다 더 멀
어져 있는 그와 같은 상태이니라.
12 이는, 너는 창조주인 나 여호와가 만
백성을 구하기 위하여 나의 성령을 태
워 너의 가슴에 심어 내려보내 너를
통하여 법전의 역사를 이루며 새로운
시대를 열기 때문이나,
13 제 스스로 공부하며 선택되었다 하는
그들은 나의 성령을 듣지도 못하며 나
로부터 대명을 받지도 못한 자들이니,
그들은 저희 스스로 만든 그 삶의 틀
에 얽매여 살아가는 자들이니라.
14 그러한 자들과 나의 아들과의 그 가르
침과 깨우침은 하늘과 땅 차이보다 더
멀고도 먼 차별화가 되어 있음을 알아

야 될 것이며, 어느 것이 진정한 나 여
호와에게 오르는 길인가를 알아야 할
것이니라.
15 나의 아들은 내가 명하여 그를 불러
썼으며 그로 하여금 모든 걸 다 지키
도록 하였음이니,
16 내가 나의 성령을 그를 통하여 세상에
내려보냈음이니, 너희들은 내가 나를
태워 내려보낸 진정한 나의 성령의 가
르침을 읽고 깨우쳐,
17 지금 스스로 공부하여 저희들이 성서
를 몇십 번씩 읽었다 그리 말하는 자
들과 저희 스스로 지도자라 하여 그리
가고 있는 자들의 허와 실을 봐야 될
것이며, 그들의 이면의 생활을 봐야
될 것이며, 그들이 나에 대한 성서의
본질의 그 지식을 과연 얼마나 가지고
있는가를 알아봐야 될 것이니라.
18 그들은 구약과 신약을 가지고 굳어져
고여 있는 물처럼 그저 거기서 돌고
도는 그와 같은 역사로써 가르쳤으며,
19 정녕 선택된 나의 아들은 수많은 나의
성령을 직접 받아 미래와 현재와 변화
되는 그 모두를 너희들에게 심어 주는
새로운 장을 엶이니,
20 어찌하여 너희들은 이와 같이 하늘이
열리며 신선한 공기로써 너희들에게
마시게 하며 너희들이 새로운 세상을
볼 수 있도록 문을 열어 주는 나의 법
전을 이단이요, 사탄이라 하며, 바라
보지 못하는가?
21 이제 지금의 종교 지도자는 깨우칠 수
도 없으며, 그곳에서 많은 공부를 했
다 하여 저희들이 20년, 30년 동안 나
를 위하여 경배하는 한 길을 왔다 말
하는 자들은 깨우쳐 바라볼 수 있는
능력과 선택할 수 있는 자력까지 잃었
음이니라.
22 그러니 나의 피조물 만백성 너희들은
이제 그와 같은 종교 지도자요, 몇십
년 동안 성서라는 것을 보고 저희 손
으로 지은 그 성전에 가 모두를 다 바
쳤다는 자들, 자신이 지탱할 수도 없
는 그와 같은 힘이 없는 그들을 깨우
치는 것이 아니라,
23 그 길을 가지 아니하는 나의 백성 너
희들이 이제 허와 실을 분석하고 깨우
쳐 만백성을 일깨우는 역사를 이루어
야 할 것이니라.

2,744 번째 하나님 말씀

2002년 7월 30일 08시 46분

1 사랑하는 나의 아들아!
2 "네, 아버님! 말씀하옵소서."
3 내가 너에게 일찍이 말하였느니라.
4 네가 바로 서지 못하고 바로 깨우치지
못하며 나의 뜻을 역행할 때,
5 너를 깨우쳐 바로 세우기 위하여 네가
눈으로 볼 수 있는 한 사람이나 두 사
람, 또는 단체가 너로 하여금 가슴 아
픈 일을 당하는 그와 같은 교훈의 장
을 만들어 내가 너를 바로잡아 가니,
6 네가 너로 하여금 많은 사람의 희생이
따르는 그 길을 가지 않도록 하는 것
이 네가 가야 하는 길이라 내가 너에
게 일깨워 주었느니라.
7 이제 네가 바로 설 수 있고 바로 갈 수
있는 이 시점에서 내려다볼 때, 너는
과연 그를 어찌 생각하는가?

8 "아버님! 그 모두는 저의 잘못이며,
9 저로 하여금 모든 사람들이 감정을 갖
게 되고 등을 돌리며 저주하고 손가락
질하는 그 이유는 오로지 제가 오늘과
같은 깨달음이 없고 아버님의 뜻에 따
라 살아가는 그 길을 바로 가지 못하
였기 때문에 이루어진 것이라 생각되
옵나이다.
10 그들은 저를 완전한 신의 세계에 돌입
한 사람으로서,
11 아버지께서 저를 종이요, 선지자요,
아들이라 부르시니, 그들이 보아서 저
에게 한 점의 실수나 한 점의 잘못된
부분들이 있고 인간적인 냄새가 나며
인간적인 행동을 하며 그들과 차별화
됨이 없는 삶을 살아가는 제 모습에서
그들은 실망과 오해와 더불어 그와 같
은 변화의 장이 만들어졌으며,
12 그리하여 아버님께서 말씀하시기를,
저 하나를 다스리며 깨우치기 위하여
거기에 대한 희생양이요, 희생하는 자
가 있다는 그 말씀의 뜻을 알았사옵나
이다.
13 그리하여 저는 생각하고 또 깨닫고 있
사옵나이다.
14 그들이 하고 간 그 행위나 그 모든 죄
는 미워하되 사람은 미워하지 않는다
하였으나,
15 그 모두는 오로지 제가 미숙하며 제가
깨닫지 못했으며 그들이 원하는 그 깨
달음의 경지에서 제가 행동하고 생활
하지 못한 것 때문에 오늘의 이와 같
은 역사가 이루어지며 변화가 되었다
고 생각하옵나이다.
16 오늘같이 제가 깨우쳤으며 아버님을
대신하여 사는 자라 했더라면, 제가
좀 더 인간이고 싶어 하지 아니하며
좀 더 신중하며 좀 더 경건한 마음으
로 행동했더라면 그들은 결코 저를 그
리 등지지는 아니하였을 것이라 생각
되옵나이다.
17 제가 살아가며 아버님의 말씀을 들어
160권의 법전을 세상에 내면 되는 것
이고, 제가 걸치는 것, 제가 행동하는
것, 제가 말하는 것, 그 모두는 그것과
는 관계가 없다 생각했으며, 저도 인
간이기에 인간과 더불어 살아가고자
하는 그 생각을 그들이 이해해 주고
바라봐 주기를 바랐던 그 부분을,
18 그들은 저를 존경하기에 왔으며 저로
부터 배울 것이 있다 생각하여 왔으며
저로부터 깨우치고자 하였음이니,
19 제가 전하는 아버님의 말씀은 진리의
말씀이 맞으나, 그를 전하는 사람의
언행이 거기에 버금가지 못하다는 그
것에서 그들은 실망하고, 또 저희들이
스스로 저로부터 배울 것이 없다 생각
하여 그리 떠났다 생각되옵나이다.
20 그리하여 그 모두는 아버님의 말씀대
로 제가 깨우치지 못하기에 저를 깨우
쳐 주고 일깨워 주시기 위한, 저로 하
여금 희생을 당한 사람들이라 사료되
옵나이다.
21 이제는 아버님의 입장에서 생각할 때,
부모가 열 자식 중에 한 자식도 미워
하는 마음이 없다 하듯이,
22 그들 또한 아버님께서는 사랑하시며,
그들을 제가 다 받아들여 더불어 같이
가 주기를 바라시며, 제가 받아들였을
때 제 마음이 진심으로 그들을 환영하

며 사랑하는 마음자리가 잡혀야 된다
는 것을,
23 그리고 그 모두는 저로 인하여, 저 스
스로 잘못되어 이루어졌다는 것을 이
제야 깨닫고 그를 느끼고 있사옵나이
다."
24 아들아!
25 "네, 아버님! 말씀하옵소서."
26 육의 형체를 가진 인간으로서 그와 같
은 행위나 그 모두를 덮어 두고 용서
하기에는 힘들 것이나,
27 네가 말하듯이 너는 경지에 올라 나를
대신하는 사람이니, 어버이로서 자식
을 내려다보는 그 마음으로 본다면,
잘못 가고 잘못되는 그 자식이 세속에
서 너희들이 말하는 제 이름 석 자의
값을 하고 사는 자식보다 더 안타깝고
소중한 그 마음을 알지 않는가?
28 네가 나로서 내려다볼 때, 잘못 가고
지옥 불로 가는 그들을 보는 나의 안
쓰러움에 그들을 사랑으로 보살펴 주
어야 될 것이며,
29 또한 내가 사랑하는 자식들을 똑같이
사랑하는 그 마음으로 네가 갈 수 있
으며 그리 행할 수 있다 함이니, 나 여
호와의 마음이 기쁘기 한이 없느니라.
30 모두를 다 용서하라 하지 아니하였던
가?
31 너는 미워하는 자가 없으며, 용서하지
못하는 자가 없으며, 다 그들을 용서
하여 주고 가야 할 것이니라.
32 나 여호와를 비방하고 거부하며 나를
욕하는 자도, 너희 인간 세상에서는
절대 그를 용서할 수 없다 생각하나,
또한 그들이 깨우쳐 돌아올 때는 그들
을 가슴으로 맞는 것이 네가 해야 할
길이니라.
33 열 자식을 둔 부모가 자식이 잘못되어
못된 짓을 하고 산다 하여, 그가 깨우
쳐 아버지 앞에 용서를 빌며 효성을
다하겠다 할 때 그를 받아들이지 아니
한다면 그는 아버지의 사랑을 모름이
아니더냐?
34 너의 모든 것은 네 것이 아니니, 네 마
음이 상하면 어떠며 네 마음이 썩어
가면 어떠며 너 자신이 문드러져 죽어
가면 무엇이 어떻던가?
35 너는 죽은 자 가운데 산 나이니라.
36 내가 육을 가지고 세상에 나가 만백성
을 통제할 수 없기에, 너의 육을 통하
여 나의 성령의 그 모두를 전해 만백
성을 인도하고자 함이니,
37 누구도 용서할 수 없는 것, 누구도 갈
수 없는 것, 누구도 인내할 수 없는 그
길을 인내하고 용서하며 가는 것이 네
가 나를 증거함이며, 내가 너에게 임
하여 있다는 것을 그들에게 보여 줄
수 있음이니라.
38 많은 인간들은 살아가며 육의 세상에
서 생각하기에, 그들이 우선 재물이
손에 들어오면 행복함이요, 그게 기쁨
이요, 명예를 얻으면 그들의 기쁨이
요, 또한 즐거움이요, 그것을 성공했
다 말하며 출세했다 하지 않느냐?
39 육의 세상에 내려와 있는 동안 너는
그들이 원하는 그 마음의 형태를 알
며, 그 속에서 더불어 그들을 이끌어
가는 그와 같은 현명한 깨달음이 필요
하니라.
40 네가 경지가 높다 하여 그들을 바보

취급하며 그들을 모자란 자들이라 생
각하며 깨닫지 못한 자라 생각하여,
네가 육의 세상과 영의 세상을 구분
하여 영의 세상의 깨달음만을 이끌어
간다면 그들은 정녕 그를 볼 수 없음
이니라.
41 그들은 손에 쥐는 것, 눈으로 보는 것,
즐겁게 잘 먹는 것, 좋은 옷을 입는
것, 그와 같은 것을 눈으로 보고 행복
을 얻지 않느냐?
42 바로 그것이니라.
43 네가 그들에게 변하는 모습, 용서하는
모습을 보이며, 감히 그들이 용서할
수 없는 것을 용서할 수 있는 네가 되
었을 때, 그들은 너를 따를 것이니라.
44 이 이치를 알겠는가, 아들아!
45 "알겠사옵나이다."
46 한 사람이 너에게 가격했을 때, '네가
나를 그리 가격했으니 너도 받아라.'
하며 더 힘차게 그를 내치면, 그는 점
점 세게 오고 가게 됨이니, 양쪽이 다
피투성이요, 상처를 입게 되는 것이
인간사 삶이 아니더냐?
47 그와 같은 방법으로써 모두를 해결하
고자 한다면, 너는 인간 세상에서 벗
어나지 못함이니라.
48 내가 너에게 일러 간곡히 말하지 아니
하였더냐?
49 독화살을 너에게 쏠 때, 네가 '허허!'
하고 웃으면 그 독화살이 네 앞에서
떨어진다 하였으니, 그들과 네가 똑같
은 방법으로 한다 하면 너는 나를 대
신하여 사는 자가 아니니라.
50 그가 세게 칠 때 그 얼굴을 닦아 주며,
그가 너를 힘차게 가격하여 쓰러트리
려 할 때 그의 이마에 흐르는 땀을 닦
아 주며, 그가 너를 더 세게 쳤을 때
'그 손이 아프지 아니하냐?' 하며 어루
만져 주는 그와 같은 웃음의 사랑의
마음이 아니면 만백성이 너의 변한 모
습을 보지 못하고 따르지 못함이니라,
나의 아들아!
51 "전지전능하신 아버님!
52 이제야 모든 뜻이 제 눈앞에 훤히 열
리는 것 같사옵나이다.
53 시골에 구더기가 나오는 화장실이 옹
달샘으로, 생수로 변한다는 것을 믿어
야 된다는 것은 제가 그와 같이 변하
여야 된다는 것을, 아버님의 말씀이
거기에 있음을 알았사옵나이다.
54 많은 사람들이 구더기가 나오는 시골
의 재래식 화장실에서 생수가 나올 수
있다는 것을 절대로 믿을 수가 없음을
알고 있사옵나이다.
55 이제 깨달았사옵나이다.
56 제가 그와 같이 변하는 것이라는 것
을, 그 속에 있는 제가 그와 같이 변하
고 변하는 모습을 그들이 볼 때, 저를
따르고, 저를 따라 구원의 길을 얻을
수 있으며,
57 제가 하는 그 모두가 그들의 생명이
요, 은인이라는 것을, 제가 그들을 구
원해 주는 천사라는 것을 그들이 깨닫
도록 제가 변해야 된다는 아버님의 그
깊은 뜻을 이제야 깨달았사옵나이다.
58 그리 가겠사옵나이다.
59 그리 행하겠사옵나이다.
60 저는 존재하지 아니하옵나이다.
61 아버님의 말씀은 절대적인 진리요, 두
번 번복하는 말씀이 없으며, 진리가

아니면 말씀을 내리지 아니하시는 아
버님의 그 뜻을 그와 같이 대행하여
행할 것을 굳게 아버님께 맹세드리옵
나이다."

2,745 번째 하나님 말씀

2002년 7월 30일 08시 56분

1 사랑하는 나의 아들아!
2 "네, 아버님! 말씀하옵소서."
3 내가 열여섯 권의 법전을 세상에 내보
냈으니,
4 너를 통하여 그를 만들어 낼 때, 너희
들이 세상에 살아가는 이치와 깨달음
의 기본이요, 근본이 그 속에 다 있거
늘,
5 네가 이를 정독하고 또 정독하여 깨우
쳐 네 것으로 만들지 아니하였음이니,
그리하여 오늘의 네가 이제야 그 모두
를 깨우쳐 가는 것이니,
6 너는 나의 법전을 항상 정독하고 그
의미를 알아야 될 것이니라.
7 내가 너에게 이르기를, 법전을 가슴에
안고 정독하여 그에 뼈와 살을 붙여
네 것으로 만들라 하지 아니하였던가?
8 내가 세상사 이치를, 공을 가지고 주
고받는 운동선수가 자기가 바로 받기
위해서는 상대방에게 편안한 공을 주
어야 된다 하지 아니하였느냐?
9 그가 상대방에게 고통을 주기 위하여
공을 정확하게 바르게 주지 못할 때
자기에게 오는 공 또한 바르지 못함이
니, 그리하여 너는 고달프고 스스로
제가 지치는 그와 같은 현명하지 못한
삶을 살아서는 아니 된다 하였음이니
라.
10 이 이치 하나 속에 세상사의 그 모두
가 다 들어 있느니라.
11 네가 너의 모든 제자들과 가까이하며
더불어 가는 그들에게 한마디의 아름
답고 정성스런 언어로써 보내 주었을
때, 또 그들을 사랑하고 아끼는 그 마
음이 진실로 소중하게 전해졌을 때,
그 제자들 또한 그와 같이 마음에 닿
으며 가슴에 닿음이 있음이니라.
12 네가 전하는 말과 행동이 그들이 보았
을 때 바르지 못하며 곱지 못하며, 이
는 나 여호와를 대신하여 사는 사람의
행동이 아니라 그들에게 비쳤을 때,
그들은 어찌하겠는가?
13 바로 너에게 반격하며 너를 공격함이
니라.
14 그리하여 너에게 그들이 의사를 표시
하고자 하며 너에게 고통과 시련을 주
고자 하는 것이 그들의 마음이니라.
15 그것이 인간 세상의 흘러가는 형태며
너희들이 살아가는 구조이니라.
16 아들아!
17 "네, 아버님! 말씀하옵소서."
18 네가 이제 세상 살아가는 그 이치를
깨닫겠는가?
19 "그렇사옵나이다.
20 저 자신이 부끄러워 아버님 앞에 기도
드릴 수 없으며, 지금까지 저의 제자
들을 일깨운다고 단상에 서서 아버님
의 말씀이라며 전했던 저 자신이 이리
도 초라하고 부끄러운 것을 이제야 깨
달았사옵나이다.
21 정녕 제가 그들을 잘못 가르치며, 제
가 아버님을 대신하여 사는 사람으로

서 변하지 못하였으며, 종이요, 선지
자요, 아버님의 아들이라는 그 영광된
칭호를 받으면서도 그 칭호에 버금가
는 삶을 살지 못하며,
22 그와 같은 행위를 하면서 많은 제자들
을 가르치고 일깨운다 하였던 그 모습
이 이리도 부끄럽고 저 자신이 초라함
을 느끼고 있사옵나이다.
23 이제는 그와 같은 것을 보강하며, 그
와 같은 것을 깨우친 그대로 저의 제
자들 앞에 바로 서는 모습, 정녕 바로
가르치는 모습을 보이도록 노력하며,
24 그리하여 1년 후에 제가 부끄러운 자
세가 아님을 보여 줄 수 있도록 그리
살겠사옵나이다.
25 아버님, 모두는 저의 죄이며, 모두는
제 인간의 욕심이며, 인간의 탈을 벗
어나지 못하였으며 세속의 삶의 얽히
고설킨 그것을 벗어나지 못하였기 때
문에 이루어졌음을 이제야 깊이 깨닫
고 저 자신의 부끄러움을 알겠사옵나
이다."
26 아들아, 너는 너무 괴로워하지 말라.
27 내가 천 년에 걸쳐 너희들을 구원한다
하였으며, 수십억 인구들이 너와 더불
어 살아가니,
28 그를 교훈 삼아 그들을 깨우치고 살아
감에 있어서 네가 만인에게 빛이 되면
될 것이며,
29 만백성이 너를 바라보되 영광으로 생
각하며 네가 존재함을 그들의 최대의
구원의 길이요, 행복이라 느낄 수 있
도록 그리 행하면 될 것이니라.
30 사랑하는 아들아!
31 "네, 아버님! 말씀하옵소서."
32 천태만상의 마음을 가지며, 천 가지,
만 가지의 생각을 가지고 살아가는 그
들의 마음을 다 네가 맞추려 생각한다
면 너는 이끌어 갈 수가 없음이니라.
33 네가 지키고 갈 수 있는 것은 너의 고
집이요, 아집이요, 네가 버티고 가는
그것이 아니니라.
34 그것보다도 더 훌륭하고 더 위대한 깨
우침은 네 가슴을 열고 사랑함이니라.
35 네가 육의 생각으로 생각하기 때문에
네가 그저 너 자신이 부끄럽지 아니하
고 잘못된 길이 아니라면 너 스스로
지켜 가면 되며,
36 남들이 보든 말든, 남들이 어찌 생각
하든 나의 법전만을 기록하여 세상에
내놓으며 네가 부끄럽지 아니한 행동
을 부끄럽지 아니하다 말하고 살아가
면 되는 것이라 너는 그리 자부하며,
37 네가 스스로 변하여 그들에게 부끄러
운 삶이 아닌 미래의 아름다움을 보여
주는 것이 네가 할 수 있는 길이라 하
여, 네가 법전을 쓰는 데 모두를 다 바
치며 시간 속에서 깨우쳐 가고자 하느
니라.
38 그러나 그것보다 더 위대한 것이 있느
니라, 아들아!
39 모두를 다 가슴에 안고 사랑하는 것이
니라.
40 모두의 오고 감에 거래가 없음이니라.
41 너는 그저 받아들이면 되는 것이며,
너는 보냄이 없음이니라.
42 감정을 보내는 것, 화나는 것을 보내
는 것, 그리고 네가 억제하지 못하는
자존심의 그 감정을 보내는 것, 그와
같은 것을 너는 보낼 수가 없으며 보

내서는 아니 됨이니라.
43 오가며 살아가는 것이 육의 세상에서 볼 때는 바르고 곧은 것이며 당연한 이치라 생각하나, 나를 대신하여 사는 너는 그것이 아님을 이제야 깨닫겠는가?
44 "깨달았사옵나이다.
45 제가 바르다 하는 것은, 바르다는 그 정도의 곧은 길이라는 것은 육의 세상에서 깨우침이니,
46 그 육의 세상에서 깨우치는 것은 60점을 넘을 수 없으며 영의 세상을 볼 수 없음이니, 그들과 제가 똑같이 뒤범벅되어서 살아가는 그 형국이니, 그들이 그곳에서 저의 무엇을 보고 깨우쳤겠사옵나이까?
47 영의 세계의 아름다움의 사는 모습, 그 모두를 내려다보는 사랑으로 베풀며 살아가면 아무것도 아닌 것을 깨닫지 못하였사옵나이다.
48 이제는 부모가 자식을 사랑하듯이, 아버님께서 만백성의 죄를 용서해 주시며 사랑해 주시듯이, 내리사랑으로 살아가도록 그리하겠사옵나이다."

2,746 번째 하나님 말씀

2002년 7월 30일 11시 42분

1 사랑하는 나의 아들아!
2 "네, 아버님! 말씀하옵소서."
3 나의 성전에 와 나의 성령의 뜻을 들으며 나의 법전을 가지고 공부하는 자, 그들은 다 누구를 위해서 저희 스스로 공부하는가?
4 저 자신이 직면한 문제이니라.
5 저 자신이 직면한 그 문제를 갖고 저희가 해결하고 깨우치고자, 스스로 깨닫고자 나의 성전에 와 공부를 하고 있음이니라.
6 그들 모두는 지금 시간이 없는 그 상황에 서 있으며, 자기 자신의 직면하고 해결해야 할 그 선상에 서 있으나 그 또한 시간이 얼마 남지 않았음이니, 그들이 깨우치고 깨우치지 못하며 스스로 가고 못 가는 것은 그들의 몫임을 알아야 될 것이니라.
7 너희들은 지금 시간이 없음을 알아야 될 것이니라.
8 정녕 너희들이 너희 문제요, 너희들의 신상의 문제요, 너희들의 구원의 문제요, 그 기로에서 나의 법전을 접하고 나의 책의 뚜껑을 엶이니,
9 이는 나의 아들 선지자가 너희들에게 가르쳐 주는 그 책임이 중요하며 책무가 있는 것이 아니니라.
10 너희 스스로 한 자를 더 듣고 하나를 더 깨우쳐 너희들이 바로 서고 바로 서지 못하는 것은 너희들이 구원을 받고 못 받는 너희들 신상에 문제이며, 너희들의 문제인 것을 깨우쳐야 할 것이니라.
11 내가 너희들에게 말하여 일렀느니라.
12 예수의 그 역사를 이루며 그와 같이 따랐던 제자들이 마귀가 되어 그를 팔았음이니,
13 그 열두 제자 중에 한 사람이라도 나의 아들을 보호하고 살리고자 하는 마음이 있었다면 나는 섭섭지 않았으며, 정녕 오늘과 같은 제3의 시대를 열면서 그와 같은 자가 나오기를 기다리지

는 아니하였을 것이니라.
14 너희들은 정녕 나의 아들이요, 160권
의 법전을 만들어 세상에 내는 나의
아들이 불 속에 타 가고 있을 때, 과연
그 생명을 던져 그를 구원하다 같이
죽겠다고 생각하는 자가 있는가?
15 너희들 중에 단 한 명이라도 그러한
자가 있다 하면 너희들의 역사의 변화
는 태풍이 불어오는 것같이 변화될 것
이니라.
16 그러나 나의 성전에 와서 공부하는
자, 또 등 돌리고 떠난 자, 그 모든 백
성들 중에서 너희들은 스스로 내가 너
희들을 깨우쳐 인도하고자 하는 곳에
기대하지 말라.
17 내가 너희들을 깨우쳐 인도하는 것이
아니요, 이는 너희들이 구원을 받고
못 받는 너희들의 생명에 관계된, 너
희들이 직면한 문제지, 나나 선지자와
는 아무런 관계가 없는 것이니라.
18 다만, 불쌍한 나의 피조물 만백성을
구원하고자 하는 나의 뜻에 의하여 법
전을 내려보내며, 그를 받아 밤낮 시
련 속에서 너희들에게 전하는 나의 선
지자를 보는 너희들의 마음 자세가 바
뀌어야 될 것이며, 너희들의 생각 자
체가 바뀌어야 될 것이니라.
19 내가 오늘 너희들에게 말하기를, 그들
이 나의 아들 예수를 팔아서 죽게 했
듯이, 예수가 죽음 직전에 그를 구원
하는 자가 없었음이니 그리하여 그는
그와 같은 길을 갈 수밖에 없었다 하
면 너희들은 과연 어찌하겠는가?
20 지금 나의 아들이 160권의 역사를 이
루기 위하여 3부에 돌입함이니, 그것
이 나의 성령이요, 나의 뜻이라 너희
들이 정녕 믿는다면, 그가 물속에 빠
져 죽을 때, 불 속에 타죽을 때, 그
160권이 나올 수 없는 그와 같은 엄연
한 사실에 너희들은 그를 구원하기 위
하여 불 속에 뛰어들어갈 수 있는 자
가 몇 명이나 되는가?
21 단 한 명이라도 이루어졌을 때 너희들
이 원하는 그 모든 소원과 기적이 이
루어질 것이니라.
22 너희들은 말할 것이니라.
23 그가 타 죽는 것도 하나님의 뜻이요,
여호와의 뜻이니, 다음에 또 법전을
만들고 전하는 사람이 세상에 나올 것
이라는 안일한 생각을 할 수도 있을
것이나, 이는 너희들의 망상이니라.
24 내가 제3의 시대, 마지막 시대에 나를
태워서 나의 아들에게 내려보낸다 했
으니,
25 너희들은 너희 자식 하나를 죽이는 것
도 가슴이 찢어지도록 미어지며 아프
거늘, 둘을 죽이며 셋을 죽이라 하는
그와 같이 나에게 기대하는 것이요,
나에게 그리 원하는 것밖에 아니 됨이
니,
26 너희들은 이와 같은 마음 자세를 버려
야 될 것이니라.
27 오로지 불속에 들어가 타 죽는 그를
구원하여 그가 160권의 역사를 이룰
수 있도록 하는 것이 너희들의 소임이
니, 단 한 사람이라도 그러한 자가 나
왔을 때 너희들이 원하는 모든 역사가
이루어지는 것은 아무것도 아니니라.
28 내가 바람 한 번 붊으로 인해서, 내가
생각을 함으로 인해서, 내가 너희들에

게 내리고자 생각을 함으로써 그 모든 세상의 역사가 다 이루어진다면 너희들은 믿겠는가?

29 내가 너희들에게 내리고자 하며 손 한 번 저어서 너희들에게 크나큰 역사를 이루고자 하나,

30 너희들이 지금 이와 같은 형태로 갈 때, 나의 아들은 160권을 만들어 내는 그 역사의 고통을 견디기가 너무나도 힘이 드느니라.

31 그를 대신하여 갈 자가 세상에 한 사람도 없으며, 그를 대신하여 총칼을 맞아 그를 보호할 수 있는 자가 하나도 없음이니,

32 이리하고도 어찌하여 내가 너희들이 생각하는 것처럼 하루아침에 대역사를 이룰 수 있다 생각하는가?

33 너희들 중에서 그러한 자가 나와야 될 것이니라.

34 시련과 고통 속에서 그러한 자 하나가 나왔을 때, 나의 법전이 소낙비가 쏟아지듯이 세상을 다 덮을 것이니라.

35 지금 내가 이를 덮었을 때, 그를 누가 보호하겠는가?

36 이국만리에 있는 사람들이 나의 법전을 읽어 나의 아들이 이 시대의 선지자요, 예수와 같은 역사를 이루는 나의 아들이라 한들, 그들이 과연 그를 보호할 수 있겠는가?

37 오로지 나의 법전을 같이 공부하면서 성령을 듣는 너희들 중에서 나와야 하며, 너희들밖에 구원하고 보호할 자가 없음을 어찌 모르는가?

38 그러한 너희들이 변하지 못했을 때, 수만 리 밖에 있는 나의 법전을 읽고 깨우친 자들이 과연 너희들과 같은 마음을 가질 수 있다 생각하는가?

39 너희들은 어찌 이리 우매하고 어리석은 삶을 사는가?

40 내가 나의 자식 하나가 십자가에 못 박혀 피 흘려 죽어 가는 그 고통을 보고도 살리지 못하였음이니,

41 자식을 살릴 수 있는 능력을 가진 자가 죽어 가는 자식을 살리지 않을 자 누가 있는가?

42 나 창조주는 그를 하지 아니하였음이니라.

43 그리하여 나의 아들을 다시 세상에 보내어 이 160권의 역사를 세상에 내리니,

44 그가 죽어 가는 모습을 보고도 160권을 만들기 위하여 그를 구원하는 자가 없다 하면, 너희들 중에 그러한 마음자리를 잡지 못하였다 하면, 누가 그를 구하며 160권이 세상에 나오는 역사를 이룰 수 있다 생각하는가?

45 그러면서 너희들은 어찌 나의 아들이 기적을 이루기를 원하며, 나의 법전이 세상에 금화와 은화로 바뀌어져 너희들 앞에 태산처럼 쌓이기를 바라는가?

46 나는 태산보다도 더 위대한 금화와 은화를 너희들에게 줄 것이니라, 단, 그와 같은 자가 한 사람이라도 나왔을 때.

47 그와 같은 자가 한 사람도 나오지 아니하였을 때 그 역사는 이루어질 수 없음이니, 나는 기다릴 것이니라.

48 그리고 나의 아들을 훈련시켜 갈 것이며, 나의 아들이 변하는 그 역사 속에 누군가 그와 같은 자가 나올 때까지

나는 기다릴 것임을 너희들은 알아야 할 것이니라.

49 내가 이 법전을 세상에 전하는 것을 너희들은 10년이요, 20년이요, 그와 같이 계획을 하나, 단 1초 만에도 세상을 덮을 수가 있는 것이 나의 역사이거늘, 나에게는 시간의 개념이 없음이니라.

50 너희들의 천 년의 역사가 나에게는 하루의 일과인 것이거늘,

51 한번 너희들이 생각해 보라.

52 너희들이 천 년에 이룰 것을 하루만에 이루니, 너희들이 백 년에 걸쳐 이룰 것은 한 시간 내에 이룰 것이며, 너희들이 10년 내에 이룰 것은 내가 숨 한 번 쉼으로써 이루어지는 것이 전지전능한 나 여호와인 것을 어찌 너희들은 그리 모르는가?

53 나의 160권의 법전이 세상에 나올 때 제 목숨을 바칠 수 있는 자 있으며, 그와 같은 정녕 깨우친 자, 그리고 나와 같은 마음으로 살아가고자 하는 자가 나왔을 때 단 1초도 안 걸려 이 역사의 변화는 이루어질 수 있을 것이니,

54 너희들은 내가 나의 아들을 보호하고자 하는 것이 나의 잘못된 뜻이라 생각하는가?

55 오로지 그를 보호하고 그를 지키려는 것도 이제 너희들만이 남아 있음이니라.

56 너희들 속에서 이루어져야 되는 것이거늘, 그 누구에게서도 이루어질 수 없음이니라.

57 너희들은 쌓이는 그 깨달음에 피로하고 지치며 힘들다 생각하는 자, 너희 자신의 변화가 과연 어디까지 이루어졌는가 생각해 보라.

58 오죽하면 내가 너희들에게 내 이름을 빌려 내가 되라 하며 나를 대신하여 사는 자로 살라 말하였겠는가?

59 이와 같이 생각하여 너희들 백 명이 나의 뜻에 따라 살았다면, 너희 후세들은 나를 백위일체요, 천위일체로 그리 말하지 않겠는가?

60 그 위험한 역사 속에서 너희들이 곧 나를 대신하여 산 자들이요, 나라 내가 명한 이 뜻을, 이 깊은 의미를 너희들은 알아야 될 것이며,

61 그리 명받는 자, 너희들이 어찌 살아가야 되는가를 알아야 할 것이니라.

62 너희들은 나이니라.

63 즉, 너희들이 나라는 그 책임감을 하나 가지고 살 때, 나의 아들이 세상에 내려가 법전을 내리니 곧, 그를 너희들이 아들을 바라보는 마음으로써 그리 바라볼 수 있는 마음과 눈빛을 가질 수는 없는가?

64 이와 같이 깊은 의미를 깨우쳐야 하늘의 뜻을 알 것이니, 육의 깨우침으로는 정녕 알 수가 없음이니라.

65 언제까지 너희들이 육의 세상을 벗어나 영의 세상의 그 빛을 볼 수 있도록 내가 매일같이 나의 성령을 너희들에게 전하는 이 역사가 계속 될 것이라 생각하는가?

66 여기서 너희 자신이 깨우쳐야 될 것이니라.

2,747 번째 하나님 말씀

2002년 7월 30일 23시 33분

1 사랑하는 나의 아들아!
2 "네, 아버님! 말씀하옵소서."
3 지금 너희들이 기르고 양육시키는 그
동물들도 먹이를 주는 자를 해하지 아
니하며, 먹이를 주는 자에게 순응하고
순종하며 따르는 것이 동물들이 가지
고 있는 근본이며 근성이니라.
4 그러나 가장 높은 지혜를 가졌으며 사
랑을 베풀고 사랑을 나누며 사는 인간
인 너희들은 어찌 사는가?
5 지금의 너희들이 수천수만 가지의 그
종파가 갈라진 그 원인 또한 어디에
있는가?
6 너희들은 스스로 자라면서 가르쳐 준
그 스승에게 감사하며 그의 은혜를 생
각하며 그리 살아가면 되는 것이나,
7 인간 너희들은 너희들을 길러주고 가
르쳐 준 그 스승을 반드시 딛고 넘으
려 하는 것이 너희들의 심성이니라.
8 그리하여 너희들을 가르치고 깨우쳐
준 그 종교에서 너희들이 그대로 배우
고 깨우쳤으면 지금과 같이 수천수만
의 종파가 생기지는 아니하였을 것이
니라.
9 그러나 제가 더 높고자, 제가 더 권위
있고자, 제가 정녕 모두를 통제하고자
하는 그 욕심을 충족시키기 위하여 너
희들은 가르쳐 준 스승이요, 가르쳐
준 사람을 배신하며, 그가 가던 방법
이 아니요, 제 나름대로 개발한 방법
으로써 그와 같은 차별화를 이루고 살
아가고자 하는 것이니라.
10 그건 바로 무엇이던가?
11 가르쳐 준 스승을 뛰어넘고자 하는 너
희들의 생각이니라.
12 거기에 또한 나의 피조물 만백성 너희
들이 깨우치고 배워 나가야 할 성서가
너희들이 이해하기에 어렵고 깨우치
기 힘들며, 그것을 공부하고 연구한
자만이 의미라도 그나마 전달할 수 있
는 그와 같은 어려운 성서이기에,
13 너희들은 그 성서를 가지고 각자 자기
가 해석하는 것이 옳다 하여 제 나름
대로 제 생각대로 갖다 붙여 지금 바
로 수천수만의 종파가 이리 생겼음이
니라.
14 그 또한 너희들을 가르쳐 준 자, 지도
한 자를 능가하며 그를 벗어나고자 하
는 것이 너희들의 심리이니,
15 너희들이 그 스승이 가르친 것을 그대
로 전하면 되는 것이거늘, 너희들은
깨우치는 것도 그를 벗어나고 그것을
너희 마음대로 변조하고 너희들이 편
리한 대로 생각하여 너희 것으로 만들
고 개조하여 세상에 만들어 내는 그와
같은 너희들의 근성과 습성이 있기에,
16 나의 성서를 배우고 가르치는 그것도
그와 같은 너희들의 흐르는 인간의 성
격 때문에 수천수만 가지로 그리 갈라
져 있으며,
17 또한 성서는 비유로 너희들에게 가르
쳐 줌이니 그를 갖고 너희들이 얼마든
지 생각해서 그 종파요, 지파를 만들
수 있는 그와 같은 형국의 여건이 이
루어졌음이니,
18 그리하여 지금 수천수만 가지의 종파
가 이루어졌음이니라.

19 그리하여 내가 이를 바로잡기 위하여
너희들이 읽어서 눈으로 보면 깨우치
며, 누구나 다 알기 쉬우며, 이를 변조
할 수 없으며, 누구도 거기에 설명을
덧붙일 수 없는 가장 기초적인 학문의
가장 쉬운 방법으로써 나의 법전 160
권을 만들어 세상에 지금 내보내고자
함이니라.
20 그러나 너희들은 여기서 또한 깨우쳐
야 될 것이니라.
21 아무리 쉽고 아무리 너희들이 봐서 변
조할 수 없는 그 내용이라 하여도,
22 지금 너희들은 또한 지금까지 흘러왔
던 그 종파처럼 너희들이 더 위대한
자가 되고자, 더 높은 자가 되고자, 너
희들이 또한 나의 성령을 받아 기록한
자가 되고자 하여 나의 법전이요, 나
의 깨우침을 갖다가 변조하고 너희 스
스로 너희 지파와 종파를 또 만들어
갈 것이니,
23 감히 나의 아들을 능가하려 하는 자들
이 세상에 수없이 있음이니라.
24 그러나 내가 이제는 너희들에게 그와
같은 기회와 너희들의 간악한 그 방법
을 허용하지 아니하고자 함이니, 이것
이 나의 뜻이니라.
25 그리하여 내가 나의 법전에 나의 아들
의 사진을 넣으라 하였으며, 또한 나
의 성령을 내리는 것을 날짜와 시간을
기록하도록 하였음이니라.
26 날짜와 시간까지, 분까지 기록하여 놓
는다면 그것이 곧 역사의 흐름이며,
그 한 토막의 그 내용을 너희들이 변
조하고 고칠 수가 없기 때문이니라.
27 그리하여 시간과 날짜를 정확히 명시
한 것은 그 안에 있는 그 틀을 너희들
이 수정할 수 없으며 고칠 수가 없음
이니라.
28 이는 다 그 시간과 장소에 따라서 한
구절을 깨우치며 하나의 나의 성령의
뜻을 기록한 것이기 때문에, 너희들이
거기서 수정하며 고치려 하여도 감히
그곳에 연필을 댈 수 없으며, 너희들
의 펜대를 댈 수 없으며, 너희들의 생
각을 거기에 넣을 수 없도록 내가 비
유를 들며 한 가지씩만 그곳에서 너희
들에게 가르치고 깨우치는 그와 같은
방법으로 법전을 만들어 160권을 세
상에 내보냄이니라.
29 그리하여 이제는 너희들이 그리 변조
하며 다른 종파가 만들어 역사할 수
없도록 내가 제동을 걸어 놨으며 그리
만들어 놓았음이니라.
30 그러나 또한 너희들이 더 높고자 나의
아들보다 더 위대한 자라 말하며, 나
의 아들 위에 서고자 너희들은 갖은
수법으로써 다른 종파를 만들며 또 지
파를 만들어 너희들이 이 법전을 받은
것처럼, 또 너희들이 기록한 것처럼
변조하여 세상에 내려 하나, 너희들은
그와 같은 생각을 아예 버려야 할 것
이니라.
31 그러한 자 용서할 수 없으며, 용서치
아니할 것이며, 너희들이 감히 나의
법전을 변조하고 고칠 수 없는 그 깊
은 나의 계획이 그 속에 들어있으며
내가 내려보낸 그 뜻이 있음이니라.
32 너희들은 그리 고치지 못할 것이니라.
33 이제 나의 법전을 가지고 나의 아들을
능가하고자 하며, 그가 나의 성령을

들은 것을 너희들이 나로부터 직접 받
은 자라 하여 그를 짓밟고 없애려 하
는 자, 너희들은 그 생각조차도 버려
야 될 것을 내가 나의 법전에 기록하
여 내리니,
34 오로지 나의 법전 160권은 나의 아들
만을 통해서 세상에 전해지며, 그만이
역사할 수 있으며, 그만이 나의 성령
을 내릴 수 있으며, 너희들의 기도를
들어 하늘에 상달하는 자는 그뿐임을
너희들은 알아야 할 것이니라.
35 그리하여 나의 법전에 나의 아들의 사
진을 넣으라 하였으며, 날짜와 시간과
분을 정확히 기록하여 한 구절씩 한
구절씩 너희들이 읽어 깨우치도록 만
들었음이니, 이를 감히 변조하려 하지
말라.
36 이 책은 어린아이도 읽을 수 있으며
어른도 읽을 수 있으며 노인도 읽을
수 있음이니, 누가 나의 법전을 들고
있는지 그 누구도 모르니 이를 변조할
수 없음이니라.
37 그리하여 나의 법전을 세상에 비가 내
리듯이 그리 뿌려 놓고자 하는 것이
나의 뜻이니,
38 감히 이를 변조하여 새로운 역사요,
새로운 종파를 만드는 식으로 끌고 가
려는 생각을 너희들은 지금서부터 지
워 버려야 될 것이니, 그를 용서치 아
니하며 그리할 수 없음을 알라.
39 감히 이를 변조하여 또 지파를 만들려
하는 자, 너희들은 그와 같은 생각을
아예 너희 머리에서 지워야 될 것이며,
40 그와 같은 사악한 자들을 내가 용서치
아니할 것이니 그리 알라.
41 내가 천 년에 걸쳐 역사가 이루는 마
지막 단계라 하였으니, 너희들이 하나
도 보태거나 빼지도 못하도록 그리 만
든 것이 나의 법전의 비밀임을 내가
너희들을 통하여 내리니,
42 감히 이를 가지고 너희 스스로 역사하
고자 하는 간교한 생각을 하지 말라.
43 이를 못을 박음이니 그리 알라.

2,748 번째 하나님 말씀

2002년 7월 30일 23시 46분

1 사랑하는 나의 아들아!
2 "네, 아버님! 말씀하옵소서."
3 너희들이 하늘의 길을 알고자 하며,
구원의 길을 오고자 하며, 나로부터
구원을 받고자 함이니라.
4 구약과 신약의 그 역사가 흐르는 속에
서 그와 같은 역사가 반복되면서 수많
은 나의 피조물 만백성이 구원의 빛을
보고자 하여 살다 흐트러져 그들은 다
떠나가 버렸음이니라.
5 그리고 그들이 살아온 그 죄의 대가를
치르면서 하늘의 빛을 정녕 보지도 못
하고 구원의 길을 보지도 못하며 그들
은 죄지은 것만큼 지금 그 시련 속에
살아가고 있음이니, 이를 안다면 너희
들은 얼마나 통탄할 일인가?
6 또한, 수천 년 동안 흘러오면서 지금
도 그와 같은 역사가 반복되고 있음이
니, 너희들 또한 그와 같은 길을 면치
못하며 너희들이 구원의 길이요, 구원
의 빛이라 하여 보고 달려오고 살아온
그 모두가 지옥의 길로 가는 자의 인
도에 따라서 지금까지 너희 모두를 다

바치고 살아왔다면 너희들은 과연 이를 믿겠는가?

7 그리고 너희들은 정녕 어찌해야 되겠는가?

8 너희들은 여기서 생각해 봐야 될 것이니라.

9 내가 구약의 시대와 신약의 시대는 지금 제3의 시대의 마지막 심판의 시대를 위한 준비 단계라 너희들에게 말하였으나, 너희들은 이 이치도 깨우쳐 보려 하지 아니함이니, 어찌하면 되겠는가?

10 너희들은 여기서 반드시 들어야 되며 깨우칠 대목이 있느니라.

11 너희들이 구원의 길을 알며 하늘에 오르고자 한다면, 나의 법전을 정독하는 자만이 하늘의 그 이치를 알게 되며, 하늘의 이치를 깨달아 하늘에 오르는 길을 보게 됨이니,

12 이를 읽지 않는 자, 결코 구원의 빛조차도 볼 수 없음을 너희들은 이제 다시 한 번 깊이 새겨야 될 것이며,

13 내가 마지막으로 나의 아들을 통하여 내리는 이 애절한 구절을 읽어 너희 것으로 만들어야만 됨을 알아야 될 것이니라.

14 너희 스스로 나의 법전을 가슴에 안고 정독하여 읽고 또 읽는 자 하늘에 오르는 그 이치를 알게 된다 하였으며, 이를 읽는 자만이 세상의 변화와 너희 자신을 보게 됨이니, 이것이 구원의 근본임을 알아야 될 것이니라.

15 너희들은 세상의 변화와 너희 자신을 보게 됨이니 너희 자신을 보지 못하면 구원의 근본을 알 수 없음이니라.

16 이제는 내가 너희들을 통하여 말함이니, 나의 법전을 읽는 자만이 앞으로 변화되는 세상의 그 역사를 알게 되며, 너희 자신들을 돌아다보게 됨이니, 이는 곧 무엇이더냐?

17 나의 법전에 기록되어 있는 그 나의 성령이 너희들을 변화되게 하며 미래를 보게 하며 너희들을 깨우침의 길로 인도하기 때문이니,

18 나의 법전을 읽는 자만이 자신의 변화를 찾게 되며, 그리하여 이것이 구원의 근본임을 알아야 될 것이며, 그리고 이것만이 너희들의 구원이 시작되는 길임을 알아야 될 것이니라.

19 내가 나의 아들을 통하여 수없이 너희들에게 전하는 이 뜻을 너희들이 흘러가는 말 한마디로 들었을 때, 너희들은 영영 구원의 길을 볼 수 없음을 알아야 될 것이니라.

20 너희들이 지금과 같은 방법으로 살아가는 형태로써는 구원을 받지 못한다 하였다면,

21 너희들은 너희 자신을 돌아다보며 너희들 스스로 깨우쳐 나가는, 그리고 참진리의 그 길을 찾는 역사를 스스로 이루지 못한다면 너희들은 영영 구원을 받지 못함이니라.

22 구원을 받는 것은 남이 해 주는 것이 아니며, 남이 대신할 수도 없는 것이며,

23 그 누구도 자기 자신을 구원하는 것만큼은 대역할 수 없는 것이 바로 너희들 구원을 받고 못 받는 그와 같은 이치이며 하늘의 뜻임을 알아야 될 것이니라.

24 이제 너희들은 너희 스스로 변하게 될
때, 너희 스스로 살아가면서 항상 너
희들이 살아가는 그 속에서 나 여호와
가 너희들과 같이 존재한다는 것을 알
게 됨이니라.
25 너희들이 스스로 자신이 변하는 그 역
사 속에서 너희들 자신을 돌아다보며
나의 법전을 읽고 그 내용에 따라 변
화될 때, 너희들은 나 여호와가 너희
들을 항상 주관하며 너희들과 같이 있
는 것을 깨닫게 될 것이니, 너희들은
그 속에서 정녕 하늘에 오르는 그 이
치를 알게 됨이니라.
26 너희들은 그리 깨달았을 때, 너희 스
스로 하늘에 오르는 근본이 무엇인가?
27 곧, 이는 나 여호와를 기쁘게 하며 나
여호와를 기쁘게 하는 생각을 하며 나
여호와를 기쁘게 하는 생활로써 살아
가는 그것이 바로 너희들이 구원의 그
영광을 얻게 됨이니라.
28 너희들이 나를 기뻐하게 하며 살며,
나를 기뻐하게 하는 생각으로써 산다
는 것이 바로 무엇이더냐?
29 내가 지키라 내린 그 십계명을 지키는
것이며, 내가 구구절절이 나의 아들을
통하여 밤과 낮을 가리지 않고 너희들
에게 내리는 그 법전의 내용대로 사는
것, 곧 이것이 너희들이 나를 가장 기
쁘고 즐겁게 하는 삶을 삶이니,
30 그것이 바로 너희들이 구원의 길에 들
어섬이며, 너희들이 구원받을 수 있는
근본임을 알아야 될 것이니라.
31 너희들은 인간의 육의 삶에서 하늘의
길을 보며 천국의 문에 들어설 수 있
다 생각하고 있느니라.
32 그러나 나의 법전에 있는 그 모두를
깨우치며 그를 시행하지 아니하는 자
는 육의 삶에서 하늘의 길을 아무리
보려 해도 볼 수 없으며, 천국의 문에
들어서려 해도 들어설 수 없다는 것을
알아야 될 것이니라.
33 영의 삶의 그 변화요, 내가 요구하는
것이 무엇이며, 육의 삶이 아닌 영의
세상의 문을 여는 그와 같은 나의 계
명을 지키고 사는 그들만이 나의 천국
의 문에 들어설 수 있으며 그 길을 갈
수 있다는 것을 알아야 될 것이니라.
34 이제 내가 너희들에게 명하여 전하노
라.
35 너희들은 내가 지금 모두를 태워 내리
는 나의 법전을 지키고 사는 자만이
사악한 자가 아니 되며, 사악한 생각
을 할 수 없으며, 오로지 선한 일만 하
고 살 수 있음을 알아야 될 것이니라.
36 내가 나의 법전을 읽고 깨우치는 것이
하늘에 오르는 그 기본이요, 근본이라
함은, 나의 법전을 읽는 너희들은 그
순간부터 사악한 생각을 할 수 없으
며, 선한 일을 생각하며 착하고 아름
다운 사랑을 나누며 사는 그와 같은
길을 보고 실천하게 되기 때문이니라.
37 너희들이 살아가면서 잠시 단 1분이
라는 그 시간 속에서도 사악한 죄를
짓고자 하는 생각을 한다면 너희들은
사악한 자의 자식이 되기 때문에,
38 나의 법전을 정독하는 그 길만이 너희
들이 사악한 마음을 가질 수 없고 사
악한 생각을 할 수 없으며 죄를 짓는
생각을 할 수 없기에 너희들이 사악한
자식으로서 전락하지 않음이니라.

39 그리하여 나의 법전을 가슴에 안고 정
독하라 나의 아들을 통하여 너희들에
게 수천수만 번 명하노니, 너희들은
이와 같은 뜻을 알아야 될 것이니라.
40 너희들이 나의 법전대로 살지 않을 때
사악한 자들의 자식이 되며, 나의 법
전대로 살면 나의 자식이 되어 너희
스스로 깨우쳐 하늘에 오르는 영광을
얻게 될 것이니, 이는 너희들이 선택
해서 해야 할 덕목임을 알아야 할 것
이니라.

2,749 번째 하나님 말씀

2002년 7월 31일 0시 01분

1 사랑하는 나의 아들아!
2 "네, 아버님! 말씀하옵소서."
3 네 앞에 와 제자라 고개 숙여 나의 강
론을 들으며 나의 법전을 공부하는 그
들이 살아가면서 힘들고 어려운 그 고
비와 역경 때마다 나 여호와를 원망할
것이며 또한 너를 원망할 것이니라.
4 이제 너는 지금 너를 따르는 너의 제
자들 한 사람 한 사람에게 다음과 같
은 이치를 깨우쳐 주라.
5 네가 나로부터 성령을 받아 여호와 나
의 법전을 갖고 공부하는 그것이 과연
누구를 위한 길인가를 그들에게 물어
보라.
6 정녕 그들이 이 길이 아닌 다른 어떠
한 형태로든 구원을 받을 수 있는 그
길이 있다 하면 그들은 선택해서 그
길을 가도록 길을 열어 주라.
7 그러나 정녕 저희들이 이 길만이 구원
의 길이라 말하거든, 이 모두는 다 너
희 스스로 개인을 위해 연구하고 공부
하며 깨달음이라는 것을 그들에게 깨
우쳐 주라.
8 나 여호와가 직접 너희들에게 깨우쳐
주며 너희들을 인도하는 것도 아니요,
나의 아들이 너희 손에 그 깨우침을
쥐여 주는 것도 아니며 일깨워 주는
것도 아니니,
9 스스로 깨우쳐 그 길을 선택하고 선택
하지 아니하며 가고 안 가는 것은 너
희 자신에게 달렸으니, 이 성전에 와
얼굴 붉히는 그와 같은 행위를 하지
말라 그리 이르라.
10 저 자신이 이 길이 아니면 스스로 떠
나면 될 것이며, 제가 이 길이라 생각
하면 스스로 공부하는 것에 최선을 다
하라 하라.
11 내가 너희들에게 구원의 길인 나의 성
령을 듣게 하며, 나의 법전을 깨닫게
하며, 밤낮을 가리지 아니하고 고달프
고 어렵고 힘들게 나의 성령을 받아
법전을 만들어 너희들에게 전해 주는
나의 아들이 과연 너희들에게 어떠한
책임을 져야 하며, 너희들을 위해서
무슨 기적을 이루며, 너희들을 위해서
금화와 은화를 긁어모으는 데 어떤 역
사를 이루어 주어야 되는 것이며,
12 너희들이 부귀와 영화를 누리며 권력
을 잡게 하는 데 나의 아들이 과연 너
희들에게 무엇을 깨우쳐 주어야 되며
어떠한 대가를 지불해야 하는가?
13 너희들은 감히 나의 성전에 와서 나의
법전이요, 나의 성령을 나의 아들을
통하여 내리는 그 음성을 듣는 그 영
광 외에 무엇인가를 나의 아들에게 얻

고자 하며 나의 성전에 와서 구원을
받고자 하는 생각을 하지 말라.
14 너희들은 어찌하여 너희들 자신이 그
자체를 깨우치지 못하며 너희 스스로
그 이치를 돌아다보지 못하는가?
15 너희들이 과연 나의 아들이 가는 길에
나의 성전을 위하여 무엇을 어찌 그리
역사를 하였으며, 나의 아들을 위해
어떠한 역사를 하였기에 너희들은 정
녕 나의 아들로부터 무엇을 얻고자 구
원을 받고자 하며,
16 너희 육의 삶이 힘들고 금화와 은화가
너희들에게 모아지지 아니한다 하여,
너희들이 권력의 자리에 오르지 못한
다 하여 어찌 나의 아들과 나 여호와
를 원망하는 그런 마음으로써 얼굴 붉
히는 자세로 감히 나의 성전에 와 앉
아 있는가?
17 너희들이 싫으면 스스로 떠나면 될 것
이니라.
18 어찌하여 경배하고 기도하며 나의 법
전을 만드는 나의 아들에게 너희들 스
스로 욕심을 버리지 못하여 파장을 이
루는가?
19 너희들이 나의 성전에 와 나의 법전을
가지고 공부하며 나의 음성을 들어 깨
우쳐 하늘에 오르는 빛을 보는 그 영
광을 얻음으로써 너희들의 목숨과도
바꾸지 못할 이곳이요, 나의 아들의
가르침이거늘,
20 너희들이 무엇이기에 나의 아들이 너
희들에게 베풀어야 되며, 부귀와 영화
의 상을 너희들에게 내려야만 되는 것
인가?
21 너희들은 나에게 와서 나의 법전을 공
부하며 나의 성령을 듣는 것이 구원의
길을 위해서 가는 것인가 아니면 너희
들의 육의 삶의 부귀영화를 얻기 위하
여 지금 와서 공부를 하고 있는가?
22 너희들 자신이 그를 깨우쳐 봐 너희
스스로 알아야 될 것이니라.
23 이제 너희들이 과연 선택할 길이 무엇
인가, 그 길을 너희들이 스스로 알아
서 선택하여야 될 것이니라.
24 나의 아들이 나의 법전을 기록하여 만
백성을 구하는 그 역사에 동참한 너희
스스로 그것이 부귀와 영화보다도 더
소중한 영광을 얻었거늘,
25 어찌하여 너희들은 그와 같은 은혜를
모르며 너희들 스스로 육의 향락과 육
의 삶의 부귀영화를 위해서, 그것을
너희들에게 내려 주지 아니하며 은혜
를 주지 아니한다 하여, 그 어렵고 힘
들게 너희들에게 강론으로 가르쳐 주
는 나의 아들 앞에 와 감히 얼굴을 붉
히는가?
26 그러한 자 스스로 떠나면 될 것이며
나의 성전을 찾지 아니하면 될 것이니
라.
27 이제 너희들이 그와 같이 너희 스스로
깨달아야 될 때가 왔음을 알아야 될
것이니라.
28 정녕 나의 아들이 가는 길이요, 나의
아들이 나의 법전을 세상에 만들어 내
만백성을 구하는 그 역사에 동참하는
자, 그 길에 같이 가는 자, 그 길을 위
해서 헌신하고 봉사하는 자, 재물을
아끼지 아니하고 금화와 은화를 바쳐
나의 법전을 세상에 전하는 그와 같은
역사를 이루고 있는 나로부터 선택된

백성은 아무런 말이 없음이니라.
29 저희 스스로 나의 법전이 세상에 나가
며 나의 아들이 임하는 그 길에 아무
런 도움도 되지 못하는 자, 제가 무엇
을 얻지 못하며 구원을 받지 못하여
얼굴 붉히는 그와 같은 사악한 행위를
나의 성전에서 두 번 다시 이루지 말
라 이르라.
30 나의 아들을 위하여 모두를 다 던지고
바치는 자는 아무런 말이 없이 고개
숙여 그를 따라감이니, 성령이 옳으며
나의 뜻이 옳기에 하늘에 오르는 그
길을 보고 가는 너의 제자들까지, 그
들의 마음에 동요와 파장을 이루는
그와 같은 행위를 하지 말라 이르라.
31 그 누구도 감히 나의 성전에 와 얼굴
을 붉힐 수 없으며, 그 누구도 그와 같
은 자격이 없음을 알아야 될 것이니라.
32 이제 너의 제자들에게 나의 이 뜻을
확실히 전하여 스스로 선택의 길을 가
도록 그리하라.

2,750 번째 하나님 말씀

2002년 7월 31일 0시 31분

1 사랑하는 나의 아들아!
2 "네, 아버님! 말씀하소서."
3 네가 가지 많은 나무를 거꾸로 매달아
놓고 그 나무를 한번 들여다보도록 하
라.
4 나의 진리는 한 길이요, 하늘에 오르
는 그 가르침도 하나요, 나 여호와의
성령은 한 곳에 내려감이니, 거꾸로
보는 그 나무의 원뿌리는 나의 성령이
라, 그리고 근본이라 말하자.
5 그러나 거꾸로 매달린 그 나무에 얼마
나 많은 가지가 뻗어 있는가?
6 지금 너희들의 종파의 형태가 그와 같
으니라.
7 나의 아들 예수를 통하여 내가 너희들
에게 깨우치고자 하였음이니, 그는 바
로 그 하나의 나의 성령의 뿌리가 내
려졌음이니라.
8 그러나 그 뿌리가 서서히 내려오면서
나무가 거꾸로 매달려 있는 그 형태처
럼 수천수만 가지의 종파들이 거기서
갈라졌음이니라.
9 그리 갈라져서 그들이 하는 말이, 그
나무에 붙어 있는 작은 가지든 큰 가
지든 저희들이 다 원뿌리요, 원기둥이
라 그리 말하고 있음이니,
10 이와 같은 형국이 지금 나의 이 지상
에서 모든 종파의 모든 종교 지도자들
이 형성되어 있는 그와 같은 것이니라.
11 원뿌리는 지금 그 역할을 하지 못하
며, 나무를 거꾸로 매달아 죽어 가는
그와 같은 형국으로 죽어 있으며,
12 수천수만 개의 가지들이 뻗어 지금 다
말라 비틀어져 그 역할을 하지도 못하
면서 그들은 다 제 것이 하늘에 오르
는 길이요, 저희들만이 원뿌리요, 원
조라 그리 말하며, 그 길을 가는 것만
이 하늘에 오르는 길이라 하여 지금
나의 피조물 만백성을 이끌어 간다 하
고 있음이니,
13 과연 그와 같은 형국에서 너는 원뿌리
요, 그 근본을 찾을 수 있다 생각하는
가?
14 너는 이 세상의 모든 종파와 그리고
저희들이 성전이라 지어 놓은 그곳에

서 가르치는 그들이 다 시들어 말라
가는 뿌리나 나뭇잎과 같은 그 형국에
서 지금 부르짖는 형태임을 알아야 될
것이니라.
15 원뿌리의 그 나무의 이치와 그가 이루
고자 하는 것과는 관계없이 저희들은
수천수만 개로 펴져 있는 그 가지가
원뿌리라 그리 아비규환과 같이 서로
싸우고 물고 늘어지는 그와 같은 형국
이니, 그 가지는 원뿌리 자체가 아님
을 알아야 될 것이니라.
16 그와 같이 수천수만 가지로 갈라져 제
가 원뿌리라 말함이니, 그중에 원뿌리
가 하나도 없지 아니한가?
17 근본의 뿌리는 거기에 없음이니라.
18 그 근본의 뿌리마저 지금 거꾸로 자라
온 나무에 매달려 있으니, 그 근본의
뿌리가 죽어 있는 그와 같은 형국이
니, 그는 바로 무엇이더냐?
19 나의 아들 예수를 너희들이 살해함으
로써 그에 생명수가 공급되지 못했음
이니, 그와 같은 형국이 되어 있는 것
이니라.
20 죽은 나무에서 뻗은 그 죽어 말라비틀
어진 가지가 저희들의 생명수요, 만백
성을 구하는 원뿌리라 그리 말하고 있
는 것이 너희들이니, 과연 거기서 하
늘에 오를 수 있으며 거기에 생명이
있으며 구원의 빛이 있는가?
21 아무것도 없음이니라.
22 그리하여 내가 암흑의 세상이라 말하
였으니,
23 내가 너희들을 아무리 깨우쳐 손에 쥐
여 줘도 깨닫지 못하니, 내가 한 그루
의 나무를 거꾸로 매달아 놓은 그와
같은 형국에서 그 원뿌리마저도 죽어
말라 가는 그 형태를 너에게 보여 주
며 그를 설명함이니,
24 나의 피조물 만백성 너희들은 깨달아
야 될 것이니라.
25 원뿌리도 죽어 있는 나무의 그 가지들
이 원뿌리라 그와 같이 하는 것이 지
금 가고 있는 종교 지도자들이며,
26 그 마른 가지에 매달려 너희들이 생명
수요, 생명의 빛이요, 영광의 빛이요,
구원의 빛을 보겠다 매달려 그리 가고
있느니라.
27 그와 같이 가는 너희들이 불쌍하여 내
가 너희들을 구원하고자 밤낮을 가리
지 아니하고 나의 아들을 재촉하여 나
의 아들에게 나의 성령을 내려보내어
160권을 내려보냄이니, 이는 바로 무
엇이더냐?
28 내가 하나의 생명수의 나무를 땅에 뿌
렸음이니, 그는 지상의 토양으로부터
수분을 받아들일 것이며, 그 나무는
만백성에게 그늘을 지워 줄 것이니,
29 이것이 바로 너희들이 하늘에 오르는
길이요, 생명수요, 영혼의 구원의 빛
을 보는 것이라는 것을 알아야 될 것
이니라.
30 그리하여 지금 내가 영원히 살 수 있
는 토양 속에 나의 뿌리를 내려 그가
성장하여 가고 있음이니,
31 그와 더불어 성장의 길을 가는 자, 구
원의 영광을 얻게 된다는 것을 알아야
될 것이며,
32 그것 외에는 절대적 너희들이 생명수
의 영광의 빛을 보지 못함이니라.
33 거꾸로 매달린 그 나무의 많은 가지들

의 그 종파의 우두머리들이 저희들만
을 따라오는 자, 저희들의 말을 듣는
자, 저희들 앞에 재산과 금화와 은화
를 바치는 자만이 구원을 받는다 그리
말함이니, 정녕 거기에는 생명이 없으
며 역사가 없음을 알아야 될 것이니라.
34 내가 이와 같이 애절하게 너희들에게
모두 예를 들어 설명하거늘 여기에서
도 깨달음을 얻지 못하는 자, 그는 죽
어서 제가 그 심판을 받을 때, 그때에
만 알게 됨을 알아야 될 것이니라.

2,751 번째 하나님 말씀

2002년 7월 31일 0시 51분

1 사랑하는 나의 아들아!
2 "네, 아버님! 말씀하소서."
3 내가 세상에 나가는 나의 법전마다 너
의 사진을 넣으라 하였음이니, 이는
곧 네가 실존 인물이요, 실제로 존재
하였음을 알뿐만 아니라 네가 한 시대
에 어찌 변하여 살아왔는가 하는 것을
그들에게 깨닫도록 하는 것이며, 나의
법전을 변조치 못하도록 하는 큰 뜻이
여기에 있음을 또한 알아야 될 것이니
라.
4 나의 아들아!
5 "네, 아버님! 말씀하소서."
6 내가 너에게 이 법전을 세상에 내보내
면서 그 흔하디 흔하게 불러 대는 종
파의 이름 하나를 내리지 아니한 것을
이제 알겠는가?
7 "네, 아버님! 알겠습니다.
8 '하늘에 오르는 길'이요, '하나님! 말
씀하옵소서.', 하나님 말씀이라 하여
종파가 없이, 어떤 종파에 소속됨이
없이 그저 단독으로 아버님의 말씀을
그대로 들어 그 말씀을 가지고 만백성
이 깨우치는 그와 같이 이루는 그 역
사를 알겠사옵나이다.
9 지금 죽은 나무를 거꾸로 매달아 놓은
형국이니, 그 원뿌리도 죽었으며 뻗어
있던 수많은 가지가 다 죽었으나,
10 그 가지마다 저희들이 정녕 하늘에 오
르는 길을 인도하는 자라 부르짖는 것
뿐만 아니라, 한 나무에서 뻗어 나온
그 가지들이 다 이름이 다른 그와 같
은 형국이요, 그 모든 수천수만 가지
의 종파의 이름을 붙여 놓았으니, 그
들이 하나가 될 수 없으며 하나의 뿌
리가 될 수 없는 것을 깨달았사오며,
11 한 김씨 집안의 자식이 열이든 백이
든, 그가 살았든 죽었든 그는 김씨의
후손이거늘, 지금의 가고 있는 종파들
이 얼마나 우매하고 어리석게 가고 있
는가를 하나의 그림으로 보여 주신 아
버님의 뜻을 깨달았으며,
12 아버님께서 '하늘에 오르는 길'이요,
'하나님! 말씀하옵소서.'라는 그 이름
외에 다른 것을 붙이지 못하게 하시며
종파를 붙이지 못하게 하신 그 뜻을
알겠사옵나이다."
13 한 부모 밑에 나온 여러 형제가 부모
가 김씨면 다 김씨요, 강씨면 강씨요,
박씨면 박씨이니, 부모가 가지고 있는
성씨를 따르는 것이 그 자식이거늘,
14 지금 하나의 뿌리 속에서 나의 성령을
받아 내려왔다는 그 원뿌리에서 수천
수만 개의 가지가 나왔으며 그 가지들
이 저희들 앞에 그 종파의 이름을 붙

였으니, 무슨 종파요, 무슨 종파요, 하
며 그 수많은 종파를 붙였으니, 그들
은 무엇이더냐?
15 김씨라는 자식의 그 뿌리를 가진 자들
이 저희들 마음대로 박씨요, 정씨요,
모든 성들을 다 갖다 붙여 놓아 그 후
손들이 서로 다 성이 다르니, 과연 하
나가 될 수 있으며 형제라 할 수 있겠
는가?
16 나의 아들 예수를 통하여 성령을 내리
고자 했던 것이 나무의 원뿌리이나 그
를 죽였으니, 그 원뿌리 나무가 죽었
음이니라.
17 그리하여 뻗어나간 그 수천의 가지는
나의 아들이요, 나의 딸들이니, 그들
의 성씨나 뿌리도 하나로 같거늘,
18 그들은 거기에다 저희들이 수만 개의
성씨를 다 붙여 수천수만 가지의 종파
로 갈라졌으니,
19 하나의 성씨를 가지고 있는 자들도 서
로 화합할 수 없으며 한 길이라 할 수
없거늘,
20 저희들이 성씨마저 이름마저 다 각자
붙여 놓고 지금 울부짖고 하늘에 오르
는 길이라 하니,
21 나의 아들 예수가 예수의 성씨를 가졌
다면 그 모든 가지가 예수의 성씨를
따라야 그나마 그들이 하나가 될 수
있다 할 수 있으나,
22 그들은 나의 아들 예수의 그 이름을
다 지워 버리고, 감히 부를 자격이 없
기에 그저 거기에 '가나다' 순으로 수
만 가지 종파의 이름을 붙여 저희끼리
하늘에 오르는 길이라 하며 치고받고
하는 뒤죽박죽의 형국이 되었으니,
23 그리고 박씨가 하는 것은 무슨 설교
요, 김씨가 하는 설교는 무슨 설교요,
서로 하는 것마다 다 다름이니라.
24 그들이 예수의 성이라 하여 예수가 원
뿌리요, 예수가 전하고자 했던 그 뜻
을 가지고 그가 행했던 것을 가르치는
자가 성씨에 따라서 가르치는 것이 다
다르니, 지금의 세상이 뒤죽박죽이 되
어 있으며 오합지졸이 되어 있으니,
25 그 속에서 저희끼리 치고받는 그것을
보고 살아온 나의 피조물 만백성이 지
금 사람을 서로 죽이고 살리는 그와
같은 말세요, 종말이 이루어졌으니,
26 이와 같은 형국이 지금의 종교 지도자
들이요, 종교의 종파들의 걸어가고 있
는 길인 것을 나의 사랑하는 피조물
만백성 너희들은 알아야 될 것이니라.
27 그와 같이 한 뿌리가 치고받고 싸우는
그 속에, 그가 잘못되었기에 마지막
시대에 너희들을 구원하기 위하여 내
가 너를 통하여 나의 성령을 내려보내
며 나의 법전을 내려보낼 때, 내가 너
의 그 이름 앞에 종파를 붙인다면 그
들은 바로 그 종파 앞에 다른 종파를
또 붙여 갈라짐이니,
28 이는 여호와 하나님의 말씀이라 기록
되어 있으니, 하나님 앞에 저희들이
무어라 말할 수 있겠는가?
29 나 여호와는 하나이니라.
30 그리고 나 여호와를 둘이라 하는 자,
정신 나간 자라 할 것이며 그리 부르
는 자 없으니, 거기에 '가나다' 순으로
하나님 말씀이라 할 수는 없음이니라.
31 감히 '가'씨의 하나님 말씀이요, '나'씨
의 하나님 말씀이요, '다'씨의 하나님

말씀이라 하며 그를 붙여도 나의 피조
물 만백성이 그를 따르지 않을 것이
며, 거기에는 그리 붙일 수가 없음이
니라, 나의 아들아!
32 그리하여 내가 너에게 이리 미리 내려
서 그 이름을 그리 붙이라 했으며, 나
의 법전 앞의 표지를 그리 만들라 하
였음이니라.
33 그저 개나 걸이나 갖다 붙이면 되는,
그 수많은 종파의 앞에 붙이는 이름
하나 내가 너에게 내리지 아니한 것은
그와 같은 깊은 뜻이 있으며, 천 년의
역사를 이루는 데는 오로지 나 여호와
의 이 뜻밖에는 없으며 나의 법전밖에
없기에 이 법전은 불변이며, 그 앞에
부르는 이름 또한 불변이니라.
34 그리하니 너희가 어떠한 종파라 하여
나의 법전을 가지고 세상에 내보낸다
면, 네가 '나'씨의 종파라 하여 이 법
전을 만들어 세상에 전하면 그 160권
을 다 각자가 '가나다' 순으로 제 마음
대로 갖다 붙일 것이니라.
35 너희들이 외국어로 쓰는 영어의
'ABC'를 붙일 것이며, '하나, 둘'을 갖
다 붙일 것이며, 온갖 잡스러운 것을
다 붙여 160권을 가지고 160명의 종
교 지도자가 나올 것이며, 거기서 또
그 후손이 또 다른 이름을 붙이는 그
와 같은 역사가 될 것이니라.
36 그러나 나의 법전의 원본에는 너의 사
진이 기록되어 있으며,
37 나 여호와의 사진을 기록할 수 없으며
그릴 수 없으니 너를 내가 대신하여
내려보낸 자요, 나의 삶을 대신 사는
네가 나를 위해 육에서 사는 자니, 네
사진을 거기다 놓게 됐으며 네 그림을
붙여 놓았으니, 이를 변조할 수 없음
이니라.
38 이는 나의 낙관이니라.
39 즉, 너의 사진이 나의 낙관이며 나의
증표니라.
40 이를 변조할 수 없음이니라.
41 그리고 너희들은 하나님, 나 여호와
요, 전지전능한 너희들의 아버지는 한
분이라는 것을 아니,
42 한 분이 말씀하시는 그 앞에 너희들이
감히 '가나다'요, 'ABC'요, 각종 추한
이름을 갖다 붙일 수 없음이니,
43 너희들이 그리 변조하지 못하도록 내
가 나의 책표지에 그리 내렸음을 이제
너의 제자들에게 그 뜻을 깨우쳐 주면,
44 그들이 '이는 정녕 하나님의 말씀이며
하나님의 뜻이며 전지전능한 여호와
하나님께서 하시는 일은 인간으로서
알 수 없으며 인간의 머리로 계산하고
생각해서는 안 된다.' 하는 것을 깨우
치는 자가 있을 것이니,
45 그리 깨우치는 자, 너를 또 영원히 따
를 자임을 알라, 사랑하는 나의 아들
아!

2,752 번째 하나님 말씀

2002년 7월 31일 01시 03분

1 사랑하는 나의 아들아!
2 "네, 아버님! 말씀하옵소서."
3 너의 제자들에게 일깨워 줘 그들의
귀를 뚫으며 눈을 뜨도록 하며, 이제
세상사의 보는 그 이치를 너희들의 육
의 세상에서 보는 그 틀에서 벗어나도

록 그리 일깨워 주라.
4 내가 너희들에게 말하지 아니하였던
가?
5 3부라는 법전이 세상에 나와 전해질
때, 모든 변화의 역사가 시작된다 하
였음이니라.
6 그리 내가 나의 아들을 통하여 너희들
에게 전하여 주었거늘, 어찌하여 너희
들은 너희들 발 앞에 무엇인가가 떨어
지며 어떠한 역사가 이루어지기만을
그저 그리 바라는가?
7 콩알을 줍는 날짐승처럼, 그 콩알을
하나 주워 먹기 위하여 고개를 숙이고
있는 날짐승처럼, 너희들은 어찌하여
너희 발 앞에 어떠한 기적과 역사가
떨어지지 아니하는가 하며 그것만 보
는가?
8 너희들의 육의 역사를 이루기 전에 나
의 아들이 3부의 법전을 세상에 낼 수
있도록 너희들의 모든 정열과 총력을
경주하여 가도록 하는 것이 너희들의
근본이며 너희들이 당장 해야 할 일이
거늘, 어찌하여 너희들은 이를 생각지
못하는가?
9 여자가 무엇이며, 남자가 무엇이며,
나이 든 자가 무엇이며, 젊은 자가 무
엇인가?
10 남녀노소 할 것 없이 나의 아들의 제
자라 선택되어 나의 성전에 와 공부하
는 너희들이 시시비비하지 아니하며,
모두 머리를 맞대어 한 형제로서 나의
법전 3부가 세상에 나오도록 하며 나
의 아들의 마음에 파장을 이루지 아니
하도록 하여 3부가 빠른 시간에 세상
에 나올 수 있도록 만드는 것이 너희
들의 가장 급한 역사며 가장 소중한
것이거늘,
11 너희들은 그와 같은 생각과 그와 같이
힘을 모아 그 역사를 이루려는 생각은
하지 아니하고, 너희 스스로 각자 육
의 삶에 허덕이며 육의 삶의 그 앞을
바라보니,
12 눈보라 속에서 한 알의 콩알을 주워
먹는 날짐승의 그 형국과 무엇이 다르
던가?
13 너희들이 정녕 콩알을 주워 먹는 날짐
승과 같은 형국으로써 살아가야 되겠
는가?
14 너희들은 그와 같은 마음의 깨우침과
너희들의 모든 심성의 깨우침과 믿음
의 깨우침의 그 근본을 알아야 될 것
이니라.
15 너희들은 내가 너희들에게 명한 작은
것도 너희 생명을 다 바쳐 그리 지켜
야 되며 흘러가는 말로 듣지 말라 수
천 번 명하여 이 법전에 기록하여 주
었거늘,
16 내가 너희들에게 뭐라 말하였느냐?
17 3부가 세상에 나올 때 모두가 변화될
것이며, 나의 아들이 3부의 법전을 만
들어 낼 때 가장 힘들고 고통스러운
역경 속에서 그를 만들어 낼 것이라
했느니라.
18 3부가 세상에 나오게 되면 사탄과 사
악한 자들이 감히 대적하지 못하며,
19 그들이 나의 법전을 태우고 찢어 버리
며 나의 법전이 세상에 나올 수 없도
록 온갖 것을 다 동원하여도 방해할
수 없다 내가 말하였으니,
20 나의 아들이 나의 혈통으로서 나의 성

령을 받아 가는 데, 너희들이 과연 지금 3부를 만들어 내면서 나의 아들의 고통과, 그를 방해하는 자와 싸워 이길 수 있는 마음과 기도의 마음과 경배의 마음으로써 너희들이 하나의 울타리를 쳐 주었는가?

21 그렇지 않으면 그가 법전을 만들 때 마음의 동요를 이루지 않도록 너희들이 그를 도와 3부가 빠른 시간 내에 세상에 나올 수 있도록 힘을 합해 연구를 했는가?

22 너희들은 그와 같은 생각을 하지도 못하면서 나의 법전을 만드는 데 시시비비를 하고 있으니,

23 얼마나 너희들이 어리석은 자이며 나에게 역행하는 짓을 하며 나에게 불효한 자식으로서 가는가?

24 여인이 도우면 무엇이 어떠하며, 남자가 도우면 어떠하며, 노인이 도우면 어떠하며, 젊은 사람이 도우면 어떠하며, 지나가는 걸인이 도우면 어떻던가?

25 나의 법전 3부가 세상에 나올 수 있는 그것을 위해서 너희들이 그 모두를 다 바쳐야 될 것이니,

26 너희들 중에 과연 밤잠을 안 자며 나의 아들이 기도하는 그 옆을 지켜 준 자 있는가?

27 그가 기도하여 기록하며 책으로 만들고자 하는 데 그곳에 와 그를 도운 자들이 누가 있는가?

28 A라는 사람이 돕는 것은 아니 되며, B라는 사람이 돕는 것은 아니 되며, C라는 사람이 돕는 것은 아니 되며, 부인이 도우면 아니 되는 것이요, 또한 여인네들이 도우면 아니 되는 것이요, 이와 같이 너희들이 시시비비를 하고 지금 살아가고 있음이니,

29 너희들이 그 얼마나 사악한 사탄 속에서 허덕이고 있는 것인가?

30 너희들이 잘못하면 사탄으로서 떠내려간다는 것을 어찌 생각하지 못하는가?

31 너희들이 선하고 착한 마음을 가지고 살다가 단 1초라도 사악한 생각이요, 잘못된 생각을 했을 때, 그는 사탄의 자식이요, 사탄에게 넘어가는 형국이라 말하였음이니,

32 너희들 제자들이 그리 어리석음이라.

33 그와 같이 어리석은 너희들이 욕심에 눈이 어둡고 육의 삶에 눈이 어두운 자들이니, 그리하면서 나 여호와로부터 너희들이 기적의 역사를 이루고자 하느니라.

34 그러나 나의 아들은 너희들을 위하여 모든 정열을 다 바치며 나에게 피나는 기도를 드리는 것을 아는가?

35 그는 너희들을 돕고 너희들을 바로 세우고, 너희들이 나를 경배하며 육의 생활의 그 행복함과 영혼을 구원받는 그 행복함과 한 혈통의 아들딸로서 갈 수 있도록 내가 너희에게 명해 주는 그 역사를 위하여 눈물의 기도를 드리고 있건만,

36 그 역사를 이루었을 때 받아야 할 너희들은 과연 자세가 되어 있으며, 너희들이 하고 있는 행위는 과연 어떠한 것인가?

37 그와 같은 행위 속에서 깨닫지 못하며 생각하지 못하는 너희들이,

38 내가 3부가 세상에 나와 모두가 다 변

한다는 것은 너희들이 죽기 전에 육의
세상에서 내가 이룰 기적의 역사요,
그 영광을 너희 가슴에 내려 주는 답
이거늘,
39 그를 받으려 하지 아니하며 거역된 행
위만을 하는 것이 지금의 너희들의 자
세니,
40 이와 같은 행위를 하면서 너희들이 어
찌하여 무엇인가를 이루고자 하는가?
41 너의 제자들에게 이르라.
42 너희들은 이와 같은 나의 뜻에 살과
뼈를 붙여 너희 것으로 만들어 깨우치
라 하였음이니,
43 작은 것에도 너희들이 밤잠을 자지 않
고 연구하고 생각하며 그와 같이 노력
하는 자만이 나의 진정한 뜻이요, 나
의 성령의 뜻을 볼 것이며,
44 그 나의 깊은 뜻이요, 내가 원하는 것
을 알 때, 나 여호와에게 가장 행복하
고 기쁜 행위를 너희들이 할 수 있음
이니,
45 그와 같은 자가 받는 그 영광은 상상
할 수 없음이니, 너희들이 받고 못 받
는 것은 너희들의 노력 여하에 달렸다
는 것을 깨우치며,
46 내가 내리는 성령의 나의 뜻을 깊이
연구하고 깨우쳐 아름다운 쪽으로 전
진하는 그와 같은 생각으로 깨달아 갈
때, 너희들이 이룰 수 없는 역사가 이
루어진다는 것을 잊지 말라.

2,753 번째 하나님 말씀

2002년 7월 31일 01시 26분

1 사랑하는 나의 아들아!
2 "네, 아버님! 말씀하옵소서."
3 네가 오늘 나에게 간곡한 기도의 청을
드리지 아니하였는가?
4 나의 성전에 왔다가 등 돌리고 간 너
의 제자들, 그리고 너를 핍박하고 너
를 욕하고 너를 저주하며 떠난 그들을
정녕 사랑할 수 있는 그 용기를 달라
고 네가 그 많은 시간 혼자 앉아 기도
를 드렸음이니, 내 너의 그 기도를 듣
고 있었음이니라.
5 나의 성전에 와 공부하며 너의 제자라
일컫다 떠나간 그 모두를 다 한 사람
한 사람 사랑할 수 있는 용기를 달라
하며 애절하게 드린 기도를 내가 들어
주며 듣고 있었음이니라.
6 네가 그들을 사랑하기에, 그들을 용서
할 수 있기에 네가 침묵 속에 세월을
지내고 있음을, 너의 제자들은 모르나
나 여호와는 알고 있음이니라, 아들아!
7 그리하여 네가 그들을 용서할 수 있는
용기와 그들을 사랑할 수 있는 용기를
달라, 힘을 달라 기도하는 그 애절한
내용을 내가 들어서 알고 있음이니라,
아들아!
8 너는 여기서 오늘 너의 제자들에게 하
나 일깨워 주어야 될 것이 있느니라.
9 네 앞에 와 제자라 하여 경배하며 나
의 성령을 공부하는 그들 각자가 다
자기 부모의 몸을 빌어 세상에 나왔으
며, 그들의 성장 과정과 그들이 지금
까지 살아온 그 모든 환경은 너희들과
전혀 관계가 없으나,
10 여기에 너와 더불어 160권의 법전을
역사할 수 있는 그 제자들과 그 길을
갈 수 없는 제자들과의 구분이 엄연히

있음을 알아야 될 것이니라.
11 너는 너의 제자들에게 물어보라.
12 너희가 세상에 태어나서 지금까지 살
아온 그 생활의 역사 속에 너희 생활
의 그 모두를 비추어 보며, 너희가 살
아온 그 기구한 운명이요, 또는 행복
하게 살아온 운명이요, 너희가 변화되
어 가며 또 변화되는 그 생활 속에서
살아왔던 그 모두를 조용히 생각해 보
고 돌이켜 볼 때,
13 그 모든 삶은 오늘의 나의 아들 선지
자를 따라 160권의 법전을 만들며 제
자로서 만백성을 구하는 그 대업을 이
루기 위하여 지금까지 엮어지지 아니
하였는가?
14 너희들이 지금까지 살아온 과거의 삶
을 놓고 평가할 때, 너희 스스로 나의
아들의 선택된 제자인지 아닌지 알 것
이니라.
15 너희들이 아름답게 살아왔던 지난날
의 과거의 삶이나 기구한 운명 속에서
지금까지 흘러와 살아왔던 삶이나 지
금 서 있는 이 현주소에서 너희를 돌
이켜 보며 너희가 살아온 과거를 생각
해 볼 때, 너희가 과연 오늘의 이 법전
을 만드는 역사를 위하여 존재하지 않
았는가?
16 너희들이 살아온 생활과 지금의 너희
들의 가정과 너희들의 환경과 그 모두
를 갑론을박하고 따지며, 또한 지금의
그 역사를 이룰 수 있는 이 길에 너희
가 편안히 갈 수 있고 설 수 있으며,
나의 성전에 와 기도하고 경배할 수
있고 공부할 수 있으며, 나의 아들을
도와 만백성을 구하는 길에 자유로이
움직일 수 있다 하면 너희는 나로부터
선택된 자이며,
17 오늘에 내가 너희들을 쓰고자 하여 미
리 준비된 자인 것을 너희 스스로 알
게 될 것이니라.
18 너희들의 인생에 살아온 그 모두를 맞
추어 계산해 보면 너희들이 나로부터
선택된 백성이요, 나의 아들을 위하여
더불어 같이 가는 선택된 자인가 아닌
가를 알게 될 것이니,
19 너희들이 스스로 점수를 매기고 평가
를 해서, 너희들은 나 여호와로부터
선택되어 나의 아들을 따라 160권의
법전을 세상에 내 만백성을 구하는 천
년의 새로운 역사의 새 시대를 여는,
내가 미래에 열어 가는 그 시대를 위
하여 선택된 자라 너희 점수가 그리
나오거든,
20 모두를 다 저버리며 160권의 법전을
만드는 나의 아들을 따라 너희 모두를
바치는 그와 같은 마음의 각오를 다시
해야 될 것이니라.
21 그와 같이 너희들의 점수에 너희들이
평가되거든, 감히 나의 성전에 와 얼
굴 붉히는 일, 나의 아들의 마음에 파
장을 일으키는 일, 나의 성전에 와 공
부하고자 모이는 나의 선택된 백성들
에게 감히 불쾌한 행동이요, 불의의
행동이요, 그들로부터 지탄받을 행동
을 해서는 절대로 안 될 것이니,
22 너희가 나로부터 선택된 자요, 지금
나의 아들을 위하여 같이 가야 할 자
인가 아닌가를 너희가 살아온 생활과
너희 가정과 너희들의 형편의 점수를
매겨 그 답을 스스로 찾아 행하도록

하라.
23 만일 너희들이 그 답의 결론이 나의 아들을 따라서 역사를 이루는 것으로 나온다면, 너희들은 죽은 자와 같은 마음으로 나의 아들을 따라 160권을 만드는 그 역사에 모두를 다 바치라.
24 그것이 바로 너희들이 낙원에 사는 그 나라에 영원히 이름이 기록된 자며, 너희들이 육의 삶에서 나 여호와를 선택한 그 영화를 죽기 전에 깨달을 것이며 얻을 것이니라.
25 그리하여 편안한 속에서 너희들이 만백성의 빛이 되는 그와 같은 삶을 살게 되는 것이며, 나의 구상이 그리되어 있으니, 거기에서 떨어지는 자 되지 말라.

2,754 번째 하나님 말씀

2002년 7월 31일 01시 40분

1 사랑하는 나의 아들아!
2 "네, 아버님! 말씀하옵소서."
3 나의 피조물 만백성 너희들이 지금까지 살아온 그 길이 정녕 구원의 길이 아니요,
4 너희들은 너희 스스로 아는 듯 모르는 듯 수많은 죄를 짓고 산 그 대가를 치르니, 그는 그만큼 너희들이 나의 나라에 올라올 수 없는 그와 같은 형국이 이루어진다 하였음이니라.
5 그리하여 내가 너희들에게 지키고 살라 하였던 그 계명을 지키고 사는 것만이 영원히 구원을 받는 길이라 내가 말하였느니라.
6 그러나 너희들은 그 길을 선택하지 아니하였으며, 내가 원하는 그 길을 선택하지 아니하고 역행하였으며, 그를 행할 수 없다 하며 그리 살아와 너희들이 지금의 이 형국에 이르렀다 하였음이니라.
7 그리하여 너희들이 스스로 평가해 봐도 알 것이며 너희 스스로 생각해 봐도 알 것이 아니던가?
8 내가 지금 너의 제자들에게 일러 말하기를, 너희들의 삶의 지금까지 살아온 과정이 나로부터 선택된 자요, 나의 아들을 위하여 역사할 자인가 아닌가 너희 운명을 한번 점수를 매겨 그 길을 선택하라 하였듯이,
9 너희들은 지금 내가 나의 아들을 통하여 법전이라 하여 성령을 내려보내며 제3의 시대를 열고 있을 때, 너희들이 지금까지 온 믿음의 그 길이 과연 옳은 길인지 잘못된 길인지, 정녕 하늘에 오르는 길인지 다시 한 번 점검하고 생각해 볼 때가 되었다 하였거늘 너희들은 정녕 이를 행하지 아니함이니,
10 너희들은 구원의 길이요, 나의 음성을 들으며 나의 형상을 보고자 한다 하였음이니라.
11 그러나 지금 내가 160권이라는 장서를 써 보내며 이를 나의 아들을 통하여 밤과 낮을 가리지 아니하고 책으로 만들어 세상에 전함이니,
12 이 세상에 아름다운 나의 성령이요, 너희들의 구원의 길이 지금 메아리쳐 전해 오건만, 너희들은 과연 이를 얼마나 귀히 생각하며 얼마나 소중히 생각하며 이를 너희 스스로 얼마나 감사

하는 기도를 드리며 듣는가?
13 우선 너의 제자들에게 이르라.
14 너희들이 수없이 나의 법전을 읽으며
나의 성령을 들으며 나의 법전 속에
기록되어 있는 그 가르침을 나의 아들
로부터 들음이니,
15 너희들은 그것의 귀함을 모르며 소중
함을 모르는 너희들의 자세로써 흘러
가지는 아니하였는가 생각해 볼 때가
되었음이니라.
16 너희들은 말하기를, 병들지 아니한 자
에게 곧 병들어 죽는다고 만나는 사람
마다 매일 그리 말한다면 그는 스스로
병마에 지쳐 쓰러져 죽게 된다 하지
아니하던가?
17 너희들은 그와 같은 외향적이며 내향
적인 흐름에 따라서, 너희들의 마음의
동요에 따라서 스스로 그 운명을 바꿀
수 있는 것이 너희들이 가지고 있는
마음이요, 너희들의 심성이요, 너희들
의 상태인 것을,
18 너희들은 어찌하여 내가 그리도 나의
법전이 정녕 하늘에 오르는 길이며 나
여호와의 뜻이라 너희들에게 심어 주
고 또 심어 주건만,
19 너의 제자들부터 나의 성령을 따라 공
부하는 그들이 과연 얼마나 위대한 역
사 속에서 너희들이 지금 존재하며,
나의 성령을 듣는 것이 어떠한 것이며
얼마나 소중한 것인가를 얼마나 생각
하고 깨닫고 감사하는가?
20 그것부터 너희들이 한번 돌이켜 봐야
될 것이니라.
21 나의 법전이요, 나의 성령이 세상에
내려와 그를 접하고 먼저 듣는 너희들
이, 그리고 항상 이를 듣고 접하는 너
희 자신이 두려움과 무서움과 그 영광
의 축복을 모르며 너희들의 목숨과도
바꿀 수 있을 만큼 강론을 듣고자 하
는 굳은 결의가 안 되어 있을 때,
22 나의 피조물 만백성이 과연 얼마나 깨
달으며 나의 법전을 읽고 어찌 깨달아
하늘에 오르는 그 길을 볼 수 있겠는
가?
23 정녕 나의 아들로부터 나의 성령을 들
으며, 나의 법전의 강론을 듣는 너희
들이 이 세상에서 가장 위대한 자들이
며, 가장 소중한 영광을 받은 자들이
며,
24 너희들의 창조주인 나 여호와 하나님
의 음성을 직접 들으며 내가 원하는
것이 무엇인가를 너희들에게 깨우쳐
주어 너희들의 귀를 열어 주며 눈을
뜨게 하며 미래를 볼 수 있도록 그리
인도하는 나의 가르침의 성령이 직접
나로부터 내려간다 생각할 때,
25 그를 듣고 그를 깨닫는 너희들이 어떻
게 처신해야 될 것이며 어찌 행해야
될 것인가를 너의 제자들부터 먼저 깨
우쳐야 할 것이며, 마음의 자세를 바
로 해야 될 것이니라.
26 너희들 말에 있지 않더냐?
27 계속 주입하고 반복하는 속에서 너희
자신도 모르게 스스로 훈련되어 가는
것이 있는가 하면,
28 너희들은 처음에 어렵고 힘든 상대며
존경하는 사람들도 너희들이 만나고
또 만나는 그 횟수가 많아짐에 따라서
존경하는 마음이나 숭배하는 그와 같
은 마음이 변화되어 너희들과의 한계

를 벗어나 상하의 구분 없이 흘러갈
정도로 행동하는 것이 너희들의 습성
이며 너희들의 마음이니,
29 너희들이 나의 성령을 들으며 생명보
다 더 소중하다는 그와 같은 생각을
가지는 것이 아니라,
30 너희들이 매일 듣는 나의 성령이요,
나의 법전의 뜻을 그저 흘러가는 이웃
집 아저씨가 하는 이야기, 혹은 너희
들을 가르치는 사회의 선배나 너희들
을 가르치는 교육자의 그저 하는 이야
기로 들어 흘려보내는 그와 같은 행위
는 과연 없는가?
31 너희 자신이 나의 성령을 듣는 것이
얼마나 위대한 것인가를 깊이 깨우칠
때, 이 법전이 세상에 나가 만백성을
인도하는 그 힘이 될 것임을 잊지 말
라.

2,755 번째 하나님 말씀

2002년 7월 31일 09시 26분

1 사랑하는 나의 아들아!
2 "네, 아버님! 말씀하옵소서."
3 네가 나의 아들로서 세상에 나가 인간
의 형태를 가지고 살아감이니, 이는
곧 나를 대신하여 사는 삶이라 말하였
느니라.
4 그러나 너희 인간 세속에서 살아가면
서 그들은 인간으로서 평가하고 판단
하는 그 기준이 있음이니,
5 그들이 영의 세상의 변화를 모르며 육
의 세상에서 오로지 육의 삶을 위하여
모두를 다 바치고 그 속에서 얻어지는
부귀와 영화와 권좌를 위하여 모두를
다 바치고 살아가는 자들이 있지 않더
냐?
6 그와 마찬가지로 그들은 육의 세상을
벗어나지 못하기에 그들이 너를 보는
눈과 너를 바라보고 평가하는 그 모두
는 육의 수준에서 보고 있음이니라.
7 그들이 하늘나라의 뜻을 알 수 없으며
네가 깨우쳐 가는 그것을 볼 수 없으
니, 오로지 이 모두는 네가 육의 세상
에 살고 있음을 잊어서는 아니 되는
것이니라.
8 네가 나의 법전 160권을 만들고자 밤
과 낮을 가리지 않고 그 시련 속에서
160권을 세상에 내도,
9 네가 육의 세상에서 살아감이 남의 빛
이 되지 못하며, 남으로부터 저주받는
행위요, 너희들이 사는 법의 질서 속
에서 그를 위배하며 도덕적으로 타락
된 삶을 산다 하면 나의 160권의 이
법전은 아무런 효과가 없으며, 만백성
을 깨우칠 수가 없음이니라.
10 네가 아무리 깨달음의 경지가 높고 나
의 아들이라 하여 하늘의 뜻을 알고
하늘의 움직이는 것을 알아도,
11 네가 육을 가지고 있는 한 육의 세상
에 살아가는 그들이 그 시야에서 너를
보고 평가하는 관점을 네가 잊어서는
아니 되는 것을 항상 명심하고 살아야
될 것이니라, 나의 아들아!
12 그러기에 네가 어렵고 힘든 길을 가느
니라.
13 네가 하늘나라의 뜻에 따라 행해야 되
며, 지상의 육의 세상에서 육의 법도
에 따라 또한 그를 맞춰야 됨이니, 높
고 낮은 그 두 길을 너는 다 가야 되는

것이니라.
14 네가 사람의 세상에서 변하며 육의 삶
에서 변하는 그 모습은 너의 가족들과
너의 주변에서 따르는 가장 가까운,
네 분신과도 같은 그 제자들의 눈에
보이며, 그들로 하여금 그 입에서 네
가 변하는 그 삶에 경탄의 소리가 나
올 때,
15 그들이 100이란 압력의 소리로 네 앞
에 경탄의 소리를 지를 때 그보다 한
계단 밑에 있는 그 제자들은 80프로
의 경탄의 소리를 낼 것이며, 그리고
나의 법전을 읽고 깨우친 자, 그들은
50프로의 경탄의 소리를 낼 것이며,
너를 모르는 만백성은 네가 살아가는
것을 보고 30프로의 그 경탄의 깨달
음도 얻지 못함이니,
16 곧 만백성이 너를 보고 깨우치는 것은
네가 아무리 변했다 해도 그 30프로
이상을 보지 못함이니, 그들의 마음을
돌리는 것이 얼마나 어렵고 힘들겠느
냐?
17 이와 같은 것이 세상의 이치의 흐름이
니라.
18 그러니 네가 너의 가족과 너의 옆에
분신처럼 따르는 그 제자들, 그리고
나의 법전을 세상에 내기 위하여 밤낮
으로 옮겨 쓰는 그들이 스스로 너를
누구보다도 잘 알고 잘 보고 있음이니
라.
19 그들의 마음에서 경탄의 소리가 100
프로 이상 나오도록 네가 변해 가는
것을 그들에게 먼저 깨우쳐 보여 주어
야 될 것이니,
20 가깝고 허물없는 분신과 같은 사이라
하여 네가 스스로 인간으로서 해서는
안 될 도덕적인 실수를 범하고 살아간
다면 그들의 마음이 불안하고 초조함
이니,
21 그들의 느낌이 그러하다면 네 밑에 와
나의 법전이요, 나의 성령을 배우며
너를 선생이라 하며 따르는 그 제자들
또한 그와 같은 마음속에 얻음이니,
곧 그들이 공허하고 불안한 마음이 겹
쳐 너를 보기를 신뢰하지 못하게 될
것이니라.
22 너의 가장 가까운 분신과도 같은 자들
과 너를 따르는 제자, 그들이 경탄의
소리를 낼 수 있도록 네가 변하는 것
이 우선 중요함이니라.
23 그들로부터 너를 보고 경탄의 소리가
나올 수 있도록 육의 생활을 네가 철
저히 관리하는 그와 같은 생활로써 바
꿔 나가야 될 것이니 이를 잊지 말라.
24 네가 그저 육의 생활은 대충 살아가면
서 나의 법전을 세상에 내는 것에만
전심전력하여 깨끗한 마음으로 네가
역사를 이루는 그것만이 나에게 오르
는 길이며 나에게 모두를 다 바치는
길이라 생각해서는 아니 됨이니,
25 너는 하늘과 땅 사이의 통역자라 하였
으니, 때로는 통역을 하게 되어 인간
과 만나며 나의 뜻을 받아 하늘의 이
치를 보는 그와 같은 삶을 살아감이니
이를 잊지 말라, 나의 아들아!
26 내가 너를 사랑하노라.
27 너의 변하며 지금 깨우쳐 가는 그 모
습에 천사나 사탄이나 그 모두가 경탄
하고 있음이니,
28 인간들로서 경탄의 소리를 들을 수 있

도록, 나의 사랑하는 아들아, 너 자신
을 그리 다스려 가야 할 것이니 그리
알라.

2,756 번째 하나님 말씀

2002년 7월 31일 09시 35분

1 사랑하는 나의 아들아!
2 "네, 아버님! 말씀하옵소서."
3 수천 년의 역사가 지난 지금 나의 피
조물 만백성이 나의 아들 예수의 보혈
로써 은혜를 받아 구원을 받았다 말하
며, 그들이 지금도 나의 아들 예수를
찬양하며 '주여, 주여' 하고 부르며,
4 하늘에 오르는 길이라며 공부하고 나
의 성서를 가지고 깨우치는 그 역사가
지금 수천수만의 종교 집단이 존재하
고 있으며, 그들이 지금까지 '주여, 주
여' 그리 찾으며 나의 아들을 따르는
것이,
5 나의 아들의 그 행적을 따라 저희들이
변하고자 하는 것이 어떠한 형태인가
를 아는가?
6 그들은 곧 무엇이더냐?
7 나의 아들 예수의 그 역사와 행적에
대하여 그들 스스로 마음이 그곳에 빨
려들어 가는 그와 같은 깨달음을 느끼
기에 그들은 지금도 '주여, 주여' 그리
찾으며 한낱 저희들의 모든 생명을 다
바쳐 가는 것처럼 그리 부르짖음이니
라.
8 그러나 그들이 가고자 하는 길을 종교
지도자들이 잘못 가르치며 잘못 깨우
쳐 하늘에 오르는 길을 모르고 안내함
이니 그게 큰 죄악이요,
9 그들은 지금도 나의 아들 예수의 그
가슴에 스스로 빨려들어 가는 것 같
은, 죄가 흡수되는 것 같은 느낌이 있
기에, 그들은 스스로 그와 같이 찬양
하며 나의 아들을 부르며 그 길이 구
원의 길이라 하니,
10 그들은 스스로 저희들이 기도하며 나
를 찾으면 되는 것을 모르고 잘못 가
르치는 종교 지도자들의 현혹에 넘어
가 지옥 불로 가는 그와 같은 억울한
길을 가고 있음이니,
11 이를 바로잡고자 하는 것이 나의 법전
이며 내가 너를 통하여 내리는 것이
아니더냐?
12 그리하여 모두 예수에게 인간의 그 깨
달음에 빨려들어 가는 그와 같은 형상
이 있기에 그들은 지금도 그를 부르고
찬양함에 주저함이 없음이니라.
13 깊은 산 속의 절이라는 곳에 부처라
하여 그 형태를 깎아 놓은 것이 있지
않으냐?
14 그들이 거기 가서 절하고 기도하며 백
배, 천 배, 3천 배라 하여 절을 하며 저
희들의 소원 성취를 위해 그 모두를
빌고 원하는 것이 무엇인지 알겠느냐,
나의 아들아!
15 그 부처의 형상을 볼 때 그들은 그 모
든 번뇌를 잊는 것 같으며 세상사에
살아가는 그 모두를 다 잊는 것 같으
며, 그 순간만은 그 근엄함 앞에 저희
마음이 부처 앞에 빨려들어 가며 부처
에게 그 마음을 다 주게 됨이니라.
16 그리하여 그들은 그를 믿으며 그에게
소원하며, 그들의 마음이 스스로 부처
속에 빨려들어 가는 그와 같은 경건한

마음과 저희들이 깨달은 마음속에 변
화가 있기 때문에 그리 절하고 경배하
며 가는 것이니라.
17 나의 아들아!
18 나의 성령을 받아 나의 뜻을 전하며
나의 삶을 대신 살아가는 나의 아들은
과연 어찌해야 되겠는가?
19 그들이 네 앞에 왔을 때 그들이 스스
로 네 눈동자에 빨려드는 그와 같은
편안함과 안락함과 행복함과, 너를 볼
때 불안과 공포를 다 잊어버리고 세상
의 평안을 얻으며 그보다 더 행복한
것이 없다고 느껴질 때, 그들의 마음
과 몸이 다 너에게 빨려들어 옴이니라.
20 그때 그들은 변화되지 아니할 것이며,
그들은 너를 보는 것을 영광으로 알
것이며, 그들은 네 앞에 와서 절 한 번
하고 가는 것을 부처에게 3천 배 하는
것보다 더 위대하게 느낄 것이며,
21 '예수의 보혈로써 은혜 받았다.' 부르
짖는 그곳에 빨려들어 가는 그 마음보
다도 천배 만배 더 강력한 깨달음을
느끼고 얻게 될 것이니, 그게 네가 가
야 할 길이라 하였음이니라.
22 그리하여 네 머리가 하얗게 변화되었
을 때 네 마음도 변하며 네 얼굴의 그
형태도 변화됨이니,
23 그리하여 만백성이 너를 보기를 두려
워할 것이라 하며 그리하여 그 시간이
오기를 내가 기다리나,
24 네가 지금 깨우침이 높으며 네가 너의
위치를 알며 너 스스로 너를 달구어
만들어 가는 그 정성이 하늘에 닿음이
니, 그와 같은 역사로써 네가 살아감
이 머지않았음이니라.
25 바로 네가 그와 같이 산 부처요, 산 예
수와 같은 형상으로 변해야만 되는 것
이 나의 아들 네가 나를 대신하여 사
는 것이 아니더냐?
26 예수는 나의 아들로서 나의 성령을 받
아 세상에 나갔으며, 부처 또한 나의
손안에 있으며 나의 뜻 안에 있으며
창조주 나의 그 역사 안에 있지 않은
가?
27 그들이 수천수만 배의 절을 하며 불경
과 불도의 그 속에서 바로 살아가려는
것도 선을 베풀며 살아가는 그 뜻이
아니던가?
28 그러니 너는 나의 성령을 대신하여 나
의 삶을 대신하는 살아 있는 부처가
되어야 될 것이며, 살아 있는 예수로
서 네가 변해야 되며,
29 그와 같이 네 형태가 만백성이 느낄
수 있도록 변해야 되는 것임을 알아야
될 것이니라.
30 나의 아들 예수의 가르침에 의하여 하
늘에 오르는 그 길을 간다는, 세상에
어떠한 누구도 무너트릴 수 없으며 누
구도 감히 대적할 수 없는 그 많은 위
대하다는 종교 지도자들이 네 앞에 와
너를 볼 때, 그들 스스로 고개 숙이며
그들의 마음이 너에게 빨려오는 느낌
을 가지며,
31 너로부터 존경하는 마음이요, 세상만
사가 너를 볼 때 가장 편안한 마음이
라고 생각할 때, 종교 지도자들은 스
스로 고개를 숙일 것이며, 너를 해하
고자 하는 생각을 지우게 될 것이니라.
32 절에 가서 기도하고 공부하며 많은 승
려를 가르치며 또는 거기에서 중생을

가르치는 고승이라 너희들이 말하는
자들,
33 많은 것을 깨우치며 스스로 터득하여
세상의 이치를 알아 그보다 더 높은
자 없으며 그보다 더 위대한 자 없으
며 부처보다 더 위대한 자 없다 하여
기도하며 절하고 참선하며 인내하며
극락세계를 가고자 만백성, 중생을 건
진다 하는 자들도 네 앞에 와서 너를
보면서 네 얼굴이 진정한 부처요, 산
부처라 느낄 때,
34 산 부처 앞에 고개 숙여 참선하지 아
니하는 자가 어디 있겠는가?
35 나의 아들아, 이것이 너의 가야 할 길
이니라.
36 이 아비의 아픈 마음을 너는 아는가?
37 인간으로서 도저히 갈 수 없으며 인간
으로서는 넘을 수 없음이니,
38 하늘의 이치를 깨달아 하늘의 뜻을 따
르며 세속의 인간을 깨우쳐 가야 되
는, 두 손을 벌리고 서 있는 네가 바로
그와 같은 어렵고 힘든 삶 속에서 인
간을 다스리기 위해서는 네가 산 부처
요, 산 예수와 같은 형태로 변해야 될
것이며,
39 하늘의 뜻을 따르기 위하여 또한 너는
네 마음의 내면을 하얀 눈처럼 다스리
고 깨우쳐 가야 그 속에서 세속의 인
간들이 바라보는 산 부처요, 산 예수
와 같은 그 역사를 이루며,
40 그들이 빨려들어 가는 것 같은, 저희
들의 모두를 다 드러냈을 때 편안하고
행복한 마음을 가질 수 있으며, 불안
한 마음을 지울 수 있는 그와 같은 너
의 앉아 있는 모습이 중요함을 알겠느
냐, 나의 아들아!
41 어렵고 힘든 길이니라.
42 그러나 너는 할 수 있으며 갈 수 있음
이니라.
43 이와 같은 길을 가는 너에게 너의 제
자들과 나의 법전을 읽고 깨우친 그들
의 자세가 무엇이던가?
44 모두를 다 그 앞에 경건한 마음으로
서 있고자 하며, 경건한 마음으로 나
의 아들을 대하며, 아름답고 착하고
고운 마음으로써 그를 바라볼 수 있는
마음을 갖고 네 앞에 오는 것이 너의
제자들이요, 너의 분신들이 할 일임을
스스로 터득하여 깨우치도록 하라 그
리 가르치라.

2,757 번째 하나님 말씀

2002년 7월 31일 11시 01분

1 사랑하는 나의 아들아!
2 "네, 아버님! 말씀하옵소서."
3 너희 인간사에 살아가면서 힘겨루기
에 있어서도 이길 자와 이기지 못할
자가 비슷한 상황에서는 너희들이 한
번 서로 겨루어 본다 하나,
4 그 차이가 많이 나 승패가 이미 결정
난 것과 같은 차이가 있는 자들끼리
힘을 겨룬다는 것은 정녕 무모한 짓이
며, 또한 이길 수가 없지 아니한가?
5 그와 같이 인간사에서도 어린 사람이
나이 많은 자와 감히 무엇을 견주어
이길 수 없듯이,
6 지금의 모든 종파와 이 세속의 흘러감
이 과연 어찌 되었는지 너는 아는가?
7 지금 예수가 죽은 지 2천 년이라는 그

역사가 흐른 다음에 내가 너를 나의
아들이라 하여 세상에 내보내어 나의
성령을 태워 나의 법전을 기록하는 이
시점에, 과연 너희들은 어찌하여 지금
의 이와 같은 역사가 이루어졌다 생각
하는가?
8 지금 바로 종교 지도자라 하여 너희들
이 믿고 오는 그 모든 종파들이 이제
최고의 극에 달해 있음이니라.
9 사람이 살아가면서 장년기가 있듯이,
가장 극도에 오른 이와 같은 지금 잘
못 가는 모든 종파들이 그 힘과 능력
을 다하여 이제는 더 이상 치달을 수
도 없으며 더 이상 나의 피조물 만백
성을 우롱하여 지금의 많은 백성들이
몇천 년, 몇백 년 전처럼, 아니 몇십
년 전처럼 맹목적으로 맹종하며 믿음
에 임하는 자가 없으며,
10 무조건 저희들이 짓는 그 성전에 가서
금화와 은화를 바치면 하늘에 오른다
는 그와 같은 것이 허상이라는 것을
깨닫고 아는 백성들이 서서히 고개를
들기 시작함이니,
11 지금 잘못 가르치는 그 종교의 방대한
힘이 극에 달하여 더 이상 강해질 수
가 없으며, 이제는 쇠퇴하는 그와 같
은 시국에 와 있음이니라.
12 그리하여 지금 너희들이 강성할 때 나
의 선지자를 통하여 나의 법전이라 하
여 세상에 내보냈으며, 나의 아들 예
수를 세상에 다시 보내든 내가 내려가
든 너희들의 그 강성한 혈기에는 아무
것도 당할 수 없는 그와 같은 형국이
니,
13 그 세월이 2천 년이 흘러 이제는 너희
들이 강성해질 대로 강성해졌으며 절
정에 달하였으니, 더 이상 너희들이
오르려야 오를 길이 없으며 더 방대한
힘을 키우려야 키울 수 없는 한계에
접어들었음이니라.
14 이제는 많은 백성들이 너희들의 그 현
혹하는 말에 속아 따라가지 아니하며,
무조건 맹종하고 맹신하지 아니하며,
15 너희들이 지금의 너희들 밑에서 배운
모든 신도라 하는 자들에게도 매일 종
말이 올 것이다, 구원자가 올 것이다,
그리고 새로운 시대가 열릴 것이다 그
리 현혹하여 끌고 왔으니,
16 좀 더 기도하라, 그러면 축복이 있을
것이며 영화가 있을 것이라, 그리고
세상에 선별하는 자가 올 것이며 구세
주가 와서 다시 너희들을 구분하는 시
대가 올 것이라 너희들은 그리 지금까
지 가르치고 왔음이니라.
17 그리하여 지금까지 너희들의 조상이
속아 왔으며 또한 너희들이 지금 속아
감이니,
18 너희들 자신은 속더라도 너희 자식들
은 속아서는 안 된다는 이와 같은 깨
달음이 있는 나의 백성들이 지금 세상
에 많이 고개를 들기 시작하니, 너희
들이 쇠진 일로에 있음이니라.
19 그리하여 너희들이 가장 강성하고 강
성해질 때까지 나 여호와가 기다린 시
간이 2천 년이라면 너희들은 이와 같
은 나의 뜻을 믿겠는가?
20 이제 더 이상 강성해질 수 없으며, 스
스로 너희들이 자멸의 길이요, 쇠진하
여 쓰러져 가는 그와 같은 형국이니,
21 내가 여기에 바로 새싹이요, 새 생명

이요, 너희들을 구원하고자 하는 겨자 씨를 세상에 뿌려, 그 나무가 서서히 성장하여 쇠진해 가는 자들을 스스로 물러갈 수 있도록 그와 같이 밀어붙이며,

22 오로지 나의 성령이요, 나의 뜻이 하늘에 오르는 길이요, 너희들을 구원하는 길을 알게 되며,

23 너희들이 지금까지 가르쳤던 그 모든 수법과 내가 나의 성령을 통하여 나의 아들에게 내려보내 만백성을 그 자리에서 깨우칠 수 있는 이와 같은 것을 너희들이 견주어 보고 대조해 보며 생각해 볼 수 있는 그와 같은 시점이 지금 바로 이때이니라.

24 그리하여 내가 지금 나의 법전을 세상에 내보낸 이치를 너희들은 알아야 될 것이며,

25 그리하여 너희들이 일찍이 많은 믿음을 가졌으며 진실하게 믿었다 생각하며, 주야장천 나에게 기도하며 밤과 낮을 가리지 않고 기도한 너희들이 받지 못하고, 어찌하여 2천 년 만에 다시 새로운 자가 태어났느냐 말할 것이니,

26 여기에 너희들의 의혹을 풀어 주고자 내가 하늘의 뜻을 알려 줌이니라.

27 종교 지도자들과 그 믿음의 길을 가는 만백성 너희들이 강성해지고 강성해질 때까지 내가 기다렸음이니,

28 너희들이 이제는 최고에 도달하여 더 이상 나갈 수 없어 스스로 무너지는 그와 같은 형국이 오는 이 시점을 기다렸음이니,

29 그리하여 지금 나의 아들을 통하여 나의 법전을 세상에 내보내 쓰러져 가는 그들이 쓰러져 물러가도록 그 시간에 맞춰 나의 새로운 성령이요, 나의 뜻이요, 만백성을 하늘에 구하는, 그리고 새로운 시대를 열어 가는, 오로지 천사와 같은, 나와 같은 백성들만이 이 세상에 존재하도록 그리하여 하늘에서 이루어진 것같이 이 지상에 낙원을 이루는 천 년의 역사가 시작됨이니,

30 너희들은 이와 같은 이치를 깨달았으면 나 여호와의 존재함이요, 나의 뜻을 알 것이니,

31 이 대목을 읽고도 너희들이 또 의구심을 가지며 깨닫지 못한다면 이는 너희들의 복이니라.

2,758 번째 하나님 말씀

2002년 7월 31일 17시 48분

1 사랑하는 나의 아들아!

2 **"네, 아버님! 말씀하옵소서."**

3 지금 나의 계명을 지키는 것을 보통 사람들이 말하기를, 이는 인간으로서 지킬 수 없으며, 인간이기에 지킬 수 없다 말하며, 인간이기 때문에 죄를 짓지 않고 살 수 없다 그리 말하나,

4 너의 제자들과 너희들은 어찌 생각하는가?

5 인간이기 때문에 죄를 안 지을 수 있다 생각하며, 인간이기 때문에 계명을 지킬 수 있다 그리 생각하며 너희들이 변하여 가고자 하지 않는가?

6 그리하여 너희들이 변하여져 그를 지키게 되었을 때, 너는 그것이 차 한 잔 마시는 것보다 쉽게 지킬 수 있다 말

하였음이니라.
7 이 세상을 누가 창조하였는가?
8 나 여호와가 창조했으며, 너희들의 생명을 세상에 내보내며 너희들이 노력하는 만큼 모두를 취하고 살 수 있도록 다 내가 똑같이 균등히 자격을 주었다 함이니라.
9 너희들이 어찌 노력하느냐에 따라서 이루고 못 이루는 것이 거기에 있음이니,
10 너희들은 지금 구원을 받는 길이 무엇이더냐?
11 너희 생명을 다 바쳐 죽음을 무릅쓰고 하늘에 오르고자 하는 것이 너희들의 뜻이니, 거기에 내가 무어라 말하였는가?
12 너희들에게 정답을 주지 아니하였던가?
13 나의 십계명대로 지키고 나의 법전대로 지키며 질서를 파괴하지 아니하고 질서에 어긋나는 행위를 하지 아니하고 산다면 그것이 곧 무어라 말하였던가?
14 하늘에 오르는 길이라 말하였음이니라.
15 어찌하여 너희들은 그와 같이 간단하고 쉬운 그 이치를 지키지 못하고, 엉뚱한 생각과 나를 거역하는 행위를 하면서 구원을 얻고자 하는가?
16 너희들은 여기서 하나 깊이 깨우쳐야 될 것이니라.
17 내가 너희들에게 지키고 행하는 것이 하늘에 오르는 길이라 하였으면, 너희들은 그것을 지키고 행하는 그 길밖에 없음을 알라.
18 창조주인 내가 너희들에게 이것을 지킴으로 하늘에 오르는 길이며 이리 행하는 것이 하늘에 오르는 길이라 명했으면, 그것을 지키지 아니하고는 절대로 하늘에 오를 수 없으며 구원을 받을 수 없는 것이니라.
19 그러니 너희들은 모두를 다 그 뜻에 따라 살아가고자 모든 초점을 맞추며,
20 너희들이 생활하면서 '길이 아니면 가지 말라'는 그 교훈이 있듯이, 나 여호와가 내린 그 계명에 어긋나는 행위요, 어긋나는 짓을 일절 삼가며, 하지 아니하고 살아가도록 너희들이 훈련되고 숙달된다면, 그 또한 지키는 것이 아무것도 아니니라.
21 너희들의 욕심과 너희들이 다스려지지 않은 그 생활 상태에서 너희들이 나의 뜻에 따라 내가 명한 것을 지키기 어렵고 힘들며 인간으로서 넘을 수 없다 말하나,
22 너희들이 이를 평소에 살아가면서 생활에 적용하며 내가 내린 명대로 살아가고자 노력할 때, 그와 같이 너희들이 깨달으며 노력하는 그 세월이 흐르면 흐를수록 너희들은 그 모두가 아무것도 아닌 간단한 이치에서 지킬 수 있으며, 그 모두는 어려운 규약이 아니라 간단한 것이라는 것을 알게 될 것이니라.
23 너희들은 어떠한 방법이든 어떠한 형태든 내가 지키며 내가 행하여 올라오라는 그것을 행하지 않고 지키지 아니하면 절대 구원을 받을 수 없음이니,
24 너희들 인간의 욕심이나 인간의 생각, 그와 같은 형태를 다 저버리고 오로지

나 여호와가 명한 그 세상 속에서 살
아가는 것에만 초점을 맞추어야 되며,
25 인간 세속에 살아가는 욕심이요, 너희
들이 얻고자 하는 질투와 시기 그 모
두를 버리고 살아가는 그와 같은 훈련
을 거듭하는 자만이 편안한 마음으로
써 영혼을 구원하는 그 길을 올 수 있
으며 오를 수 있음을 알아야 될 것이
니라.
26 그를 지키지 아니하고 거역하고는 절
대 오를 수 없음이니,
27 너희들은 지키지 아니하고는 오를 수
없다는 마음으로써 지키고 사는 것만
이 구원의 길이라 하여, 잘못된 것은
다 포기하고, 인간이기 때문에 지킬
수 없다 말하는 그와 같은 마음자리를
다 접어 두고 너희 자신에게서 다 털
어 버리며,
28 오로지 지키는 길만이 하늘에 오르는
길이라는 그 각오와 결심을 하고, 너
희들의 모두를 거기에 다 걸고 살아가
도록 노력해야만 구원을 얻을 수 있다
는 것을 깨우쳐야 될 것이니라.

2,759 번째 하나님 말씀

2002년 7월 31일 21시 07분

1 사랑하는 나의 아들아!
2 "네, 아버님! 말씀하옵소서."
3 나의 피조물 만백성에게 전하며, 지금
까지 믿음의 길을 왔으며 믿음이라는
그 상태에서 구원을 받고자 하는 그들
에게 너는 물어봐야 될 것이니라.
4 수천 년 동안 흘러오면서 너희들이 지
금 너희 손으로 지은 그 성전에 와 하
늘에 오르는 길이라 하여 십일조요,
헌금이요, 너희들의 모든 삶의 자유의
그 시간까지 쪼개 그곳에 가 바치며
살았나니, 그리고 너희들은 정해진 시
간에 그곳에 가 한평생을 기도하며 경
배하느니라.
5 그러나 너희들은 여기서 들어야 할 것
이며 깨달아야 할 것이 있느니라.
6 너희들이 정녕 그곳에 가서 공부하고
배운다 하니,
7 과연 너희들이 주일이요, 기타 정해진
시간에 가서 설교라는 것을 듣고 또
예배요, 경배를 보고 오는 것이 몇십
년 동안 반복됨이니, 과연 그 속에서
너희들은 무엇을 배웠던가?
8 지난해에 배웠던 이야기, 지난번에 들
었던 이야기들을 그들은 계속 반복하
면서 너희들에게 주입하나니,
9 너희들은 한 시간이고 그 많은 시간을
축복과 은혜를 받고자 경배하고 기도
하고 나오는 그 순간에, 너희들은 그
와 같이 열광적으로 '아멘!', '할렐루
야!'를 찾으면서 너희 손으로 지은 그
성전 밖에 나와 밝은 태양을 볼 때, 너
희 머릿속에는 남는 것이 아무것도 없
을 것이니라.
10 그 이야기가 그 이야기 같고, 머리가
멍한 상태에서 무엇을 듣고 무엇을 배
웠는지를 모르는 그와 같은 형태의 삶
을 계속 가고 있지 않은가?
11 너희들 머릿속에 남은 것이 있다면 누
가 얼마를 냈고 누구는 얼마를 내서
칭찬을 받았으며, 무엇 때문에 무엇을
내야 될 것이며,
12 그리고 너희들은 사랑을 베풀며 살라

하며 또 너희들은 모든 것을 있는 대
로 다, 아름다운 것을 많이 바칠수록
구원을 받는다는 그 이야기를 허구한
날 들은 것 말고는 무엇이 너희 머릿
속에 남는 게 있는가?
13 너희들은 너희들이 구원을 받는다는
그 성전에 가, 정해진 날짜의 주일이
요, 안식일이요, 또는 무슨 일이라 하
여 가서 기도하고 경배하며, 새벽잠을
자지 아니하고 가서 기도하고 오느니
라.
14 그리하고 나올 때 너희 머릿속에 무엇
이 남느냐?
15 멍하니 너희는 어제 들은 이야기가 오
늘 들은 것 같으며, 지난해에 들었던
이야기가 또 올해 들은 것 같은 그와
같은 생각에서 그저 갔다 와 축복을
받았다 하며, 찬송가를 부르고 그저
광란의 눈물을 흘리며 몸을 비틀어 소
리 지르고 '아멘!', '할렐루야!'만 찾다
나왔으니,
16 그리고 너희들의 그 마음속에 남은 것
이 무엇이 있으며, 너희들의 생활에
그로 하여금 고쳐 가는 것이 무엇이
있으며, 너희들의 생활 속에 변화의
역사를 이루는 것이 무엇이 있었는가?
17 나 여호와의 하늘에 오르는 길이요,
나의 뜻이라는 것은 변화를 원하며 변
화의 역사를 이루는 것이니라.
18 20년, 30년 동안에 경배하고 기도했
다는 너희들이 만든 그 성전에 가서
너희들이 축복받고자 행하여 살아왔
던 것이 1년, 2년, 20년이나 되는데 머
리에 남은 것은 없으며,
19 오늘에 가서 너희들이 설교를 들으며
강론을 듣고 나와도, 그 성전이라는
문을 나와 밝은 태양을 바라볼 때 머
리가 멍하며 띵하니 머릿속에 남은 것
이 없으며, 그저 오늘 하루 또 너희들
은 안식일을 지켰다 하는 그런 생각을
하고 매일 그와 같이 반복된 생활을
하고 있는 자는 없는가?
20 그렇다면, 너희들은 나의 법전을 읽는
나의 피조물 만백성과 너희들을 견주
어 봐야 될 것이니라.
21 너희들이 20년, 30년 다녔으나 그때
의 기도 방법과 지금의 기도 방법이,
그때의 깨우침과 지금의 깨우침이 똑
같은 말로써 반복되며,
22 새로운 것은 그저 누가 헌금을 얼마를
내고 앞으로 무엇을 해서 헌금을 내고
감사 헌금을 내야 되고, 무엇을 하니
무엇을 어찌해야 된다는, 그저 바치고
바치라는 그것 외에는 머릿속에 남는
기억이 아무것도 없는 그와 같은 믿음
의 길을 가는 것과,
23 나의 법전을 한 권을 읽어도 하늘이
무서운 줄 알며 땅이 무서운 줄 알며
나 여호와가 존재함을 알며, 너희들이
살아가는 길이 무엇이며 어찌 살아가
야 된다는 것을 가슴이 조여 오도록
깨달음이 있는 그것과,
24 과연 어떤 것이 나 여호와의 성령으로
써 내가 너희들에게 내리는 뜻이라 말
하는가?
25 너희들은 그저 며칠 사이에 나의 한
권의 책을 읽을 것이며, 너희들이 또
나의 열여섯 권의 책을 날짜를 두고
읽었을 때, 너희들은 하늘의 문이 열
리는 것을 알게 되며, 너희들이 어찌

살아야 되는가를 알며, 어찌하여야 하
늘에 오르는 그 영광의 길인가를 알게
됨이니,
26 내가 나의 아들을 통하여 내리는 이
법전의 160권을 읽은 다음에 너희들
은 얼마나 무서운 깨달음이 있겠는가?
27 단 1년 안에 너희들이 나의 법전을 읽
고 깨우쳐서 변하는 것이 아니요,
28 하루 이틀 사이에 나의 법전 한두 권
을 정독함으로 인해서 그 속에서 너희
들이 20년, 30년 평생 다니며 구원을
받고자 깨우치려 했던 그것보다 더 무
서운 변화의 역사가 너희 가슴속에 이
룬다면,
29 과연 그것이 누구의 뜻이며, 누가 정
녕 나의 성령으로써 만백성을 구하는
길을 인도하는 진정한 지도자인가를
너희들은 알게 되지 않겠는가?
30 너희들은 여기서 이와 같은 이치를 깨
우쳐야 될 것이니라.
31 이를 보지 못하는 자는 정녕 하늘에
오르는 길을 볼 수 없음이니라.
32 몇십 년 동안 평생을 다 바쳐서 너희
들이 오늘날까지 깨우쳐 온 것이 그저
머릿속에 남은 것이 없으며, '그저 그
러려니, 그렇게 사는 것이겠지, 그리
하면 되는 것이겠지.' 하며,
33 그저 너희들은 나 여호와가 너희들을
모르며 보지 못하는 것처럼, 앞에서는
선량하고 착한 생활을 하고, 더러는
그저 스스로 사악한 행위를 하면서 살
아가는 그와 같은 이중적인 행위를 하
는 자는 없는가?
34 너희 손으로 만든 그 성전에 가서 울
고불고 아우성치고 나와서 하는 행동
은 과연 어떠한가?
35 이것이 너희들의 지금의 마음의 본질
인 것이니라.
36 사랑을 베풀기 위하여 몇십 년을 산
자가 이해관계 앞에서, 성경을 보고
배우지 아니하고 너희들처럼 성전에
가 기도하지 않은 사람보다도 더 사악
하고 더 용서하지 못하며 더 이해하지
못할 편협한 행동으로써 지금 살아가
는 것은 아닌가?
37 너희들은 나의 법전 열여섯 권, 한 질
을 다 정독한 사람이 살아가는 그 모
습을 보라.
38 그는 한두 달에 그 법전을 다 읽었을
것이며, 한두 달의 깨우침을 가지고
있는 그가 살아가는 모습이 어떠한가
그 모습을 봐야 될 것이니라.
39 여기서 너희들은 알아야 될 것이니라.
40 평생 성서라는 것을 들고 교회에 가서
배운 너희들이 유사시에 이해관계에
있을 때 맹수가 먹이를 채 가듯이 그
와 같이 사악한 생활을 한다면, 그와
같이 너희들이 일반인보다 더 용서를
하지 못한다 하면, 너희들이 말하는
이방인보다도 더 너희들이 사랑의 실
천을 하지 못한다 하면,
41 너희들은 발톱을 가리고 사는 늑대나
그 사악한 짐승과 무엇이 다르겠는가?
42 그리하여 너희들은 평상시에 말로는
평온하고 사랑을 베풀며 아름다운 것
같이 하나, 이해관계가 있을 때에는
맹수보다 더 험악하게 발톱을 내놓고
너희들의 목적을 위하여 그 추한 행위
를 하는 그러한 자는 과연 없는가?
43 지금의 종교 지도자들이 하는 행동에

그러한 것은 없는가?
44 말로써는 천사요, 너희들이 말하는 성경을 들고 다니나, 이해타산이 있을 때 맹수가 먹이를 공격하여 그 숨겨 놓았던 발톱으로 내치듯이 그와 같은 행위를 하는 자는 정녕 없는가?
45 그리하여 너희들 스스로 눈살을 찌푸리며, '어찌하여 믿음이라는 것을 가지고 20년, 30년 세월을 공부하러 다닌 사람이 저런 행동을 할 수 있을까?' 하며 경악하는 것을 보지 않는가?
46 너희들 중에서 그러한 사람들의 행동을 보지 않는가?
47 너희 스스로 20년 30년 동안 너희들이 만든 성전에서 기도하며 예배할 때 상단에 앉아서 너희들에게 내로라하듯 가슴 펴고 있는 자, 그들이 밖에 나가서 행동하며 생활하는 것을 볼 때,
48 너희들이 '어찌하여 나보다 교회에 오래 다녔으며 믿음을 많이 가졌으며 종파에 오래 종사한 사람이 저렇게 사악한 행동을 할 수 있는가?' 하는 그러한 경악할 모습을 더러 보지 아니하는가?
49 그러한 모습을 너희들이 보고 산다 하면 그것은 진정한 깨우침이 아니요, 진정한 믿음의 길이 아님을 알아야 할 것이니라.
50 나의 법전은 한 권을 읽은 자, 열 권을 읽은 자, 스무 권을 읽은 자, 서른 권을 읽은 자, 읽으면 읽을수록 사람이 변화되는 새로운 역사를 이루는 것이니라.
51 저희들이 만든 성전에 가 각종 헌금을 내며 마음으로 부대끼고 정신적으로 부대끼며 그러한 물질적인 부담을 가져 가면서 많은 것을 바치고 하늘에 오르고자 하는 그 깨달음 속에서 배우는 자들과,
52 아무것도 바치지 아니하며 그저 자연 속에서 너희들의 생활 속에서 나 여호와를 경배하며 나의 법전을 읽고 깨우쳐 가는 그 백성들과,
53 정녕 누가 더 위대한 차별화의 역사를 이루는가?
54 그것을 보고 너희들이 길을 선택하여야 될 것이며, 너희들이 그것을 보고 이제는 바른길을 볼 줄 알아야 될 것이니라.
55 모든 것을 다 이단이요, 사탄이요, 사악한 자의 행위라 말하지 말라.
56 너희들이 이 세상의 그 모두는 나 여호와가 창조했으며 나 여호와의 것이라 했으니, 내가 필요치 아니한 것은 세상에 내보내지 아니하였음이니라.
57 너희들이 물리면 죽는 독사라는 것도, 또 전갈이라는 것도, 독을 품고 있는 모든 동식물도 다 내가 필요하기에 세상에 내보냈으니,
58 너희들은 너희들 앞에 피어 있는 아름다운 한 송이 꽃을 보며, 그 꽃의 아름다움을 생각하며, 그 꽃만이 나 여호와가 만든 것이요, 세상에 내보낸 것이라 하여 그 꽃만을 사랑하는 마음만 갖는다면 너희들은 너무나 편협한 자들이며,
59 나의 방대한 역사를 모르고 나의 전지전능한 뜻을 모르며 내가 운영하고자 하는 그 뜻 모르고 살아가는 우매한 자들이니,

60 그와 같은 자들이 어찌 하늘의 이치를
알며 나에게 오르는 그 뜻을 알겠는가?
61 이 세상 모두는 다 내가 필요로 하여
만들었으며 내가 명하여 만들었으니,
62 이 세상 것을 다 너희들의 양식으로
삼는 데 게을리하지 않는 자만이 깨달
아 하늘에 오르는 그 축복의 길과 영
광의 길을 알게 될 것이니 그리 알라.

2,760 번째 하나님 말씀

2002년 7월 31일 21시 19분

1 사랑하는 나의 아들아!
2 "네, 아버님! 말씀하옵소서."
3 너희들은 인간 세상에 태어나기에 부
모로부터 귀하고 귀한 한 생명으로서
태어나니, 너희 인간들의 내면에는 태
어날 때 너희들이 안고 나오는 아름다
운 심성이 있느니라.
4 곱고 아름다운 본성을 갖고 너희들이
세상에 태어났음이니, 신성한 그 근본
을 얼마나 지키고 살아가느냐에 따라
서 너희들의 아름답고 아름답지 못한
삶의 한계가 거기서 이루어지느니라.
5 너희들은 지금 그 인성의 길을 가지고
얼마나 아름답고 착한 심성의 근본으
로써 인간의 삶을 살았느냐에 따라서
우선 평가를 받을 수 있을 것이니라.
6 그러나 너희들은 그와 같이 태어날 때
아름답고 고운 심성의 근본을 가지고
세상에 태어났으나,
7 너희들이 살아가는 그 생활 속에서 너
희들의 삶에 부딪치는 그 많은 갖가지
시련과 고통과 또 향락과 즐거움과 그
와 같은 생활에서 너희들의 아름답게
가지고 나온 그 본성의 근본의 마음이
다 무너지고 흐트러지고 깨져 가는 그
와 같은 삶을 살아가느니라.
8 그리하여 너희들이 태어날 때 가지고
왔던 그 아름답고 고운 심성의 근본은
서서히 너희들이 삶을 영위하면서 그
세월에 따라서 다 흐트러지고 그를 잊
어버리고 사느니라.
9 너희들이 태어날 때의 아름다운 마음
이요, 근본의 생각과 그 마음의 본성
이 다 흐트러져 사악한 쪽과 사악하지
않은 쪽의 생활에 헤매다
10 결국은 아름답고 착하고 선한 쪽이 아
니요, 육의 부귀와 영화와 너희 생활
의 안락을 위하여 너희들은 사악한 쪽
에 그 많은 죄를, 너희들도 모르게 작
고 큰 죄를 너희 몸에 감고 간다 하였
음이니라.
11 그리하여 너희들이 그 죄의 숫자를 보
며 더 감을 수 없을 만큼 짊어지고 나
에게 와 심판을 받을 때, 너희들은 그
짊어지고 온 죄의 숫자만큼 고통의 길
을 살아가는 것이 너희들의 근본이라
하였음이니라.
12 그리하여 내가 아름답게 만든 나의 피
조물 만백성 너희들이 태어날 때의 그
아름다운 본성도 지키지 못하여 수많
은 죄를 짓고 살아오며,
13 또 너희들이 살면서 두렵고 무서운 그
삶에 너희 스스로 판단할 때 짓고 나
오는 그 죄가 두려워,
14 너희들이 지금 나의 성전 위에 인간들
이 손으로 지은 그 성전에 가 죄를 용
서 빌며 너희들이 불안하고 고통스러
운 마음을 잠시나마 잊어버리고 지우

려 하는 행위가, 그들의 설교를 들으
며 그들의 말에 따라서 헌금이요, 재
물을 바치는 그와 같은 행위를 하고
구원을 받고자 하여 그리 살아오고 있
음이니라.
15 그러나 너희들은 여기서 하나를 깨달
아야 될 것이니라.
16 그 모든 것도 너희들을 구원하는 길은
아니며, 너희들을 하늘로 인도하는 길
이 아님을 알아야 될 것이니라.
17 이제 내가 구약과 신약의 그 시대를
덮으니,
18 나의 아들 예수가 너희들에게 생명수
를 내리고자 하였으나 그를 단절시켜
암흑의 세상이 지금 2천 년 이상 흘러
왔음이니,
19 그 시대에 내가 너희들에게 빛을 내리
며 너희들이 하늘에 오르는 그 빛을
볼 수 있도록 나의 법전이라 하여 나
의 성령을 태워 나의 아들을 통하여
책으로 만들어 너희들 앞에 내려보냄
이니,
20 너희들이 하늘에 오르는 그 구원의 길
은 내가 내린 계명을 지키며 내가 너
희들에게 지키라 한 그 성서의 모든
율법을 지키며 법전에 기록된 그 내용
을 정독하고 깨우치는 길뿐이니, 그
외에는 정녕 너희들이 구원을 받을 수
없다는 것을 알아야 될 것이니라.
21 이제 그와 같은 것을 깨우쳐 나의 법
전을 읽고 그 내용에 따라 실천하고
사는 자, 그러한 자만 구원을 받을 것
이며, 그러하지 아니하고 역행하는 자
는 영원히 구원받지 못하는 무서운 나
의 뜻을 지금 너희들에게 전함이니,
22 이를 보고 너희들이 깨우쳐야 할 것임
을 잊지 말라.

2,761 번째 하나님 말씀

2002년 7월 31일 21시 51분

1 사랑하는 나의 아들아!
2 "네, 아버님! 말씀하옵소서."
3 너희들이 나로부터 한 생명이 세상에
태어나면 너희들이 세상에 살아가면
서 얻어 구할 수 있는 그 모두를 다 너
희들에게 같이 내려 준다 하였음이니
라.
4 그리하여 너희들이 육에 사는 동안에
너희들의 노력과 너희들이 이루는 것
에 따라서, 너희들이 삶을 어찌 사느
냐에 따라서 얻고 취할 수 있는 그 모
두를 다 내가 내려 주었음이니,
5 그리하여 내가 너희들에게 말하는 60
점이라는 그 테두리 안에서, 너희들이
얽히고 사는 그 생활 속에서 옳고 바
르게 사는 그 길을 위하여 얼마만큼
노력하느냐에 따라서 얻을 수 있고 취
할 수 있으며, 부귀와 영화를 얻을 수
있고 인간 세상의 권위와 모든 권력을
얻을 수 있다 그리했느니라.
6 그와 마찬가지로 내가 한 생명을 세상
에 내려보내 너희들의 육의 세상에서
살아가는 형태가 이루어지듯이, 너희
들의 깨달음이 또한 그와 같은 것이니
라.
7 너희들이 아무리 육의 세상에서 살아
가며 육의 형태에서 무엇인가를 얻고
자 해도 인간의 그 형태의 육의 세상
에서 벗어나서 너희들이 더 깨달음이

없으니,
8 인간 세상에서 너희들의 깨달음이요,
얻어지는 것은, 인간의 60점이라는
그 점수 안에서 너희들이 살아가는 은
혜와 영광을 받았듯이, 너희들이 또한
깨우치고 얻는 것이 그 선에서 더 이
상 벗어날 수 없음이니라.
9 그리하여 너희들이 인간 세상에 살면
서 깨닫는 것은 인간의 생각이요, 인
간의 한계를 벗어날 수 없기에,
10 내가 너희들의 그 영혼을 구하고자 하
여 너희들에게 내리는 것이 성령이요,
또한 나의 율법이요, 나의 계명이요,
그와 같은 것을 너희들에게 내려보낸
것은 그를 보고 너희들이 하늘의 이치
를 깨닫게 하고자 함이니라.
11 너희들이 하늘의 이치를 깨닫는 것은
너희들이 육의 세상의 그 한계를 벗어
나는 깨달음이 아닌 다음에는, 너희들
은 어찌하였든 어떠한 방법이든 아무
리 노력하고 연구한다 하여도 그 세상
을 넘지 못하게 되어 있음이니라.
12 그리하여 나의 성령이요, 나의 계명이
요, 나의 율법을 지키는 그와 같은 생
활을 하지 아니한다면 너희들은 육의
생각의 한계를 벗어날 수 없으며,
13 너희들이 나의 성령이요, 나의 율법이
요, 나의 법전과 나의 계명을 지키는
것 또한 너희들이 바르게 깨우치며 바
르게 그를 깨달아 그리 행해야 될 것
이지, 너희들이 역행하는 행동으로써
는 그와 같은 하늘의 이치를 공부하고
깨우친다 해도 그를 알 수 없음이니라.
14 그리하여 종교 지도자로 선택되는 자
는 아무나 선택될 수 없으며, 여러 사
람으로 하여금 만백성을 깨우치는 그
와 같은 종파를 만들어 너희들을 깨우
치는 방법이 아니니라.
15 수천수만 가지의 종파에서 그 지도자
라 하는 자들이 하는 말이 다 다르며
가르치는 것이 다르며, 하늘에 오르는
길이 다 다르도록 저희들이 각자 제
길만이 옳다 가르침이니,
16 나의 불쌍한 백성들이 하늘에 오르는
진정한 길을 모르고 육의 세상에서 육
의 깨달음에서 살다 죽어 오는 자 수
없이 많음이니,
17 영혼의 세계요, 영혼을 구하는 그 깨
달음과 하늘의 이치를 깨닫지 못하고
살다 죽어 가는 그들이 얼마나 불쌍한
자들이던가?
18 그리하여 너희들이 인간 한계의 그 깨
우침을 넘어 정녕 영혼의 구원의 길이
요, 영혼의 길을 위하여 깨우치며 가
르치는 그 한계의 세상을 바라보지 못
하여,
19 내가 그를 불쌍히 여겨, 깨우치고 깨
달아 하늘에 오르는 법도요, 그 길을
가르쳐 주며, 구원의 길이 무엇이며
내가 존재하는 것이 무엇인지, 나 여
호와가 존재함을 너희 마음에 깊이 심
어 너희들이 나와 같은 삶을 살아 아
름답게 변하는 그와 같은 사람으로서
구원을 받도록 하게 하기 위하여 내가
나의 성령의 모두를 태워 나의 아들을
통하여 세상에 내려보내니,
20 이와 같이 애절한 뜻이요, 이 말을 수
백, 수천 번 너희들에게 전함이니, 너
희들은 이를 알아들어 깨우쳐야 할 것
이거늘, 어찌하여 나의 법전을 보기를

너희들은 그리 두려워하며, 이단이요,
사탄이요, 사악한 자의 형국이라 그리
말하는가?
21 너희들은 여기서 듣고 깨우쳐야 될 것
이 있느니라.
22 너희들이 구약의 시대에 이루었던 그
역사요, 그 시대에 이루어졌던 모든
기적이요, 또한 나의 아들의 시대에
이루어졌던 그 역사의 기적이요, 그
변화요, 그 모든 것보다도,
23 구약과 신약이 흘러온 그 역사보다도
더 위대하고 더 소중한 나의 법전의 3
의 시대가 지금 이루어지고 있음이니,
24 그때에 이루었던 기적과 그때에 이루
었던 그 모든 역사의 기적보다도 더
위대하고 더 너희들을 구원하는 길을
안내하는 진정한 하늘에 오르는 길이
요, 그 역사요, 내가 천 년에 걸쳐 이
루고자 하는 그 뜻을 기록하여 내려보
냄이니,
25 구약과 신약이 이루어졌던 그 역사보
다도 지금 더 위대한 역사가 이루어진
다고 내가 그리 너희들에게 말함이니
라.
26 이는 곧 무엇이더냐?
27 내가 직접 너희들을 통제하며 내가 직
접 나의 성령을 나의 아들을 통하여
너희들에게 전함이니, 이는 곧 내가
너희들을 직접 깨우침이니라.
28 그리하여 이 깨우침이 또한 말과 말로
써 전하여 나의 아들의 제자요, 또 그
를 따르는 자들이 기록하여 너희들에
게 전하는 것이 아니니라.
29 직접 내가 나의 아들에게 내려보내어
나의 아들이 바로 받아서 이것을 세상
에 전함이니, 이게 바로 나의 뜻만이
기록되는 것이니라.
30 너희들의 생각이 한 자도 들어 있지
않으며 인간의 생각이 한 자도 들어
있지 아니함이니, 이를 너희들은 알아
야 될 것이니라.
31 너희들은 남이 행하는 것을 인간이 받
아쓰며 그 제자가 받아쓰며 그를 따르
는 사람들이 받아쓴다 해도, 그가 전
하는 것을 받아쓰는 자의 오차의 범위
가 또 생기는 것이 너희들의 인간관계
이니라.
32 그러나 지금 나의 법전이 무엇이더냐?
33 나의 아들이 나로부터 직접 받아 그가
직접 그를 기록하여 나의 피조물 만백
성에게 원본의 책을 만들어 너희들을
구하는 이 역사를 이루고 있음이니,
이 모두는 원본이니라.
34 내가 너희들에게 이르기를, 내가 나의
아들 예수를 통해 기록하고 내가 그와
대화했던 그 원본에 너희들은 십계명
을 지키고 살아야 되며 율법을 지키지
아니하면 구원을 받지 못한다는 그 내
용이 엄히 무섭게 기록되었건만,
35 너희들은 나와 나의 아들이 이루었던
그 원본의 역사를 버렸으며, 그 모두
를 세상에 내놓지 못하도록 하고 있는
것이 지금 너희들의 사악한 행위이며,
36 지금과 같이 종말의 시대요, 말세가
이루어진 것이며, 수백, 수천, 수만의
종파가 세상에 나와 저희들의 이름을
다 그 앞에 붙여 하늘에 오르는 길이
라 하고 있는 이와 같은 형태를 만드
는 것이니,
37 그 원본을 세상에 내놓지 아니하여,

나의 아들 예수가 행한 것을 제자들이
기록한 것을 가지고 너희들이 공부하
기 때문에 거기에 격차요, 이격이 있
음을 알아야 될 것이니라.
38 그러나 내가 지금 제3의 시대에 나의
법전이 구약과 신약의 시대보다도 더
위대한 역사가 이루어진다 함은, 이는
곧 내가 나의 성령을 태워 나의 아들
의 가슴에 내려보내 그가 바로 그것을
글로써 표기하여 기록하여 바로 전함
이니, 이것이 바로 원액의 원본이니라.
39 이는 곧 나의 성령이니라.
40 여기는 나의 아들이 제자들에게 기록
하도록 그가 말로써 전하는 것이 아니
요, 그가 구술로써 그들에게 가르쳐
그를 기록하는 게 아니라, 나의 아들
자신이 직접 기록하며 표기하여 이를
책으로 만들어 냄이니, 그게 바로 무
엇이더냐?
41 한 다리, 두 다리를 거쳐 변조되고 변
하는 나의 가르침이 아니요, 직접 내
리는 나의 성령이니라.
42 그리하여 이는 곧 내가 내려가 너희들
을 직접 가르치고 깨우치며 인도하는
길이라는 것을 알아야 되며, 이 무서
운 역사의 변화요, 기적의 역사가 바
로 지금 이루어지고 있다는 것을 알아
야 될 것이니라.
43 구약과 신약에 이루어졌던 그 역사에
너희들이 매달리지 말며, 그와 같은
시대가 지금의 시대에 이루어지기를
바라는 그 환상에서 깨어나야 할 것이
며,
44 나의 성령이 가르치는 그 뜻을 너희들
이 이제 깊이 깨우쳐 그가 원하는 과
거와 현재 미래의 그 깊은 뜻을 깨우
쳐 본다면 지금 내가 내려보내는 나의
법전이 나의 성령이요, 나의 뜻이라는
것을 알 것이니라.
45 성령을 직접 공부하는 자, 너희들이
나의 법전을 읽고 난 다음에 성서에
기록된 내용을 알게 될 것이니,
46 우선 성서를 너희들이 공부하기 전에
나의 법전을 정독하여 그를 보고 난
후 성서를 읽는다면 거기에 원하는 진
실된 뜻을 알게 될 것이니,
47 이를 너희들이 시행하고 난 다음에 나
의 법전을 평하라.
48 그리하지 아니하고 이 법전이 사탄이
하는 짓이요, 이단이 하는 짓이요, 사
악한 자가 하는 짓이라 그리 평하는
자, 너희들이 얼마나 오류를 범하고
무서운 죄를 짓고 있는가를 알게 될
것이니라.

2,762 번째 하나님 말씀

2002년 7월 31일 22시 13분

1 사랑하는 나의 아들아!
2 "네, 아버님! 말씀하옵소서."
3 모든 것도 멀리 뛰고 멀리 날기 위하
여 그들이 준비하며 또 준비기간이 필
요한 것이니라.
4 거기에 대한 만반의 준비를 하여 행함
이니,
5 동물들도 그와 같은 지혜를 가지고 있
으며, 너희들 인간 또한 인간 세속에
서 살아가는 속에서 멀리 바라보는 자
멀리 갈 수 있으며, 단단히 준비하는
자 멀리 가고 오래 갈 수 있으며 실수

함이 없는 것이 너희들 세상사에 살아
가는 인간 세속의 법칙인 것이니라.
6 하물며 지금 네가 나의 성령을 받아
나의 뜻을 기록하여 법전이라 하며 세
상에 만드는 이 역사를 하는 것은 수
천 년 동안에 흘러온 그 모든 종파의
흐름을 다 개혁해야 되며,
7 그들이 목숨 바쳐 지키며 저희 생명보
다 더 소중히 하며 이는 한 자도 오류
가 없으며 한 자도 하나님의 말씀이
아닌 것은 없으며 그 뜻이 없는 것은
없으며 그리고 인간 생각의 어떠한 잡
스러운 것도 거기에 기록되지 아니하
였으니, 이것은 오로지 '하늘에 오르
는 길'이요, '하나님의 말씀'이라 그리
믿고 가는 그를 개혁시키며 변화시킨
다는 것이 그리 쉬운 역사라 너는 생
각하는가?
8 6천 년의 역사가 흘러오는 그 속에서
지금 굳어지고 굳어진 것을 네가 단시
일 내에 나의 법전의 160권을 가지고
하루아침에 개혁하며 변화시킨다는
생각을 해서는 아니 될 것이니라.
9 내가 이르기를, 6천 년 동안에 굳어지
고 굳어진 잘못 가는 믿음이요, 현재
의 흘러가는 그 형태를 바로잡기 위하
여 천 년이라는 역사를 나 여호와가
계획하였거늘,
10 어찌하여 인간이며 나의 아들이요, 나
의 뜻에 따라 움직이며, 네 주관하에
하는 것이 아니요, 나의 뜻에 따라 들
은 대로 움직이며 내가 명한 대로 움
직이는 네가, 네 인간의 생각으로써
조급히 생각하고 그리 불안해하는가?
11 내가 천 년에 걸쳐서 하늘에서 이루어
진 것같이 지상에서 낙원을 이루는 것
은 네가 그저 기초만 세워 놓고 가면
될 것이니라.
12 그것이 네가 이루는 목표요, 네가 이
루고자 하는 책임량이거늘,
13 창조주 어버이인 나 여호와가 이 지상
에서 만백성 중에 사악한 자를 다 뿌
리 뽑으며, 천사와 같은 자, 나의 아들
이요, 나의 딸들이요, 나의 혈통을 받
은 자만이 내가 만든 이 지상의 낙원
에서 살아가게 하고자 하는 그 역사를
천 년이라는 세월을 두고 이리 가고
있음니니라.
14 6천 년이라는 흘러온 그 세월을 바로
잡기 위하여 천 년이라는 그 역사의
긴 세월이 필요하다고 내가 너에게
수차 명하였거늘,
15 어찌하여 네가 나의 법전이 전 세계에
소낙비같이 하루아침에 다 덮어 네가
살아 있는 그동안에 크나큰 역사를 이
루길 바라는가?
16 이는 나의 법전이 세상에 전해지며 만
백성을 깨우쳐 주며, 그와 같은 나의
법전이 세상에 나와 있으며 나의 성령
을 태워 세상에 전해지는 나 여호와가
직접 내리는 뜻이 여기 있으며 가르침
이 여기 있다는 것을 알려 주며,
17 이 시대에 나로부터 선택된 나의 아들
이 나의 성령을 받아 기록하여 세상에
만백성을 구하기 위하여 지금 이 법전
을 만들어 전하고 있다는 사실 하나를
알리는 것만으로도, 그들이 그를 믿도
록 하는 것만으로도, 그들이 그리하여
나의 법전을 열어 봐 하늘에 오르는
그 길을 볼 수 있는 것으로써도 네가

하는 임무요, 너의 대명은 다 이루어
지는 것이니라, 아들아!
18 창조주인 나 여호와가 천 년에 걸쳐
이루고자 계획 세운 역사를 어찌하여
네가 그리 조급하게 생각하며 불안해
하는가?
19 어찌하여 너는 금화와 은화의 그 재물
에 의하여 불안해하며, 또한 너의 제
자들의 고통스러운 것을 네가 다 안으
려 그리 조바심하며 불안해하는가?
20 그 모두는 네가 나의 삶을 역행하지
아니하고 따라 사는 그 속에 다 이루
어지며 하나의 바람처럼 스쳐 갈 것
을, 그리 조급히 생각하지 말며 불안
해하지 말라, 나의 아들아!
21 나 여호와 창조주가 천 년의 역사를
위하여 이루고자 하는 그 뜻을 네가
어찌 그리 조급해하며 그리 급히 생각
하며, 또한 이 기틀을 잡아 가는 네가
불안해하는가?
22 네 마음에 파장이 일어서는 아니 될
것이니라.
23 너는 오로지 기도와 묵상으로써 버티
고 지탱해 나가며 나의 성령을 받아
법전을 만드는 네가 역사할 때 너를
도울 자 세상에 많이 나올 것이니라.
24 너는 쓰러지지 아니할 것이며, 이것이
만들어지기 전에 네가 스스로 패하는
사람이 되지 아니할 것이며,
25 너 자신을 내가 버려두지 아니할 것이
며, 너를 내가 기억할 것이니라.
26 너는 나의 법전 160권을 세상에 내는
대명을 받아 이를 꼭 수행할 것이니,
그를 수행하는 동안에 변하는 그 역사
는 네가 오늘과 내일이 다르게 변화될
것이니,
27 오늘의 네가 모든 시련과 고통에 네
마음에 파장을 이루어서는 아니 될 것
이며,
28 네 주변에 따르는 너의 제자들 그 모
두에게 네가 하나같이 기적을 이루지
못하는 것을 마음 아파하지 말라.
29 그들 또한 받을 때가 되면 다 이루어
지는 것이니 그리 알라, 나의 아들아!
30 천 년의 역사를 나 창조주가 이루고자
하는 것을 오늘부터 기억해 잊지 말라.
31 그러니 네가 조급히 생각하지 말도록
그리하라.

2,763 번째 하나님 말씀

2002년 7월 31일 22시 43분

1 사랑하는 나의 아들아!
2 "네, 아버님! 말씀하옵소서."
3 나 여호와가 최초에 이 세상을 창조하
였을 때는 하늘에서 이루어진 것 같
은, 하늘나라와 같은 지상의 낙원이었
음이니라.
4 그리하여 이 모두가, 우주 공간이 지
상의 낙원이었음이니,
5 그러나 세월이 흘러와 너희들이 살아
있는 지금의 시대는 어찌 보는가?
6 너희들은 하늘에서 이루어지는 그 역
사의 낙원처럼 지금 지상의 낙원이 이
루어졌다 생각하는가?
7 그렇지 않으면 잘못 가는 자, 잘못된
자들, 사악한 자들이 이 세상을 지배
하고 있다 생각하는가?
8 그렇다면, 이것은 무엇을 의미하는가?
9 지상의 낙원이었던 이곳이 지금 수천

년 역사가 흘러오는 동안에 지상의 낙
원의 그 형태로 그대로 유지해 왔으며
나의 백성들이 그리 깨우쳐 왔다 하
면, 지금은 바로 이곳이 하늘에서 이
루어진 것같이 이루어진 지상의 낙원
이 되었음이 분명해야 되며 그리 현상
유지가 되어야 했을 것이니라.
10 그러나 몇천 년의 역사가 흘러오는 동
안에 지금 너희들이 말하는 그 악의
씨들이 이 세상을 지배하고 있음이니,
이는 무엇을 증명하는가?
11 지상의 낙원이었던 그 시대부터 세월
이 변천해 오면서 악이 악의 뿌리를
낳으며, 그 악의 뿌리가 씨를 낳고 또
씨를 낳아 그와 같이 악에서 악으로
점점 변해 오면서 사악한 시대가 이루
어진 것이 지금의 형태가 아니던가?
12 그렇다면 무엇을 의미하는가?
13 지금까지 너희들이 너무나 잘못 살아
왔다는 것을 의미하지 않는가?
14 그렇다면 지금 몇천 년 동안에 나의
피조물 만백성을 하늘로 이끌어 오며
구원의 길로 인도하며 가르친 자들,
15 너희들이 소위 이방인이라 하는 아무
것도 모르는 백성들은 그렇다 할지라
도,
16 수억, 수십억의 헤아릴 수 없는 그 나
의 피조물 만백성은, 종교 집단들의
깨우침 속에서 하늘에 오르는 길이요,
하늘의 낙원에 올 수 있는 그와 같은
삶을 살아야 되며 그리 살라 가르치며
그 길을 인도한다 가르친 너희들은 과
연 어떠한 역사를 이루었는가?
17 너희들이 정녕 그와 같이 깨우쳐 왔으
며 그 깨우쳐 온 백성들이 지금에까지
왔다 하면, 너희들은 지금 하늘에서
이루어진 것같이 이 지상의 낙원을 만
들었어야 되며 이루었어야 될 것이니
라.
18 그러나 한 시대를 지배하며 또 수천
년 역사가 흐르는 속에서 시대 시대를
지배하였던 종교 지도자요, 그를 믿고
따르는 백성 너희들의 현주소는 지금
사탄이요, 사악한 자들이 이 세상을
지배하고 있다 말하며 악마가 세상을
지배한다 그리 말하니, 과연 누가 사
탄이며 누가 악마이던가?
19 지상의 낙원을 흐리게 만들었으며 이
와 같이 사악하고 추하고 더러운 세상
으로 만들도록 한 것은 바로 너희들의
악이 악의 씨를 낳음과 같으니,
20 그 종교 지도자들 또한 그와 같이 사
악한 방법으로 세월이 흘러오면서 계
속 변질되고 변화되었으니, 그리하여
지금은 사악한 자들이 세상을 지배함
이니,
21 과연 누가 진정 사악한 자며 사탄인가
를 너희들이 어찌 구분할 수 있겠는가?
22 그 모두가 다 너희들이 악에서 악의
뿌리를 낳으며 잘못 살아온 뿌리가 또
잘못 살아왔으며, 잘못 살아온 백성의
그 후손이 또 잘못 살아오는 그와 같
은 역사의 흐름 속에서 너희들이 살아
왔음이니라.
23 그리하여 내가 최초에 만든 이 지상의
낙원이 지금 사악한 지도자들이 지배
하는 종말이요, 말세라 너희들이 말하
는 이와 같은 세상이 되었음이니,
24 이를 내가 더 바라볼 수 없으며 더 이
상 이 지상의 낙원이 썩어 가는 것을

볼 수 없기에, 내가 지금 나의 성령으
로써 나의 아들에게 모두를 내려보내
어 그 아들로부터 나의 백성들을 깨우
치고자 하는 그 역사를 이루니, 이 얼
마나 위대한 역사인가?
25 그러면 지상의 낙원에서 지금 흘러오
며 종교 지도자들과 만백성 너희들이
살아오면서 구약의 시대를 거쳤으며
신약의 시대를 거쳤을 때 너희들은 성
서를 가지고 기본으로 삼았으며 그를
근본으로 가르쳤음이니,
26 그러나 그를 근본으로 가르치며 그를
근본으로 깨우친 너희들의 지금의 현
주소는 무엇이더냐?
27 '너'와 '나'와의 서로에게 책임을 미루
기 전에, 이 지상에 사는 모든 백성 너
희들은 다 잘못 살아왔으며 잘못 깨우
쳐 왔으며,
28 너희들이 아름다운 마음으로 세상을
정화하여 지상의 낙원을 만드는 것이
아니라 잘못 사는 후손이 또 그 후손
을 따라 잘못 살고 또 잘못 사는 후손
이 세상에 나와 잘못 사는 이와 같은
변화의 역사 속에서 너희들이 서서히
더 사악한 시대로 흘러내려오는 것이
지금의 현주소이니라.
29 그러니 너희들은 스스로 자신의 부끄
러움을 알 것이며, '너'와 '나'를 알 것
이며, '너의 책임'이요, '너의 탓'이라
는 말을 감히 하지 말라.
30 누가 그와 같이 사악한 일을 하도록
주도적인 역할을 했는가 너희들은 여
기서 깨우쳐야 될 것이니라.
31 그렇다면 너희들은 여기서 하나 깨우
쳐 가고 또 반성해야 할 것이 있느니
라.
32 너희들이 이 세상 지상의 낙원에서 지
금까지 흘러오는 몇천 년 동안에 사악
한 시대로 흘러왔다면, 그 시대 시대
마다 가장 큰 집단으로서 만백성을 통
제하고자 하는 그 집단이 과연 어느
집단이었는가?
33 일개 개개인의 모임의 집단이 그리 왔
던가, 종교 집단이 한 시대를 지배하
며 살아왔던가?
34 가장 큰 집단으로써 통제하고 지배해
온 그 집단이 가장 잘못된 것이며 그
들이 그 책임을 다 져야 될 것이 아닌
가?
35 어찌하여 너희들은 그 책임을 통감하
지 아니하며 책임지려 하지 아니하는
가?
36 너희들이 말하는 100이라는 숫자에서
열을 뺀 90퍼센트의 하나의 집단이
한 시대를 이루어 왔을 때, 그 시대의
잘못된 것을 90퍼센트의 집단이 책임
을 져야 되겠는가, 10퍼센트밖에 안
되는 그 집단에게 책임을 뒤집어씌워
야 되겠는가?
37 너희들은 지금 90퍼센트 이상의 방대
한 조직으로써 한 시대를 이끌어 왔으
며 몇천 년을 이끌어 온 그 집단이 10
퍼센트도 안 되는 그 집단에게 그들의
책임이라며 돌팔매질하며, 그들이 사
탄이요, 악마요, 그리하여 그들 때문
에 이와 같이 자식이 부모를 죽이며
부모가 자식을 죽이는 사악한 시대요,
38 감히 추하고 더러워서 말할 수 없을
만큼, 하늘나라의 그 낙원과 같은 지
상의 낙원을 이리 만들어 놓은 것이

어떠한 집단의 책임이라 말하는가?

39 너희들은 다수와 소수의 그 의미도 모르는가?

40 그 뜻도 모르는가?

41 한 집단을 이끌어 갈 때, 한 명과 아홉 명의 집단 중에 서로 누구에게 책임이 있느냐 할 때, 너희들은 가히 철면피로써 저희들의 추하고 더럽게 잘못 살아온 죄를 부끄럽게 생각하지 아니하며 그 죄를 그 한 명에게 뒤집어씌움이니라.

42 그리고 아홉 명의 저희들은 바르게 살았으나 저 한 명이 잘못되어 저희가 물들어 이와 같이 되었으니, 저희는 이를 고치고 깨우쳐 구원을 받아야 한다 그리 말하며, 그 한 명에게 사탄이라 사악한 자라 말하느니라.

43 여기서 너희들의 추한 모습을 돌이켜 봐야 될 것이니라.

44 열 명이 살아가는 중에, 혼자 살아가는 자와 아홉 명의 집단이 살아가는 중에, 그 한 명은 힘이 약하며 받침이 없으며 제 목소리를 낼 수 없어 그는 그대로 순리에 따라서 조용히 살아왔을 것이며 아홉 명의 비위를 건드리지 아니하려 하였을 것이니라.

45 그 아홉 명은 집단의 힘을 믿고 무리하며, 한 명을 윽박지르고 한 명을 협박하며 그가 숨도 쉬지 못하도록 그와 같이 몰고 살아왔을 것이 아닌가?

46 그렇다면, 너희들이 지금까지 몇천 년 동안 흘러오는 세월 속에서, 하늘에서 이루어진 것같이 지상의 낙원을 이루는 이 속에서 너희들이 뿌리를 내려오면서 어느 집단이 가장 큰 집단이며 그리 형성되었다 생각하는가?

47 너희들은 이 이치를 하나 알아도 모든 지금의 사악한 형태는 가장 큰 집단을 이끌어 온 너희들에게 그 책임이 있으며,

48 그리하여 내가 나의 아들에게 말하기를, 너희들은 고개를 들고 살 수 없는 자들이며, 너희들의 혀로 땅을 핥으면서 살아도 할 말이 없는 자들이라 말하였으니, 그는 무엇이더냐?

49 한 시대를 이루었던 그 집단들의 책임이니라.

50 덩치가 큰 만큼 큰 집단은 그 책임을 져야 될 것이거늘, 너희들은 지금 이와 같은 형국으로써 살아가고 있느니라.

51 가장 약한 자에게 그가 잘못 살았다 하여 그에게 모든 시대의 책임을 지우며 그를 죄인시하며, 그는 사악한 자며 사탄이며 인간을 지옥으로 이끌어 가는 그와 같은 지도자요, 그와 같은 형국의 안내자라 너희들은 그리 핍박하느니라.

52 그러나 너희들이 그러한 자들이니라.

53 방대한 힘을 가지고 있는 자가 그 권력을 남용하며 그 힘을 남용하는 것이지, 어찌 한 명이 열 명을 능가할 수 있겠는가?

54 이와 같은 이치의 부끄러움을 너희들은 깨우쳐야 될 것이니라.

55 이와 같은 것을 더 이상 볼 수 없고 더 이상 방치할 수 없어서, 지금 내가 나의 아들을 통하여 나의 성령을 내려보내 이와 같이 썩어 가는 것을 도려 내기 위하여 지금 가고 있음이며 이 역

사의 장을 이루어 감이니라.
56 새로운 시대요, 새 시대요, 새 영광의
시대를 이루기 위하여, 오로지 나의
법전이요, 나의 성령이요, 내가 직접
내려가 세상을 통제하지 아니하면 이
를 바로잡을 수 없기에, 창조주인 나
여호와가 바로 지금 나의 성령의 채찍
을 들고 너희들을 선별하며 다스리고
있는 형국임을 알아야 될 것이니라.
57 이와 같은 이치를 깨달으라, 나의 사
랑하는 백성들아!
58 이를 깨우치지 못한다면 내가 더 이상
무엇으로써 너희들을 깨우쳐 주어야
너희들이 깨우칠 수 있는가?
59 상세하게 너희들을 깨우칠 수 있는 그
내용들을 책으로 기록하여 너희 눈으
로 볼 수 있고 증거할 수 있고 깨우쳐
배울 수 있도록 책으로 전하는 이것보
다 더 위대한 역사가 없거늘, 여기에
서 거부하는 자가 되지 말라, 사랑하
는 백성들아!

2,764 번째 하나님 말씀

2002년 7월 31일 23시 17분

1 사랑하는 나의 아들아!
2 "네, 아버님! 말씀하옵소서."
3 지금 내가 너에게 일러 깨우쳐 주었느
니라.
4 지상의 낙원이 하늘의 낙원과 같이 시
작된 그 역사 속에서 지상의 낙원이
이렇게 찌들고 멍들고 썩어졌으며 사
악한 시대가 이루어졌음이니라.
5 그 모두는 소수의 집단보다도 대집단
의 힘을 가지고 이끌어 오고 한 시대
에 살아왔던 너희 피조물 만백성 즉,
하늘에 오르는 길이라 하여 그를 일깨
워 준다는 너희들의 지도자의 그 집단
보다도 더 방대한 조직이 없음이니,
그들이 지금의 이와 같이 된 책임을
져야 될 것이라 내가 말하였느니라.
6 소수의 집단에게 그들이 잘못하여 이
와 같이 사악한 시대가 이루어졌다 그
리 말하는 것이 아니라, 대집단을 이
끌어 온, 모든 종교의 집단이요, 인도
자라, 지도자라는 그들이 지금의 사악
한 시대의 책임을 다 져야 된다 내가
그리 말하였음이니라.
7 그러면서 너희들은 지금 무어라 말하
는가?
8 그 길만이 영원히 구원을 받는다 하여
얼마 남지 않은 나의 피조물 만백성까
지 그리 끌어들여 그들을 지옥 불로
인도하려 하는 그와 같은 형국이며,
너희들 집단만이 구원을 받는다 그리
말함이니,
9 내가 너희들에게 오늘 나의 법전에 심
어 내 성령으로써 전함이니라.
10 이는 나의 뜻이니라.
11 너희들은 높은 곳에서 낮은 곳으로 흐
른 그 물이 역류하여 낮은 곳에서 높
은 곳으로 흐른다 그와 같이 억지를
쓰는 것보다도 더 사악한 형태로 지금
거역하고 있음이니라.
12 그와 같이 물이 높은 곳에서 낮은 곳
으로 흐르는 것이 아니라 낮은 곳에서
높은 곳으로 흐를 수 있다 하며, 그리
흐르는 것만이 물이 흐르는 역사라 말
하면서, 나의 피조물 만백성에게 너희
들이 만든 그 종파에 오는 자만이 구

원을 받을 수 있다 말하는 것이 바로
너희들이니라.
13 지금까지도 너희들이 그 비대한 힘으
로써 나의 피조물 만백성을 지옥의 길
로 인도했거늘,
14 또 너희들은 더 비대하고 더 큰 조직
으로 만들어 더 사악한 방법으로써 나
의 피조물 만백성을 우롱하며, 그들의
손에 쥔 그 재물까지도 긁어 들이는
그와 같은 형국으로써 너희들이 존재
하며 그리 이끌어 간다는 것을 알아야
될 것이니라.
15 내가 나의 성령을 태워 나의 아들을
통하여 나의 법전에 구구절절이 너희
들이 보면 깨우칠 수 있는 그 내용을
다 세상에 내려보냈음이니, 이를 보고
도 너희들이 깨우치지 못한다면 정녕
어찌하여야 할 것인가?
16 지금 너희들은 구약의 시대요, 신약의
시대에 이루어졌던 그 역사만이 위대
한 역사라 그리 말하는가?
17 너희들은 여기서 들으라.
18 내가 이 동양의 작은 나라에 나의 선
지자요, 나의 아들이라 하여 내세운
것은 너희 민족이 오래전부터 선택된
민족이며, 나의 주관하에 나로부터 선
택된 민족이라 그리 말하였음이니라.
19 너희들이 선택된 이유는 여러 가지가
있으니, 그 이유를 내가 다 나열하였
음이니라.
20 지금 나로부터 선택되어 지금의 살아
온 백성들이 은혜와 은총과 영광 속에
부를 누리며 살아가는 그 이유는 무엇
이라 말하였느냐?
21 그들이 지상의 나의 지구의 동산에서
나오는 자연의 혜택으로써 그와 같이
풍요로운 삶을 살아가느니라.
22 지구인 나의 땅덩어리요, 나의 지상의
낙원에서 그들은 모두를 채취하여 거
기서 얻어지는 것으로써 부귀와 영화
를 누리고 살아간다 하였음이니라.
23 그러나 이제는 그들의 시대가 끝남이
요, 나의 동양의 이 작은 나라에서, 마
지막 제3의 시대에 내 역사를 이루고
자 하는 것이 여기서부터 시작하여 나
의 아들이 여기서 나의 성령을 받으며
나의 법전을 만들고 가고 있음이니,
24 너희들은 지하에서 나오는, 자연에서
얻어지는 것으로써 부귀와 영화를 누
리는 것만이 선택된 백성이요, 위대한
백성이라 말하는가?
25 그는 한계가 있음이니라.
26 너희들이 지구에서, 지하에서 구하고
얻는 것도 그 한계가 있음이니라.
27 그러나 여기서 들어야 될 것이니라.
28 나의 동양의 작은 나라에 선택된 백성
들에게 내가 어떤 은혜로써 그들에게
내려 주었는가?
29 지하에서 영광을 얻는 그 백성들보다
도 내가 하늘에서 내리는 이 나의 법
전으로써 더 큰 은혜와 영광이 있다는
것을 동양에 사는 너희 백성들은 지금
모르고 깨우치지 못하고 있음이니라.
30 하늘에서 눈이 내리며 세상을 덮으면
그것을 거부할 수 없듯이, 나의 성령
으로써 나의 뜻이 기록된 법전이라 하
는 책이 눈처럼 동양의 작은 나라의
너희들에게 지금 쏟아지고 있음이니,
이것이 바로 무엇이더냐?
31 지하에서 영광을 얻는 그 백성보다도,

하늘에서 그치지 아니하고 영원히 중
단이 없으며 변화가 없는 그와 같은
것으로써 너희들에게 모든 은혜와 영
광을 지금 내가 내려 줌이니,
32 너희들의 생활이요, 너희들의 삶이 선
택된 백성이라는 것을 내가 만방에 보
여 주기 위하여 지금 하늘에서 나의
성령이 눈이 내리듯이, 너희들의 재물
이요, 금화요, 은화요, 그 모든 보배의
그 뜻이 내려가니,
33 너희들은 어찌하여 이것을 보고서도
그 기쁨과 영광과 위대함을 그리도 모
르는가?
34 지하에서 너희들이 끌어올리는 그 모
든 혜택의 영광은 너희들에게 수고로
움이 있으며 한계가 있으며 끝이 있는
것이니라.
35 그러나 지금 무엇이더냐?
36 내가 하늘에서 나의 성령으로써 내려
보내는 것은 하늘에서 내리는 눈과 비
와 같이 아무런 수고함 없이 나의 아
들을 통하여 내려보내어, 이를 법전이
라 하여 책으로 만들어 너희들이 번역
하여 세상에 전하여 하나로 통일시켰
을 때,
37 너희 동양의 작은 나라는 나의 은혜
요, 은총으로써 부귀와 영화 속에 너
희 민족이 선택됨을 온 천하의 만백성
에게 전할 것이며, 그를 보게 될 것이
며, 그리하여 만백성이 동양의 너희
백성들처럼 그리 변하여 하나가 되고
자 이끌어 감이니라.
38 너희들이 지하에서 얻는 것도, 자연에
서 얻는 것도 그 모두는 한계가 있으
며, 너희들의 은혜와 혜택도 한계가
있음이니라.
39 그러나 내가 나의 성령으로써 내려 나
의 법전이요, 책으로 만들어 너희들에
게 내리는 그 영광과 은혜는 비와 눈
이 내리듯이 수북수북 그냥 쌓임이니,
40 여기는 너희들의 수고로움이 없는 것
이며, 너희들이 개발하는 것이 없으
며, 너희들이 노력해서 끝이 나는 한
계가 있는 것이 아니니라.
41 바닷물이 마를지언정 내가 너희들에
게 내리는 그 은혜요, 은총인 나의 법
전이요, 성령이요, 책은 끝이 없이 전
해짐이니라.
42 이것이 너희들에게 크나큰 은혜요, 영
광이거늘, 너희들은 이를 보지 아니하
며 이를 사탄이요, 이단이요, 사악한
자의 짓이라며 찢어 버리고 태워 버려
나의 아들의 마음에 파장을 이루며,
그가 동양의 나라에 존재하지 못하도
록 하는 것이 너희들의 가지고 있는
계획이요, 구상이니,
43 이것이 얼마나 어리석은 행위며 너희
들이 불쌍한 인간들인가?
44 너희들이 자연 속에서 얻는 것도, 지
하에서 얻는 것도, 그것은 한계가 있
고 끝이 있으며 그 마침이 있느니라.
45 그러나 나의 성령은 끝이 없음이니라.
46 그리고 그는 하늘에서 직접 내려옴이
니, 끝이 없느니라.
47 그리고 한계가 없느니라.
48 그리고 중단이 없느니라.
49 그저 너희들이 내가 나의 아들을 통하
여 내리는 나의 법전을 세상에 전하여
그것으로써 얻어지는 그 모든 은혜와
영광은 이 동양의 작은 나라의 선택된

백성들의 축복이요, 영화니,
50 너희들이 지하에서 나는, 자연에서 얻
는 그 은혜를 입은 것보다도 열배 백
배 더 큰 은혜와 영광을 너희들에게
내리건만 이를 모르니, 이 어리석은
백성들아, 어찌하겠는가?
51 오로지 나의 혈통을 따른 백성들에게
그 은혜가 있을 것이니라.
52 너희들이 정녕 지금의 나의 피조물 백
성들을 이끌어 가는 것이 잘못되었으
며 잘못된 길이라는 것을 깨우치고 눈
물로써 회개하여 나의 법전을 들고 그
리 오는 자, 나에게 와 내가 내리는 모
든 은혜와 영광과 은총을 받게 될 것
이니, 이를 명심하여 너희들이 선택의
길을 찾으라.

2,765 번째 하나님 말씀

2002년 7월 31일 23시 25분

1 사랑하는 나의 아들아!
2 "네, 아버님! 말씀하옵소서."
3 내가 이제 나의 성령을 이 동양의 작
은 나라에 내려보내 너희 동양에 있는
모든 백성들에게 육의 삶과 의식주를
해결해 주며, 너희들이 편안한 백성으
로서 하나가 되어 나의 은총에 감사하
며 하늘을 향하여 나에게 기도를 드리
며,
4 너희들이 지금 지어 놓았던 그 모든
성전의 문을 닫으며, 십자가라 하여
하늘에 불을 켜 놓고 나를 고문했던
그 역사의 모든 문을 닫으며 거미줄을
칠 날이 머지않았음이니, 내가 너희들
에게 이 은혜와 영광을 내림이니라.
5 이제 네가 그와 같이 변하고자 노력하
며 나의 이치를 깨달음이니, 이제 네
가 나를 따라 나의 법전을 만들어 세
상에 전하며, 이 나의 성령이요, 나의
법전이 지하에서 솟아나는, 자연에서
얻어지는 은혜와 은총보다도 더 위대
하게, 하늘에서 내려 땅을 덮는 눈보
다도 더 위대한 역사를 이룰 것이라
내가 너에게 가르쳐 주었음이니,
6 이제 네가 그와 같은 사업을 할 수 있
으며 너를 도와 같이 갈 자들을 내가
너에게 보내 줄 것이니라, 나의 아들
아!
7 이 대목은 너의 제자들에게 전하지 말
것이며, 그 누구에게도 전하지 말아야
될 것이며, 책으로써 세상에 나갈 때
까지 누구에게도 이것을 전하지 말라,
나의 아들아! 너만 알고 있으라.
8 그리하면 내가 곧 사람들을 너에게 보
낼 것이니, 이 자연에서 얻어지는 어
떠한 은혜와 영광보다도 더 위대하고
큰 것을 깨닫는 자, 그 은혜와 영광의
그 뜻을 깨닫고 몸과 마음을 다 바쳐
일할 자들이 곧 올 것이니라.
9 내가 너에게 보내 줄 것이니, 오늘 이
깊은 밤 내가 너에게 내리는 상이니
라, 나의 아들아!
10 밤과 낮을 가리지 아니하며 나의 성령
을 받아 만백성을 구하고자 하는 네
마음이 내가 보기에 너무나도 마음이
아프니라.
11 어버이로서 너를 내려다보는 내 심정
이 이리도 아프고 저릴 줄 몰랐음이
니라, 나의 아들아!
12 이제 내가 네 길을 열어 줄 것이니라.

13 그리고 네가 그 모두에서 훨훨 날아
나의 성령만을 받으며 나를 대신하는
삶으로 살아갈 수 있는 나의 아들로서
살아가도록 그리 활짝 열어 줄 것이며,
14 그리고 지금 내가 말했듯이, 눈과 같
이 이 세상을 덮는 은혜의 나의 성령
으로 너희 민족에 대한 모든 의식주를
해결하며 그들이 하늘을 향하여 기도
할 수 있는 그와 같은 은혜의 역사를
내리는 것을 깨닫는 자, 그들로 하여
금 내가 이 역사를 이루도록 할 것이
니,
15 너는 주저하지 말며 두려워하지 말며
이 밤에 네가 겁먹지 말라.
16 모두는 다 나의 뜻에 의해 주관하여
이루어질 것이니 그리 알라.
17 사랑하는 나의 아들아!
18 이제는 너희들이 나로부터 선택된 백
성이라는 것을 알겠는가?
19 그리하여 내가 너희들이 쓰고 있는 그
문화와 너희들의 언어가 이미 나에게
선택된 백성으로서, 어떠한 민족보다
도 표현이 좋게 되어 있으며, 너희들
이 의사소통을 함에 부족함이 없으며,
누구든지 알기 쉽고 배우기 쉽고 깨닫
기 쉽도록 그리 만들어 놓았음이니라.
20 너희들이 지금 쓰고 있는 그 언어는
세상의 어떠한 언어라도 거기에 부합
하여 같이 쓸 수 있도록 되어 있느니
라.
21 이 나라의 언어에 붙여도 거기에 상통
되는 것이 있으며 저 나라의 언어에
붙여도 상통되는 것이 있는 것이 지금
너희들이 쓰고 있는 그 언어의 위대함
이니라.
22 그리하여 그 모두는 내가 미리 준비하
여 너희들에게 내린 역사임을 알아야
될 것이니라.
23 그리하여 너희들에게 모든 의식주를
해결할 수 있는 영광됨을 알며, 너희
들이 하나가 되어 이 나의 뜻을 세상
에 전하는 역사를 같이 갈 때, 너희들
은 나에게 감사하며 그와 같은 나의
큰 은혜의 영광을 받은 것을 알게 될
것이니라.
24 사랑하는 나의 아들아!
25 "네, 아버님! 말씀하옵소서."
26 이제 알겠는가?
27 이제 모든 그 뜻을 네가 알겠는가?
28 "아버님! 알겠사옵나이다.
29 제가 불안하고 초조한 그 생활 속에서
알아듣지 못하며 깨닫지 못했던 그 부
분들을,
30 세상에 공통어로 이루어지며 세상의
만백성이 이 글을 보고 깨우치며 그리
고 선택된 백성들로서 그 백성들의 의
식주며 살아가는 그 고통을 다 덜어
주시는 아버님의 은혜와 영광이 이 세
상에 내릴 것이라는 것을 알고 있었사
오나,
31 그것이 어떤 것으로, 어떠한 형태로
내려지는 것인지는 정녕 모르고 있었
사옵나이다.
32 지하자원 속에서 얻어지는 아버님의
그 은혜와 영광보다도 아버님의 말씀
으로써 얻어지는 그 영광이 얼마나 위
대한 것인가를,
33 이제야 아버님의 말씀이 세상에서 가
장 소중하며 무엇과도 바꿀 수 없다는
것을 또 깨달았사오며,

34 그리하여 무엇과도 바꿀 수도 없는 것
이며 가장 소중한 여호와 하나님의 성
령이요, 아버님의 말씀이기에, 그 말
씀이 눈과 같이 세상을 덮어 이 동양
의 모든 민족 위에 은혜와 영광과 은
총을 내리시며 이룰 수 있다는 것을,
이제야 그 깊고 깊은 의미를 느끼고
깨달았사옵나이다, 아버님!"

2002년 8월

2,766 번째 하나님 말씀

2002년 8월 1일 09시 35분

1 사랑하는 나의 아들아!
2 "네, 아버님! 말씀하옵소서."
3 '나 여호와가 존재함을 믿는 그 자체
가 구원의 길에 들어서는 기본'이라
하였으니, 너희들은 나 여호와의 존재
함을 믿는 그 자체가 영광이며 그 이
상 너희들에게 기쁨의 길이 없지 않더
냐?
4 그렇다면 너희들은 어찌 생각해야 하
느냐?
5 나 여호와가 존재함을 믿는 그것으로
써 너희들이 영광을 얻었다 하면, 그
와 같이 깨닫는 자는 세상 사람들이
보는 것과 차별화가 되어야 되지 않
겠는가?
6 그저 너희들은 나 여호와가 존재함을
믿는 그것으로써 구원의 길에 들어서
는 기본이요, 근본이라 했으니, 너희
들이 구원의 길에 들어서서 그를 깨닫
는 것만 해도 세상에 그보다 더한 얻
을 것이 없으니,
7 그와 같이 내가 존재함을 깨닫는 사람
의 그 얼굴이요, 마음이요, 형태가 어
찌하여야 되겠는가?
8 너희들을 보는 남들의 그 마음에 푸근
함을 느끼며 진실함을 느끼는 그와 같

은 변화를 가져야 하는 것이 너희들이
가야 할 길임을 알아야 될 것이니라.
9 하물며 그와 같이 깨달은 자, 나의 성
령을 나의 아들을 통하여 들으며 나의
법전을 읽고 깨우치는 너희들이 지금
가는 자세와 형태가 어찌 되어야 하는
가?
10 내가 말하였느니라.
11 수십 년 동안 믿음이라는 길을 향하여
가는 자들, 그들이 평소에는 천사와
같이 말하며 말로써는 세상 것을 다
줄 것같이 하나,
12 저희들의 이해관계에 관한 일이 터졌
을 때에는 맹수가 먹이를 찾기 위하여
발톱을 감추어 두었다가 내 쏘듯이 그
와 같이 사악한 방법으로, 이해하는
것이 없으며 양보하는 마음이 없이 인
간의 본연의 자세로 돌아가는 행동을
한다면,
13 그의 많은 제자들과 후배들이 보기를,
'저렇게 믿음을 믿어 가는 자가 어찌
하여 지금까지 그 위치에 있었는가?'
하는 그와 같은 원망의 소리를 듣게
된다 하였음이니,
14 나의 법전을 읽고 깨우친 너희들이 살
아가면서 그와 같은 형국으로 행동하
며 거기에 차별화됨이 없는 삶을 살아
간다면 어찌하겠는가?
15 너희들은 정녕 변한 모습으로 살아가
야 하는 것이거늘, 제자 너희들 또한
과연 얼마나 많이 변했는가?
16 황금 덩어리를 하나 놓았을 때 그를
보고 주워 제 것으로 감추고 그를 말
하지 아니하는 그와 같은 너의 제자는
과연 없는가?
17 나 여호와의 뜻을 따르며 나의 법전을
읽으며 나의 성전에 와 공부하는 제자
너희들은 나 여호와가 존재함을 믿는
것이며, 그를 믿는 자들이 아니던가?
18 그리고 그 진리의 길을 가고 있지 아
니한가?
19 나 여호와가 너희들에게 직접 내리는
나의 성령의 뜻이요, 나의 강론이요,
나의 가르침을 직접 듣는 너희들이 다
른 사람들과 차별화되어 있지 않다 하
면, 이는 너희들이 나를 욕되게 하며
나의 이름을 더럽히는 것이니라.
20 그와 같은 제자들은 과연 없는가?
21 남들에게 너희들이 오른뺨을 한 대 맞
았을 때 바로 반격하는 그와 같은 제
자들은 없는가?
22 이를 생각하고 이를 깨우쳐야 될 것이
니라.
23 이와 같은 모습으로 너희들이 살아간
다면, 나의 성전에 와 공부하고자 하
는 자, 그리고 나의 성령을 직접 듣는
자, 너희들의 모습이 어찌 변해야 되
며 너희들이 어찌 행동해야 되는가를
너희 스스로 깨우쳐야 될 것이니라.
24 나의 성전에 공부하고자 찾아오는 자
앞에 먼저 와 공부하며 법전을 읽으며
나의 성령을 들을 만큼 들은 자들의
행동이 안에서 하는 행동과 밖에서 하
는 행동이 차이가 난다 하면 그들은
너희들을 보고 실망하여 등 돌리고 떠
나게 될 것이니라.
25 오로지 나의 아들만이 성전에 앉아,
불교라는 그 종교를 믿던 사람들이 왔
을 때 나의 아들을 보기에 부처와 같
은 모습으로 바라보며, 기독교요, 천

주교요, 또 너희들의 수많은 그 종파
들이 자기들이 믿는 대상의 그 모습과
같이, 예수를 믿는 자 예수와 같은 모
습이요, 그와 같은 모습으로 네가 아
무리 변하여 그들에게 보여 준다 해도,
26 너 하나만을 보고 와서 공부하고 깨우
치고자 그 모두를 바치는 자는 드문
것이니라.
27 너의 제자들의 모습에서 그들이 훈훈
함을 얻고 인간의 삶의 정이 있음을
느끼며, 저희들이 지금까지 믿고 왔던
그 종파의 돌아가고 행하는 것과 차별
화된 모습을 느끼고 깨달을 때,
28 그들이 네 앞에 와 진정 너를 따르며,
나의 성령이요, 나의 법전을 보고 깨
우쳐 하늘에 오르는 그 광명의 길을
볼 수 있는 것이니라.
29 너희들을 찾아왔을 때, 너희 성전을
찾아왔을 때 너희들이 하는 행동이 남
들과 차별화되지 아니하며, 너희들이
말은 그리 근사하고 듣기 좋게 하나
인간관계의 밖에서 이루어지는 그 행
동이 이해관계에서 이리의 눈빛과 같
이, 맹수가 먹이를 노리듯이 그 근성
을 고치지 못하며 그와 같은 행동으로
보인다면,
30 그들은 너희들에게 침을 뱉고 돌아설
것이며, 나의 아들을 욕되게 할 것이
며, 이는 거짓 선지자요, 거짓 여호와
의 아들이라 말할 것이니, 그다음에는
무엇을 말하는가?
31 나 여호와가 존재함을 믿는 그 자체가
구원의 길에 들어서는 기본이요, 근본
이라 하여 너희를 찾아온 그들에게,
너희들이 나 여호와가 존재치 아니하
니 믿지 말며 허상이라 그리 말은 하
지 아니하나 그리 말하는 것과 똑같음
이니, 그 죄를 너희들이 어찌 다 감당
하려 하는가?
32 내가 너희들에게 하나의 사업장을 만
들어 줘 그 속에서 같이 형제지간에
일을 함에 남들과 다르게 화기애애하
며 사랑하는 빛이 없다 하면 이는 곧
무엇이더냐?
33 너희들은 나를 욕되게 하며, 나의 이
름을 욕되게 하며, 내가 존재치 아니
하다 만방에 가르치는 그와 같은 자들
이 되게 행동함이니, 이를 바로잡는
것이 너희들이 깨우쳐야 될 것이니라.
34 너는 너의 제자들에게 이를 가르쳐,
그들 스스로 모두를 다스리며, 자기
자신을 다스리는 것이 구원의 길을 보
는 그와 같은 영광의 길임을 알려 주
도록 그리하여야 될 것이니라.
35 자기 자신을 다스리며 사랑하고 베풀
며 사는 것이 나의 뜻이며 하늘에 오
르는 근본이라 하였으니, 이를 잊지
말고 행하도록 그리 너의 제자들에게
간곡히 가르쳐 주라.
36 성전에 와서 행동하는 것과 나가서 행
동하는 것과, 성전에 너희 제자들끼리
모여 하는 말과 나가서 다른 사람들과
만나서 하는 말의 대화와 형식이 다르
다면 이는 나를 기만함이니라.
37 그 죄 너희들이 죽어 면치 못할 것이
니, 이를 그들에게 우선 깨우쳐 주도
록 하라, 나의 아들아!

2,767 번째 하나님 말씀

2002년 8월 1일 09시 52분

1 사랑하는 나의 아들아!
2 "네, 아버님! 말씀하옵소서."
3 네가 나의 법전에 기록하여 만백성에
게 전하기를, 모세의 그 시대는 오늘
의 제3의 시대를 준비하기 위한 단계
였으며, 신약의 시대요, 예수의 그 시
대도 오늘의 제3의 시대를 준비하기
위한 준비 단계였다 하면,
4 내가 그리 수없이 기록하나 너희들은
이를 믿지 아니하려 할 것이니라.
5 그러나 너희들은 구약과 신약과 제3
의 시대에 변화되는 그 역사의 차별화
됨을 알아야 될 것이니라.
6 구약의 시대는 내가 인간인 모세를 시
켜 기적을 이루어 그 민족을 구원하고
이끌고자 하였으며,
7 신약의 시대, 나의 아들 예수가 존재
했던 그 시대는 이 세상 모두를 다 관
장하는 것이요, 모든 권능은 창조주만
이 할 수 있으며, 성서에 기록되어 있
는 것도, 바다를 산으로, 산을 바다로
또 강으로 이와 같이 천지조화의 생각
할 수 없는 변화를 이루는 것도 그분
만이 할 수 있는 것이며 그분만이 역
사할 수 있다 기록되어 있으며, 모두
는 다 그분의 뜻에 의하여 주관되고
그분의 역사 위에서 이루어진다 그와
같이 기록되어 너희들을 깨우쳐 주고
있음이니,
8 너희들이 배우고 깨우치는 그 모두는
나 여호와만이 할 수 있으며 나 여호
와만이 이룬다는 그와 같은 것으로써
너희들은 배우고 또 가르쳐 줌이니라.
9 그리하여 너희들은 말하기를, 지금 너
희들이 숨 쉬고 살아 있는 것도 역사
요, 하나님에 대한 감사함을 알아야
된다 생각하며, 너희들이 존재하는 그
모두도, 자연의 이루어지는 그 모든
것도 나 여호와만이 할 수 있는 일이
며 나 여호와만이 이룰 수 있는 일이
라 생각하며,
10 너희들이 인간으로서 도저히 이룰 수
없는 그 모두는 나 여호와만이 이룰
수 있는 것이라 그리 가르치고 왔음이
니라.
11 신약의 시대에 성서에 기록되어 있는
그 모든 너희들을 깨우치고 가르치는
교본이 그와 같은 방향으로 흘러가고
있음이니라.
12 그리하며 지금의 제3의 시대에 나의
성령을 내려보내며 나의 아들로부터
법전을 만들며 책으로 만들어 너희들
에게 내려보내는 것은 무엇이더냐?
13 바로 내가 직접 터치하는 것이 아니던
가?
14 내가 너희들에게, 이리 하여야만 하늘
에 오를 것이며 이와 같이 지켜야만
나를 볼 것이며 이리 하는 것만이 하
늘에 오르는 길이요, 구원을 받는 길
이라 하여 너희들이 몸소 실천하고 행
할 내용으로써 바로 내가 너희들에게
명하며 지시함이니라.
15 이와 같이 구약과 신약과 제3의 시대
에 변천하는 내용을 너희들이 보면 이
것이 마지막으로 내가 너희들을 구하
기 위하여 내가 내려가 직접 통제하며
이를 이루는 것이 아니던가?

16 이 세상 모든 너희들이 살아가는 이
우주에 직접 명을 내릴 자는 누구이던
가?
17 창조주요, 나 여호와, 너희들이 말하
는 전지전능한 아버지밖에 없다는 것
을 너희들은 어찌 모르는가?
18 지금 나의 법전에 너희들이 이리 하면
이리 될 것이고 저리 하면 저리 될 것
을 나 여호와만이 할 수 있다 그리 내
가 역사해서 너희들에게 가르치는가?
19 너희들이 꽃 하나를 꺾을 때 그 꽃의
아픔을 알아야 될 것이며 그 꽃은 꺾
이면 아프다 내가 너희들에게 가르침
이니라.
20 이리하여 이것이 나의 성령이요, 내가
너희들에게 직접 명하는 것이니라.
21 내가 그리하여 너희들이 하늘에 오르
고자 하면 나와 같은 삶을 살아야 될
것이며, 그리 실천하고 행동하는 자만
이 구원을 받을 수 있다 하는 것을 차
별화하여 가르치는 것이 구약 시대와
지금 시대의 다른 점이며, 내가 직접
터치하고 가르친다는 것을 너희들은
나의 이 법전을 읽으면서도 어찌 그리
깨우칠 수 없는가?
22 성서에는 너희들이 그리 나와 같이 살
수 있는 것은 나 여호와만이 할 수 있
는 것이며, 나 여호와가 역사하여야만
그리된다 기록되어 너희들을 가르치
나,
23 내가 직접 너희들에게 매를 들어 가르
치는 지금 나 여호와의 성령이 무엇이
더냐?
24 너희들은 내가 되어야 하며, 나 여호
와가 되어야 하며, 내가 되어야만 하
늘에 오를 수 있으니, 그것은 누가 하
는 것이냐?
25 누구도 해줄 수 없고 이루어 줄 수 없
는 것이다, 오로지 너희들이 그리 변
화되고 그리 깨우쳐 하늘에 오르는 길
을 스스로 찾아와야 된다 내가 그리
명하고 가르침이니,
26 이것이 마지막 시대에 내가, 명령권자
가 너희들에게 직접 명하는 제3의 시
대의 역사가 이루어지는 것이며,
27 그리하여 구약과 신약보다도 더 위대
하고 크나큰 영광의 역사의 기적이 지
금 여기서 이루어지고 있으니 그것을
알라 함이니라.
28 이와 같이 내가 너희들에게 세분화하
여 명하여 가르쳐 주어도 이를 못 보
고 고개를 흔드는 자, 거역하는 자가
있어서는 아니 될 것이니라.
29 이제 너희들은 한 곳에서 너희들 생각
만이 옳다 생각하지 말며, 세상사 넓
고 넓은 이 속에서 이루어지는 모든
기적의 역사들을 하나하나 돌이켜 보
라.
30 그리하여 나 여호와의 손길이 가지 아
니한 곳이 없으며, 나의 성령이 가지
아니한 곳이 없으며, 내가 역사하지
아니하고 이루어지는 것이 없는 것을
알아야 될 것이니라.
31 그와 같은 이치를 깨닫지 못하는 자들
은 영원히 구원의 길에 설 수 없으며
영원히 너희들이 갈구하는 나의 나라
에 올 수 없음이니라.
32 이제 내가 너희들에게 다시 명함이니,
구약 시대에 이루어졌던 그 역사의 형
태와 환경을 너희들이 연구하며, 신약

시대에 이루어졌던 그 역사와 신약 성
서에 기록되어 있는 그 내용을 보며
나의 법전을 펴 놓고 연구할 때, 그리
하여 너희들이 나의 법전을 정독하면
성서를 볼 수 있다 함이니라.
33 이는 곧 무엇이더냐?
34 구약 시대보다 변화된 것이 신약 시대
의 역사이며, 신약 시대에 변하여 마
지막 시대에 내가 직접 통제하여 나의
성령으로써 나의 백성을 가르치고자
함이니, 이는 명령서이니라.
35 그리고 그리 행하지 않으면 구원을 받
을 수 없는 것이니,
36 너희들은 행하고 따르는 그것만이 구
원을 받는다 명하는 것이지, 너희들에
게 이리이리해 보라, 이리이리하는 것
이 아니며 그리하는 것은 나 여호와만
이 이룰 수 있는 것이며 그리하는 것
만이 너희들이 깨우침이라 그리 말하
는 것이 아니며, 직접 너희들이 몸소
만들라 함이니라.
37 너희들은 지금까지 모든 성장하는 과
정에서 무엇을 배우는가?
38 어려서 초등 학문으로부터 상식을 배
우며, 또 그보다 높은 고등 학문을 배
우며, 너희들이 최고 학부의 학문을
배워서 결국은 무엇을 원하는가?
39 사회에 나와서 너희들이 배운 지식이
요, 그 학문을 바탕으로 실습하는 것
이며 실지로 행하는 것이며, 너희들이
삶에 부닥쳐 거기에서 너희들이 변화
되는 것이 아니던가?
40 학문을 제대로 배운 자, 그 학문을 제
것으로 잘 만든 자, 그리하여 그것을
잘 활용하는 자, 그것을 잘 쓰는 자는
세상에 나와 육의 세상에서 부끄럽지
않은 삶을 살아갈 수 있는 것이 너희
들의 세상의 이치이며, 하늘의 이치
또한 그와 같음이니라.
41 구약 시대의 것을 잘 받아 깨우쳐 너
희 스스로 잘 다스려 오는 자가 신약
에 이루어진 그 역사와 신약에서 원하
는 것을 학문으로써 배워 그를 깨우쳐
오는 것이니,
42 이제 너희들은 사회에 나와 너희들이
기초 학문을 배웠던 것을 적용하여 인
생의 삶을 엮어 가듯이,
43 지금 제3의 시대에 들어선 너희들은
바로 그 모든 학문을 마치고 사회의
삶에서 실습의 단계요, 그 실습의 단
계에서 참고 인내하며 제대로 배운 것
을 실습하여 활용하는 자는 인간의 삶
에서 부귀영화와 남들로부터 필요한
사람으로 살듯이,
44 너희들이 지금 성령의 나의 법전을 보
고 깨우치는 것은, 구약과 신약은 기
초요, 그 위에 지금 실습함이니, 이를
보고 깨우치는 자, 제대로 보고 깨우
치는 자만이 실습에 성공하듯이, 너희
들이 지금 하늘에 오르는, 나에게 구
원의 길을 받게 되는 것이니라.
45 그러나 너희들이 지금까지 흘러오면
서 성서를 수박 겉핥기로만 알고 왔으
며 그 깊이를 모르니, 이제 너희들이
성서 한 줄을 읽되 그 속에서 원하는
것이 무엇이며 바라는 것이 무엇인가
그 뜻에 숨어 있는 것을 연구하고 깨
닫다 보면 내가 원하는 그 이치와 그
뜻을 알게 될 것이니라.
46 그 이치와 뜻을 제대로 깨우친 자가

나의 법전의 뚜껑을 열 때, 이는 행함
이요, 이는 실천함이요,
47 나 여호와가 너희들에게 행동 강령을
내린 이것만을 지키고 이와 같이 살아
가는 자만이 구원을 받을 수 있으며
나 여호와를 볼 수 있으며 하늘에 오
르는 길에 들어선다는 것을 너희들 머
리로써 깨달을 것이니라.
48 내가 이와 같이 세상의 이치를 너희들
에게 말하며 성령이요, 성서요, 믿음
의 그 세상을 너희들에게 깨우쳐 지금
나의 법전이 너희들을 심판하는 기준
이며, 너희들이 하늘에 오르는 길이
며, 너희들이 지금 실천하고 행하며
인간사에 살아가듯이 몸소 실천하고
살아가는 그 모습이니라.
49 그래서 그것이 너희들을 심판하는 길
이며 그를 너희들이 어찌 받아들이고
어찌 공부하고 깨우치느냐에 따라 너
희들이 죽을 때 나에게 와 심판을 받
는 법전이요, 근본이라는 뜻이 여기
있으니, 이를 깊이 깨우쳐 행하도록
그리하라.

2,768 번째 하나님 말씀

2002년 8월 1일 11시 05분

1 사랑하는 나의 아들아!
2 "네, 아버님! 말씀하옵소서."
3 지금 너희들의 인간관계에 살아가면
서 부모가 자식을 낳음이니, 또 그 자
식이 자식을 낳아 너희들의 뿌리가 존
속되며 나의 피조물 만백성이 육의 세
상에서 연계해 흘러가고 있느니라.
4 이는 너희들의 인력으로 바꿀 수 없는
것이며 너희들의 노력으로써 변화시
킬 수 없는 것이며, 그 길이 아닌 다음
에 너희들의 후손이 생명을 존속하여
이 세상을 지배하는 그와 같은 백성으
로서 살아갈 수는 없을 것이니라.
5 너희들은 이와 같이 변하지 않는 흐름
의 그 모두가 누가 이루는 역사며 누
가 이루는 기적이라 생각하는가?
6 그와 같이 너희들의 후손이 또 후손을
낳아 너희들이 유지해 가는 그것은 변
할 수가 없듯이, 나 여호와가 하늘에
존재하며 너희들이 죽어 와 나에게 심
판을 받고 너희들이 살아온 그 대가만
큼 치른다는 것은 그와 같이 변할 수
없는 것이며 불변인 것이니라.
7 그러나 너희들은 이를 믿지 않으려 함
이니라.
8 너희들은 이를 믿지 아니하며 이를 받
아들이려 하지 아니함이며,
9 이와 같은 역사를 '설마설마' 그리하
고 설마 속에 살다가 죽어 내 심판을
받게 될 때, 너희들은 정녕 청천벽력
같은 그 앞에 동분서주하며 몸 둘 바
를 모름이니, 그때는 이미 너희들이
어쩔 수 없는 것이니라.
10 도살장에 끌려가는 짐승들이 그 한 발
앞을 보지 못하듯이, 너희들이 지금
지옥 불로 가면서 그와 같은 현실을
인정하지 않으려 하며 그를 생각하지
않으려 함이니,
11 너희들이 도살장에 끌려가는, 그 죽음
으로 가는 짐승과 무엇이 다른 점이
있다 생각하는가?
12 내가 너희들에게 그리 높이 지혜를 주
었으며, 생각할 수 있는 능력을 주었

으며, 그리고 연구하고 생각할 수 있
으며 의논하며 더불어 살아갈 수 있는
높은 지혜를 주었건만,
13 너희들이 한 발 앞에 죽어 가는, 그 죽
음을 대기하고 있는 짐승만큼도 깨우
침이 없다면 너희들의 그 지혜는 무엇
에 쓰는가?
14 너희들은 너희들의 눈을 어둡게 하며
듣지를 못하게 하는 그와 같은 너희들
이 잘못 가는 방향으로 그 지혜를 썼
음이 아니던가?
15 어찌하여 내가 똑같은 지혜를 너희들
에게 주었거늘, 그 지혜를 아름다운
쪽으로, 영원히 구원받는 그와 같은
너희들의 깨달음의 세상으로 쓰지 아
니하고,
16 도살장 앞에 서 있는 짐승이 한 발 앞
을 모르듯이, 너희들이 그와 같이 우
매하고 둔한 삶을 살아가는 쪽으로 너
희들의 두뇌를 쓰며 너희들이 생각할
수 있는 그 지혜를 모두 거기에 쓰는
가?
17 이와 같이 우매하고 둔한 삶을 살아가
는 것이 너희들의 지금의 실태이니,
이를 깨우쳐야 할 것이니라.
18 그를 깨우치지 못하는 자는 영원히 구
원의 길을 받을 수 없으며 나에게 오
를 수 있는 그 역사의 길을 찾을 수가
없음이니라.
19 그러하니 너희들이 지금 내가 너희들
에게 준 그 지혜를 깨우쳐 그것을 가
지고 하늘에 오르는 영광된 그 길을
더 찾도록 그리하여야 됨을 잊어서는
안 될 것이니라.
20 너희들은 만물의 영장이며 모두를 지
배하고 살 수 있도록 너희들에게 지혜
의 능력과 생각과 판단력을 다 주었건
만,
21 어찌하여 너희들은 그와 같이 너희들
이 영원히 구원을 받고 못 받는 가장
소중한 그 대목에서는 짐승들이 가진
그 지혜의 깨달음만큼도 갖지 못하고
똑같은 형국으로 전락하는 그와 같은
삶을 살아가고자 하는가?
22 이제 너희들은 나로부터 받은 지혜와
모든 생각할 수 있는 능력을 동원하
여, 너희들이 과연 어찌 왔으며 어찌
가는지, 그리고 세상사에 이루어지는
그 모든 위대한 자연의 기적을 연구하
고 생각해 보는 시간을 가져야 될 것
이니라.
23 나의 아들 예수가 이룬 것만이 기적이
아니라 지금 이 세상의 동식물이 살아
가며 변화되는 그 삶 속에서 역사하는
그 모두가 기적이니,
24 그 시대의 역사보다도 더 위대한 역사
의 변화 속에 너희들이 지금 살고 있
으며 그보다 더한 기적 속에서 살아가
고 있으니,
25 너희 주변에서 형언할 수 없는 기적이
매일 일어나고 있지만, 너희들은 그
모든 기적이 나 여호와로부터 이루어
지는 것이라 생각하지 아니하기에 너
희들이 나의 기적이 이루어짐을 모르
고 있음이니라.
26 지금 내가 너희들에게 내리는 나의 법
전의 그 변화가 이 세상 무엇과도 바
꿀 수 없는 가장 큰 기적이니라.
27 그러니 너희들의 지혜를 활용하며 내
가 너희들에게 준 그 생각할 수 있는

판단력의 지혜를 갖고, 너희들이 이제
는 육의 삶에 연연하는 그 삶에서 하
늘에 오르는 영혼의 길이 무엇인가를
바라보는 현명함을 같이 얻고 살아가
는 그와 같은 자가 되어야 할 것이니,
이를 잊지 말도록 그리하라.

2,769 번째 하나님 말씀

2002년 8월 1일 11시 57분

1 사랑하는 나의 아들아!
2 "네, 아버님! 말씀하옵소서."
3 썩은 먹이 속에는 그 먹이를 원하는
것들만이 모여드느니라.
4 그리고 정녕 썩은 것을 먹고 사는 벌
레들은 신선한 것에 대들지 못하며 그
를 물지 못함이니라.
5 너는 지금 이 세상이 과연 어찌 되었
다 생각하느냐?
6 구약 시대의 그 역사 속에서 모세로
하여금 그 백성을 이끌게 했을 때 그
에게 우상이요, 광란의 형태로써 등을
돌렸던 백성들의 후손이며,
7 그러나 그들을 나 여호와가 구원하기
위하여 신약 시대에 나의 아들을 세상
에 내보내 또 그 역사를 이루었음이
니, 그 아들을 죽게 한 백성들이 너희
들의 뿌리요, 조상이 아니던가?
8 그렇다면 구약 시대에 모세의 죽음을
역사했던 그들과 나의 아들 예수의 신
약 시대에 그를 죽게 했던 그 뿌리가
무엇이 다르다 하는가?
9 구약 시대에는 우상으로써 항변했으
며 우상으로써 나를 거부했음이니라.
10 그러나 나의 아들 예수가 세상에 나가
만백성을 구하고자 할 때는 그를 죽였
음이니라.
11 우상을 만든 자보다 나의 아들을 그
고통과 시련 속에 죽게 한 그 뿌리가
얼마나 더 사악해졌는가?
12 그러면 구약 시대에서 신약 시대로 흘
러오는 그동안에 그 우상을 만들었던
뿌리는 더 사악해지고 더 사악해졌음
이니라.
13 그리하여 신약 시대에 나의 아들 예수
를 보내어 너희들을 구원하고자 했으
나 그를 죽였음이니, 내가 그를 통하
여 세상을 정화하고자 했던 그 모두가
단절됐으며 문을 닫아 암흑의 세계가
되었으니,
14 우상을 만든 백성이 4천 년이 흐른 뒤
에 사람을 죽이는 그와 같은 후손으로
변하여 사악해졌다면, 나의 아들을 죽
인 자들의 그 후손들은 2천 년의 역사
가 흐르면서 얼마나 더 험악해졌다고
너는 생각하는가?
15 그리하여 지금의 너희들이 인간을 인
간으로 생각하지 않으며, 마지막 종말
의, 소중한 생명을 팔고 사는 그와 같
은 험악한 시대가 되었음이니,
16 육의 생활을 위하여 금화와 은화로 모
든 것을 다 팔고 사는 험난하고 험악
한 세상으로 변하여 이와 같이 이루어
졌음이니, 그 속에서 얼마나 썩고 썩
은 것들이 모여들었겠는가?
17 나의 아들 예수의 그 성령이 세상에
내려오지 못함이니, 그때 썩어졌음이
니라.
18 그 썩어진 속에 모여든 것들이 무엇이
겠는가?

19 썩은 것을 좋아하고 썩은 것을 먹는
벌레들이 모여든 그와 같은 형국의 역
사가 이루어졌다고 너희들은 생각해
볼 수 없는가?
20 정녕 나의 아들이 죽어 그 썩은 것을
먹기 위한 썩은 벌레들이 모여들지 아
니하였다면 지금 이와 같이 험악한 세
상이 되지 아니하였으며,
21 자식과 부모 간에 계산을 두며 사람의
생명까지도 금화와 은화로 계산을 두
는 이와 같이 사악하고 무서운 시대로
변해지지는 않았을 것이니,
22 얼마나 썩은 것 속에서 썩은 것을 먹
기 위해 그 벌레들이 모여들어 거기에
아비규환을 이루었는가?
23 이와 같은 역사의 변화 속으로 비춰
볼 때, 과연 지금에 사는 너희들, 그리
고 구약 시대에 믿음을 가졌다는 자들
이 우상을 만들었으며 신약 시대에 또
한 믿음을 가진 자들이 그리했음이니,
그들이 생명수를 다 죽여 놓았음이니,
그 죽은 생명은 무엇이던가?
24 썩어졌음이니라.
25 썩은 곳에 모여든 것들이 무엇이던가?
26 그곳에 어떤 것들이 모여들던가?
27 이와 같은 형국으로 2천 년의 역사가
흘러왔다 하면 바로 무엇이던가?
28 썩은 곳에 썩은 것이 모여들었으니 더
이상 썩을 것이 없으며 더 이상 더러
워질 수가 없음이니,
29 그리하여 이 세상의 그 모두가 다 더
러운 것으로 덮였다 하면, 과연 썩은
것을 먹고 썩은 것을 잠식하여 성장한
그들의 죄이며 그들의 책임이 아닌가?
30 이제 내가 이를 더 볼 수 없으며 내가
만든 이 아름다운 지상의 낙원을 더
이상 볼 수 없음이니라.
31 내가 인간인 모세를 보내어 정화됐던
자들이 우상을 만들어 그를 흩트려 놓
았으며, 그를 공박하였으며, 그 시대
를 흩트려 놓았으며,
32 그 뿌리가 또 신약의 시대를 만들어,
내가 나의 아들로 하여금 그들을 구원
하고자 하였으나 그들이 또 그와 같이
그를 죽여 썩게 만들어 그 썩은 속에
서 너희들이 번식하고 있었음이니,
33 그것이 지금은 너무나도 많이 번식되
어 이 세상을 다 덮고 있으니, 내가 하
늘에서 이룬 것같이 이 땅에 이루고자
했던 그 지상의 낙원이 지금 다 오염
된 것으로써 덮여 있다 함이니, 너희
들은 이를 믿겠는가?
34 이와 같은 이치를 너희들이 가슴에 손
을 얹고 생각해 보라.
35 감히 이를 탓할 사람이 누가 있겠는가?
36 이를 이리 지적하여 너희들에게 깨우
침을 주고자 하는 자 세상에 있으면
나와 보라 하라.
37 이는 창조주인 나 여호와밖에 할 수
없음이니라.
38 그리하여 내가 그 썩은 것을 제거하기
위하여 하나의 새싹을 내리니, 그는
어떠한 형편과 어떠한 형태로도 이 세
상에 존재하며 그 싹이 클 수가 없음
이니라.
39 인간을 깨우쳤던 모세의 시대도 버렸
으며 나의 아들 예수가 나왔던 그 시
대도 그리 썩어 갔으니, 그러니 누구
를 내려보내 이 세상을 정화할 수 있
겠는가?

40 나의 아들을 내려보내도 그 모두를 다
버렸음이니, 나의 통제를 받으며 나의
사랑 속에, 창조주인 내가 만든 너희
들이, 나를 대신하여 나의 아들이 내
려갔거늘, 그를 그리 죽게 만든 사악
한 결과를 만들어 사악한 시대가 이루
어졌음이니, 지금 너희들을 누가 통제
하며 다스릴 수 있는가?
41 그러면서 너희들은 또 광란의 그 썩은
속에서 썩은 씨들을 번식시키기 위하
여 나의 아들을 또 내려보내달라, 나
의 아들이 또 올 것이라 그리하여 썩
어 추하고 더러운 그 세상에 너희들의
명을 한 시대 더 연장하고 싶어 발버
둥치나, 이는 내가 그리할 수 없음이
니라.
42 그리하여 이를 단죄하고 씻어 버리며
다 제거하기 위하여 내가 직접 세상에
내려옴이니라.
43 내가 영으로써 세상에 내려와 너희들
에게 보이며 행할 수가 없기에, 내가
육을 가진 나의 아들을 내려보내어 직
접 그를 통제하여 나의 성령을 그 가
슴에 심어 나를 대신하여 그가 전하고
깨우치고 있느니라.
44 이러한 이것이 지금 나의 마지막 시대
라 말하며, 너희들의 마지막 심판의
시대이니라.
45 곧 심판하는 이가 세상에 내려왔으며
너희들을 선별하는 이가 세상에 내려
왔으며, 나 여호와가 직접 지금 성령
으로써 임하여 내려와 너희들이 옳고
그른 것을 판단하고 심판할 수 있는
그 자료를 주며 너희들이 깨우칠 수
있는 시간을 주며 공부할 수 있는 시
간을 너희들에게 내려보냄이니,
46 너희들은 이와 같은 이치를 깨우쳐야
될 것이니라.
47 이와 같은 이치를 깨우치지 못하는 자
는 영원히 구원을 받을 수 없으며, 죽
은 자 앞에 그 썩은 것을 먹기 위하여
날아드는 벌레와 같은 형국의 믿음을
가지 말라.
48 이제 새로운 새싹을 세상에 내려보냈
으니, 썩은 것을 즐겨 먹는 그 벌레가
그를 먹을 수 없으며 그를 물 수 없음
이니라.
49 저희들이 썩은 것을 먹을 수 없는 시
대가 된다면 그들은 먹을 것이 없어
그대로 자멸할 것이니, 새로운 새싹이
나와 이 세상을 다 덮고자 하는 그 역
사가 바로 여기에 있음이니라.
50 새로운 싹이, 싱싱하게 살아서 움직이
는 생명력 있는 것이 세상에 나오니,
그 벌레들이 그에 근접하여 아무리 공
격해도 그를 감히 해할 수 없는 것이
생명력이 있는 것이요, 새로운 것이
요, 살아서 움직이는 것이니라.
51 그리하여 나의 성령이 곧 살아 있는
너희들을 구원하는 길이며, 나의 명이
요, 나이니라.
52 이를 믿고 깨우쳐, 내가 지금 이와 같
이 무서운 깨우침으로 너희들에게 명
하나 이를 알아듣지 못하는 자, 그는
영원히 구원의 길을 볼 수 없음을 알
라.

2,770 번째 하나님 말씀

2002년 8월 1일 12시 14분

1 사랑하는 나의 아들아!
2 "네, 아버님! 말씀하옵소서."
3 내가 나의 아들을 세상에 내려보내 만
백성을 통제하고자 하였으나, 그들이
그를 죽게 하여 그에게 벌레처럼 들러
붙어 그와 같이 그를 만신창이로 만들
어 놓은 자들이 세상에 존재하여 지금
까지 그들이 그 뿌리를 내리고 살았다
내가 말하였느니라.
4 지금 썩은 것을 먹고 썩은 것을 취하
는 그 벌레들이 우글거리는 시대라 말
하였음이니라.
5 그리하여 그들이 저희들의 먹이가 없
으니, 저희들이 깨우친 자요, 나에게
모두를 바치는 백성이요, 나의 뜻에
따라가는 백성이요, 나의 아들을 죽게
한 것을 반성하며 회개하며 그것을 눈
물로써 깨우치는 그 삶을 살아간다 말
하며,
6 저희들은 오로지 나 여호와를 위하여
살며 하늘에 오르는 길을 위하여 살며
저희들의 지은 죄를 용서를 빌었다 하
며, 용서를 받고자 산다 하며, 그리 애
걸복걸하며 부르짖고 있느니라.
7 그리고 저희들이 회개하는 길, 하늘에
오르는 그 길을 보며 살아온다 말하느
니라.
8 그러면서 그들은 어떠한 짓을 하는가?
9 나의 아들이 내려와서 저희들을 인도
하고 구원해 줄 것이라, 구세주를 보
내 줄 것이라 그리 믿으며 또 올 것이
라 믿느니라.
10 과연 그리하였을 때 그들은 또 어찌하
는가?
11 저희들의 먹이로 삼을 것이며, 썩은
것을 먹지 않으면 살지 못하는 그 흉
악한 것들이 또 나의 아들을 그리 먹
이로 만들어 저희들이 몇천 년의 역사
를 지탱하고자 하는 간악한 수법으로
써 그와 같은 행위를 하고 있다면 너
는 믿겠는가?
12 정녕 그들이 그와 같은 행위를 하지
아니하고 나에게 오르고자 한다면, 내
가 내린 십계명의 율법을 목숨을 바쳐
지켜야 하며, 그리 지키고 사는 자들
만이 정녕 구원을 받고자 하며 썩은
것을 원하지 않는 자이니라.
13 그러나 그들이 나의 계명인 십계명을
지키고 살 수 없다 말하며, 금화와 은
화로써 지은 죄를 갚으니 금화와 은화
를 바치는 자만이 산다 그리 잘못 가
르친다 하면 그것은 무엇이던가?
14 바로 나를 거역하며, 나의 아들이 내
려오면 그를 또 죽게 하여 그를 부패
시켜 몇천 년 동안 저희들의 먹이로
지탱하고자 하는 그 사악한 방법이 아
니고 무엇이던가?
15 그들이 정녕 그러한 자가 아니라 하면
내가 불로 직접 써 내린 십계명을 지
킨다 못 지킨다 갑론을박해서는 아니
될 것이며, 여기에 어떠한 이유나 어
떠한 항변도 있어서는 아니 됨을 알아
야 될 것이며,
16 그렇지 않은 백성들이 나에게 선택된
백성이요, 인간이기 때문에 죄를 짓지
않고 살 수 없으며 십계명을 지키고
살 수 없다 가르치고 말하는 자들은

나의 아들을 내려보내어 그를 죽게 하
여 그 부패한 것을 먹고자 하는, 썩어
가는 것을 먹고 사는 그와 같은 미물
들과 같지 않고 무엇이라 말할 수 있
겠는가?
17 너희들이 그렇지 않다 말하거든, 나의
아들이 나의 법전에 기록하여 내리는
나의 이 성령의 뜻을 가지고 너희들이
흥분할 일이 없으며, 너희들이 나의
아들을 죽이고자 할 일이 없으며, 나
의 아들을 제거하고자 할 것이 없으
며, 나의 법전을 불태워 없애고자 할
이유가 없음이니라.
18 내가 너희들에게 지키라고 내린 그 십
계명을 지키고 살아야 되며 지키고 산
다 말하고 그리 노력하면 될 것이거늘,
19 그것이 바로 너희들이 나의 아들을 죽
이고자 하는 자가 아니며 그를 부패시
켜 먹고살고자 하는 그런 사악한 무리
가 아님을 너희들은 여기서 반드시 알
아야 될 것이니라.
20 이를 모른다 하면 너희들은 영원히 구
원의 길을 받을 수 없을 것이며, 너희
들은 그런 사악한 자가 될 것이니라.
21 그리하여 너희들이 나의 아들을 다시
내려보내야 될 것이요, 보내달라 말하
나, 내가 두 번 다시 그리할 수 없으며
더 이상 너희들이 즐겨 하는 것을 볼
수 없기에, 이제 내가 직접 성령을 가
지고 세상에 내려가 너희들을 다스리
고자 함이니,
22 너희들이 더 먹을 것이 없으며 더 지
탱할 힘이 없으니, 내가 직접 내려가
나의 성령으로써 너희들을 다시 다스
리고자 하나, 너희들은 나를 공격하
며, 나의 아들을 죽고 썩게 만들었듯
이 또 나를 죽고 썩게 만들고자 하는
것이 지금 너희들의 계획이며 사악한
방법일 것이니라.
23 그는 바로 무엇이더냐?
24 나의 법전이요, 내가 성령으로 직접
세상에 내려가 말로써 전하는 나의 법
전을 태워 없애 버리는 자, 찢어 버리
는 자, 그리고 이를 세상에서 제거하
는 자, 그리고 나의 아들이 160권의
법전을 세상에 내보내는 것을 못하게
하는 자, 그가 죽을 때까지 나의 성령
을 받아서 기록하여 전하지 못하도록
하는 자들이 바로 무엇이더냐?
25 그들이 썩은 것을 원함이니, 세상에
직접 내려가 저희들을 구원하고자 하
는 나 여호와를 죽이려 하며 그리하여
나의 부패한 그것을 먹고 천년만년 살
고자 하는 그 사악한 무리들의 형국이
라 한다면, 너희들은 과연 어찌 말하
겠는가?
26 너희들이 그렇지 않다 하거든, 나 여
호와를 믿고 나 여호와에게 회개하며
하늘에 올라와 구원을 받고자 하며 살
아가는 백성들이라 하면, 나의 피조물
인 너희들이 창조주인 나의 고마움과
감사함을 알며 나의 은혜를 알며 너희
들이 세상에 나와 사는 그 모든 은혜
와 영광을 안다면, 너희들이 지킬 것
은 단 한 가지뿐임이라.
27 나의 백성으로 선택된 것이요, 내가
내려 준 그 모두에 감사하는 것은 내
가 불로 직접 써 내린 십계명을 지키
고 사는 것이니라.
28 그를 지키고 살지 못하는 자, 그를 지

키고 살 수 없다 말하는 자, 그들은 나
를 부패시켜 먹고 천년만년 살고자 하
는, 썩은 것을 찾아 날아다니는 미물
과 다름이 없음이니, 여기에 가타부타
갑론을박을 하지 말라.
29 인간이기에 지킬 수 있으며 지켜야 된
다 하며 그리 너희들이 노력하고 노력
할 때 너희들은 스스로 깨달음이 있을
것이며,
30 오늘 백 개를 지키던 것을 내일은 천
개를 지키고, 천 개를 지키던 것은 만
개를 지키며 변화되어 너희들이 지키
는 숫자가 늘어 갈 때 너희들이 하늘
에 오를 수 있는 구원의 길을 내가 너
희들에게 내려 준다 말하였음이니라.
31 너희들이 십계명이라는 것은 지킬 수
없다 그리 말하지 말라.
32 너희들이 얼마만큼 노력하고 노력하
느냐에 달렸음이니라.
33 너희들이 열 개중에 하나를 지키면 그
다음엔 둘을 지키고, 또 세 개를 지키
면 열 개를 지킬 수 있음이니,
34 잘못 가는 종교 지도자들이 그를 지킬
수 없다 하며 너희들을 위로하고 달래
며, 너희들이 죄지어 고통스러운 그
마음을 세 치의 혓바닥으로 달래면서
금화와 은화를 받아들여 썩은 것을 찾
아 인도하는 그와 같은 자들의 말을
듣지 말라.
35 너희들 스스로 그를 지켜야 된다 결심
했으면 지키면 되는 것이며, 너희들이
이건 아니다 생각하여 깨달아 십계명
만을 지키고 살면 하늘에 오르는 길이
열림을 알며, 나의 백성이요, 나에게
선택된 자라는 것을 알아서 너희 스스
로 그리 살아가야 될 것이니라.
36 나의 피조물 만백성 중에서 그를 지켜
야만 될 것이며 그대로 살아야 될 것
이며, '여호와 하나님께서 불로 써 내
린 십계명이니 그보다 더 소중한 것이
없다.' 하여 가슴에 안고 그를 지키고
살아가고자 발버둥치는 백성들이 많
이 있음이니라.
37 그와 같이 살아가는 자들의 그 마음까
지 흐리게 하며, 설마 이를 지키지 아
니하고 재물과 금화를 바치고 정해 놓
은 많은 시간에 용서를 빌고 기도하면
구원을 받지 않을까 하여, 너희들이
강하게 지키고자 하는 그 십계명을 소
홀히 생각하며 지키지 아니하고 넘어
가는 자들이 없다 말할 수 없으니,
38 하늘에 오르는 길을 두 주먹을 쥐고
달려오는 백성들을 지옥으로 인도하
는 것이 잘못 가르치는 종교 지도자
니, 무조건 십계명을 지킬 수 없다 가
르치는 자는 잘못 가르치는 자며, 잘
못된 자이니라.
39 부패한 것을 먹기 위하여 부패한 것을
끌어가는, 썩은 것을 찾아 옮기는 미
물과 같으니라.
40 무조건 인간이기에 십계명을 지키며
나 여호와가 불로 직접 써 내린 그 고
통을 생각하여 죽음으로써 그를 지키
고자 노력하는 것만이 구원을 받는 길
이라 깨닫는 백성은 하늘에 오르는 그
길을 볼 것이니, 그리 알라.

2,771 번째 하나님 말씀

2002년 8월 1일 12시 26분

1 사랑하는 나의 아들아!
2 "네, 아버님! 말씀하옵소서."
3 이제는 내가 정녕 너를 선택한 그 뜻
과 이유를 알겠는가?
4 "아버님, 알겠사옵나이다.
5 저를 죽은 자 가운데 살리신 그 뜻도
알겠사옵나이다."
6 알겠는가, 아들아?
7 내가 너에게 죽은 자라 하였으며, 죽
은 자라 명하여 죽은 자같이 살라 말
하였음이니라.
8 그리하여 죽은 자인 너의 명을 내가
이어 주었으니, 너는 나의 삶을 대신
사는 사람이라 내가 말하며 그리 깨우
쳐 주었으나,
9 너는 죽은 자가 무엇이며 네가 왜 지
금에 선택되었는지 그 뜻을 알고 있는
가?
10 "아버님, 알겠사옵나이다.
11 죽은 자요, 죽었다가 다시 살아난 자
가 그 죽음을 어찌 두려워하겠사옵나
이까?
12 죽은 자 가운데 생명을 연장받았으니
그 또한 죽음을 두려워하지 말아야 할
것이며,
13 두려워하여 주저한다면 이는 아버님
께 용서받지 못할 죄를 짓는 것이라는
것을 알았사옵나이다.
14 이제 저같이 우매하고 둔하며 어리석
은 자를 아버님께서 아들로 명하시어
길러 주심을 알겠사오며, 갖가지 많은
훈련과 고통 속에 시험하시며 또한 인
내하고 훈련시키셨으며 그와 같은 역
사의 시련을 겪게 하신 그 뜻을 이제
알겠사옵나이다.
15 아버님의 말씀 160권을 세상에 내고
제가 죽을 때까지 기록하는 그 말씀
속에는 사람들이 지금까지 살아오던
그 삶을 다 포기하며 방향을 돌려 뒤
돌아서 가는 삶을 사는 그와 같은 역
사가 이루어지지 않으면 견딜 수 없기
에, 이와 같이 지금 변화무쌍한 것을
다 체험하며 살아오도록 하심을 알겠
사옵나이다.
16 많이 배운 자요, 지식 있는 모든 지도
자요, 믿음이 있는 자요, 믿음을 위하
여 평생을 살아간 자요, 또 종교의 지
도자요, 만인 앞에 아버님을 위하여
살아갈 수 있으며 죽을 수 있다 그리
말하는 자들,
17 그들이 말로써는 아버지께 목숨을 바
친다 하여도, 막상 목숨을 바치는 시
점이 오며 근거를 남겨 증거하여 죽음
을 선택하는 그와 같은 역사를 이루어
야 할 때, 그들은 죽음 앞에 제 이름을
쓸 수 없다는 것을 알았사옵나이다.
18 이와 같이 고통과 시련 속에서 아버님
께 훈련을 받았으며 아버님의 뜻을 받
아 살아온 저는 죽음 앞에서도 두렵지
않으며, 또 죽은 자라 하셨으니 죽음
이 무엇이 두렵겠사옵나이까?
19 그리하여 죽은 자에게 생명을 연장해
주셨으니, 덤으로 사는 이 목숨이 무
엇이 두렵고 무서울 것이 있으며, 무
엇이 두려워 아버님께서 내리시는 그
무서운 말씀들을 받아들이지 못하며
제 인간의 생각으로써 변질시켜 기록

하는 그와 같은 죄짓는 역사를 하겠사
옵나이까?
20 그러나 목숨을 연장받지 아니한 자는
그 생명이 귀중하며, 인간이 살아가는
세속의 인연이 귀중하여, 그와 같이
제 목숨을 던져야 하는 역사 앞에 저
자신이 서명하지 못할 것이라는 것을,
21 이제야 인간 세속에 살아가며 그들을
내다보면서 그 깨달음을 알았사옵나
이다.
22 아버님께서 죽은 자라 명하신 것을 또
하나를 깊이 깨달았사오니, 죽은 자에
게 아버님께서 명하신 것을 두렵지 아
니하도록, 제가 변질되며 변화되지 않
도록, 제 생각을 기록하지 아니하고
그대로 만백성에게 전하여 이것이 오
로지 아버님의 성령이요, 아버님의 말
씀이요, 아버님께서 직접 내려와 행하
시는 것임을 보여 주는 그 역사의 길
을 갈 수 있다는 것을 깨달았사옵나이
다.
23 아버님, 저는 죽음이 정녕 두렵지 아
니하옵나이다.
24 이제는 죽음이 무엇인가 두렵지 아니
하옵나이다.
25 오로지 아버님 말씀을 그대로 기록하
여 세상에 전하라 하여 저에게 새로
태어난 인생으로 살도록 하시며 죽은
자라 명하신 그 뜻을 알겠사옵나이다.
26 160권 속에 지금까지 살아왔던 그 모
두를 다 다시 돌려서 그들이 깨우치는
진정한 길을 보기 위해서는 얼마나 어
렵고 힘든 역경과 혁명과 변화와 싸움
이 있어야 되는 것이며 위험이 도사리
고 있는 것인가를 이제야 깨달았사옵
나이다.
27 아버지께서 그 위험 때마다 버틸 수
있는 인내와 능력과 힘을 주시기 위하
여 오늘까지 이 불쌍한 저를 훈련시키
셨으며,
28 그리하여 제가 죽을 날짜를 임하여 주
셨으며, 거기에 다시 연연하지 않는
인생으로 살아갈 수 있도록 저에게 깨
우침을 주시며 훈련시키심을 이제야
알았사옵나이다.
29 죽은 자라 하는 그 뜻을 알았사옵나이
다.
30 제 목숨이 두렵지 아니하며, 제가 사
는 것을 그리 영광스럽게 생각하지 아
니하며, 제가 죽음 앞에 두려워하지
아니하니,
31 아버님께서 내리시는 그 무섭고 무서
운 철퇴와 같은 말씀을 그대로 받아
기록하라 하신 그 뜻이 있음을 알겠사
옵나이다.
32 목숨에 연연하지 아니하고, 죽고 삶에
연연하지 아니하고, 거기에 두려워하
지 아니하며, 아버님께서 내리시는 그
모두를 다 받아 기록하라는 것이 죽은
자의 목숨을 연장해 주시며 죽은 자라
하신 그 말씀임을 알겠사옵나이다, 아
버님!"
33 사랑하는 나의 아들아,
34 네가 그와 같이 깨우쳐 감에 하늘에
있는 모든 천사요, 귀신들도 등 뒤에
서 그 무서움을 알고 있음이니라.
35 그리 변하여 갈 때 네가 하늘에서 천
사들만이 누리고 사는 그 영광스런 천
상의 나라를 지상에 이룰 수 있을 것
이니, 너 아닌 다음에 과연 누가 이를

이룰 수 있으며 행할 수 있다 생각하
는가?
36 내가 너에게 내리는 그 성령이요, 나
의 뜻을 지식 있는 자, 배운 자, 깨달
은 자, 종교의 지도자라 하는 자, 그리
고 저희들의 권위를 찾아 지키고 가는
자, 그들은 너와 같이 받아 그 길을 갈
수가 없음이니라.
37 그들은 저희들의 육신을 위하여 살아
가며 그 모든 것을 나의 아들과 나의
이름을 팔아 저희들이 편안하게 살고
자 하는 자들이니, 만분의 일이라도
그러한 마음을 가진 자는 그 길을 갈
수가 없기에 오늘 내가 너를 택했음을
깨닫고, 네가 그 길을 감에 두려움이
없이 겁먹지 아니하며 스스로 당당히
그 길을 가고자 함이니,
38 이제 곧 이 지상에 이루는 그 역사는
천 년이 아니요, 그 짧은 기간에, 네가
죽어 내 앞에 오기 전에 많은 역사를
이루고 올 것이니, 이보다 더한 기쁨
이 어디에 있겠는가, 나의 아들아!
39 내가 너를 사랑하노라.
40 죽음을 두려워하지 아니하며 죽은 자
가운데 산 자의 뜻을 깨달아 네가 나
의 뜻에 따르며 살아가고자 하는 그
깨달음은 세상에 천 년에 걸쳐 이루고
자 하는 그 역사에 깊은 주춧돌 하나
를 세워 놓음이니, 거기서 모든 역사
가 이루어지는 것을 알게 될 것이니라.

2,772 번째 하나님 말씀

2002년 8월 1일 13시 01분

1 사랑하는 나의 아들아!
2 "네, 아버님! 말씀하옵소서."
3 하얀 백합꽃같이 살라 내가 너에게 일
렀음이니, 그 꽃처럼 향기가 진동하는
모습으로 그리 살라 하였음이니라.
4 "네, 아버님 알고 있사옵나이다."
5 그와 같은 나의 뜻을 네가 행하고자
함이니 나 여호와의 마음이 기쁘기 한
이 없도다.
6 아들아, 네가 깨우친 것처럼 그렇지
않더냐?
7 꽃은 제자리에 있으면서 그 향기가 어
떠한 색채나 형태로써 보이던가?
8 그리고 요란을 떨면서 그 꽃이 향기를
보이던가?
9 아무런 요란도 떨지 않느니라.
10 그 꽃은 그저 한 여인의 손에 꺾이어
그가 꽂혀 있는 그 장소에서 시들어
없어질 때까지 제가 발할 수 있는 그
향기를 발함이니, 거기에는 색깔도 없
으며 요란함도 없으며 광채가 남도 없
느니라.
11 그저 그냥 백합꽃으로서, 여인이 꽂아
놓은 그 화병에서, 또 그를 옮겨 놓으
면 옮겨 놓은 그 장소에서 그는 그 꽃
의 향기를 보내고 발산하느니라.
12 여인의 손에 꺾여 온 그 꽃이 놓여 있
는 화병의 장소에 대하여 불평을 하며
그 향기를 보이지 아니하며 제가 투정
을 하며 제가 변화를 이루던가?
13 옮겨 놓으면 놓는 그대로 제가 할 수
있는 만큼 꽃향기를 세상에 보냄이니,
그저 그 꽃의 향기를 만백성이 취할
수 있도록 색깔도 빛도 아무런 변화도
없이 그저 그리 보내지 않더냐?
14 한갓 내가 가꿔 놓은 식물의 그 꽃도

그와 같이 제 몸에서 아름다운 향기를
발산하니,
15 인간인 너요, 나의 아들이라 선택된
네가 앉아 있는 자리와 움직이는 그곳
에서 그와 같이 백합꽃 향기처럼 아름
다운 향기가 발산되지 않는다 할 수
있겠는가?
16 모두를 창조한 나 여호와를 대신해서
사는 나의 아들인 너는 어느 곳에 앉
아 있든 그 한 송이의 백합꽃보다 더
아름다운 향기를 네 몸에서 낼 수 있
으며 빛을 낼 수 있지 아니한가?
17 백합꽃은 움직이지 아니하며 흔들리
지 아니하면서 그리 향기를 내보내나,
너는 말을 할 수 있으며 표현을 할 수
있으며 행동을 할 수 있음이니, 말없
이 보내는 그 꽃보다도 얼마나 네가
더 아름답고 좋은 조건을 가지고 있는
가?
18 그 조건들이 다 말없이 향기를 보내는
그 백합꽃처럼 네가 할 수 없다 생각
하지 말라.
19 인간에게도 향기가 있음이니라.
20 추하고 더러운 자는 더러운 향기가 있
으며, 아름답고 깨끗한 자는 깨끗한
향기가 있음이니라.
21 너희들은 육이 살아가면서 그 직업에
따라 얼굴의 형태가 변하며 그가 자라
난 환경에 의해서 그의 형태와 언어와
모두가 바뀌고 변하는 것을 보지 않는
가?
22 어머니가 어찌 가르치느냐에 따라서,
어머니가 어떠한 직장을 가졌느냐에
따라서, 어머니가 어떠한 생활을 하느
냐에 따라서, 어머니가 어떤 모습으로
살아가느냐에 따라서 그 어머니가 지
키고 행하는 그 모습을 보고 아이들은
스스로 자기들도 모르게 따라가며 배
워 가듯이, 이것이 너희들의 인생에
살아가는 모습이니라.
23 도둑질하는 자는 너희들이 아무리 감
추려 해도 도둑과 같은 모습으로 변화
되며, 남에게 사악한 짓을 하는 자, 남
에게 포악한 짓을 하는 자는 그 눈빛
과 얼굴과 그 살결까지도 다 사악한
모습으로 변하여 비쳐지느니라, 나의
아들아!
24 그렇다면 너는 여기서 무엇을 깨닫고
어찌 행해야 되는가를 알겠는가?
25 "아버님 알겠사옵나이다.
26 저의 제자들과 저 또한 그리 아버님의
말씀 속에 사는 백성으로 변화되고 그
리 살 때 그 모습은 그곳에서 보이지
않는 향기를 내어 세상에 진동한다는
것을, 그리고 진동할 수 있다는 것을,
27 이제는 제가 백합꽃이 향기를 보내듯
이 저 자신에게서 향기가 나며, 아름
다운 꽃과 같이, 그저 일찍이 피었다
지는 그 목련화의 화려한 모습으로써,
환한 모습으로써 웃으며, 보이지 않는
향기를 보내는 백합꽃의 그 향기처럼
제 몸에서 향기가 날 수 있는 그와 같
은 모습으로 변하며 그와 같은 삶으로
살아가,
28 아버님께 받은 은혜에 보답하며 아버
님을 대신하는 삶을 사는 자로서 세상
에 하나밖에 없는 인간의 그 향기를
발할 수 있는 그와 같은 모습으로 변
하여 살아가겠사옵니다, 아버지!"
29 그리하라.

30 네 몸에는 빛이 있으며 향기가 있음이
니, 그 아름다운 향기를 네가 전해야
될 것이지, 썩은 독가스를 전해서야
되겠는가?
31 네가 아름다운 꽃으로 환히 피어나는
모습으로 보여야 될 것이지, 시들어
떨어져 가는 꽃의 모습으로 그리 비춰
져서는 아니 되지 아니하겠는가?
32 네가 깨달았으면 그리 살며 그리 행하
라, 나의 사랑하는 아들아!
33 "네, 아버님! 알겠사옵나이다."

2,773 번째 하나님 말씀

2002년 8월 1일 17시 43분

1 사랑하는 나의 아들아!
2 "네, 아버님! 말씀하옵소서."
3 네가 나의 성령을 받아 열여섯 권의
법전을 기록하여 세상에 내보냈음이
니,
4 너는 앞으로 2부요, 3부요, 10부까지
160권의 법전을 기록하여 세상에 내
보내는 역사의 임무를 수행하여야 될
것이니라.
5 그러나 지금에 와서 네 마음에 불안하
고 초조한 생각을 하지 말며, 네가 전
하는 그 법전이 다 어느 곳에 가 있는
가 궁금해하며 불안해하지 말라.
6 그 법전이 흘러가는 곳에는 나 여호와
가 같이하고 있으며 내가 알고 있음이
니라.
7 나의 법전을 읽고 사탄의 짓이요, 사
악한 짓이라 하여 너를 핍박하고 욕하
는 자 수없이 있으나,
8 또한 그를 보고 저 자신이 지금까지
믿음의 길을 온 것을 부끄럽게 생각하
며 스스로 얼굴 들지 못하여 반성하고
회개하며 참회의 길을 가는 자들이 수
없이 있음이니라.
9 그런가 하면 과연 이것이 진정한 여호
와 하나님의 말씀인가 그렇지 않으면
저희들의 집단에서 배우는 마지막 시
대요, 종말의 시대에 오는 사악한 거
짓 선지자의 장난인가, 이 둘을 놓고
밤잠 못 자며 견주어 생각하고 연구하
는 사람들, 그 마음에 갈피를 못 잡는
자들이 또한 수없이 있음이니라.
10 양심이 있는 종교 지도자가 네가 전한
그 법전을 보고 지금 고통스러움 속에
서 단상에 서 있으며, 저희들이 가는
길이 정녕 진실한 길인가 하여 회개와
참회의 길을 가는 자가 있느니라.
11 그리고 나의 법전을 읽고 얼굴 붉히며
제가 언젠가는 나의 법전이요, 나의
성전에 와 너를 따라 이와 같은 길을
가겠다 생각하는 자도 지금 수없이 있
음이니,
12 이는 다 아들아, 꿈틀거리고 움직이고
몸부림치고 용솟음치고 있음이니, 그
건 다 죽은 것이 아니라 살아서 움직
임을 알아야 될 것이니라.
13 어느 종교 지도자가 수십 일, 수백 일
이 지나면서도 거기에 깨우침이 있어
또 가르치는 역사를 하는가?
14 너희들이 한번 가르치고 가면 흘러가
는 것이며, 깨우치며 또 말로 전하는
것은 흘러감이니라.
15 그러나 세상에 전해진 나의 법전은 지
금 다 제자리에서 생명이 있어서 꿈틀
거리며 용솟음치며 몸부림치고 있음

을 알아야 될 것이니라.
16 그를 보고 지금 참회의 눈물을 흘리는
자, 감히 네 앞에 오지 못하나 그가 깨
우침의 길을 가고 있으며, 그걸 또 사
탄이요, 이단이라 사악하게 욕하고 찢
어 버리며 비방하는 자가 수없이 있으
나 그것 또한 살아서 꿈틀거림이니라.
17 너를 이 세상에 존재치 못하도록, 또
한 너를 백일하에 드러내, 네가 완벽
한 나의 아들로서, 완벽한 사람으로서
성장하기 전에 네 모습을 세상에 드러
내 너를 핍박하고 곤혹스럽게 하고자
하는 자들 또한 몸부림치고 있음이니,
그와 같은 자들이 결국은 다 무엇이더
냐?
18 죽은 것이 아니라 살아 있는 것이니라.
19 살아서 몸부림치고 꿈틀거림이니, 그
모두는 다 너를 위하여 그들이 그리
몸부림치고 있는 것이니, 너는 두려워
하지 말며 겁먹지 말라.
20 그리고 네가 전하여 나간 그 법전의
행방에 대하여 그들이 지금 역사하고
있는 것을 걱정하지 말라.
21 거기에는 너에게 사탄이라 하는 자도
읽어 보며, 그를 보고 눈물을 흘리는
자도 읽어 보며, 그를 보고 제 생활의
방법을 바꾸는 것을 깨닫고 뉘우쳐 참
회의 눈물 흘리는 자 있으며,
22 살아 있는 부모에게 또 돌아가신 부모
에게, 육의 부모에게 낳아 준 은혜를
모르는 것, 그것을 깨우치며 참회의
눈물을 흘리며, 형제지간에 우애 없는
자 또한 그를 깨달으며,
23 이와 같이 수없이 쉬지 않고 나의 법
전이 세상에 흘러가 전해지고 있음이
니라.
24 네가 1부의 법전을 내어 세상이 이리
변하고 움직여 가고 있음을 너는 모르
나니, 2부와 3부가 세상에 나와 그 법
전이 전해졌을 때 그들은 역시 살아서
계속 움직임이니,
25 살아서 움직이는 것은 생명력이 있으
며 또 이동하며 움직임이니라.
26 너희들이 말로 전하는 것은 잘못 전할
수도 있으며, 또 전하는 자의 기분이
요, 환경에 따라 틀릴 수도 있으며, 그
는 말문을 닫아 버리면 그저 끝나는
것이니라.
27 너희들이 백 명을 놓고 전했을 때 그
백 명이 그저 입을 다물면 그것으로
끝나는 것이나,
28 나의 법전은 끝이 없음이니라.
29 한 권을 가지고 백 명이 볼 수 있으며,
한 권을 가지고 천 명이 볼 수 있으며,
이와 같이 흘러 살아나서 움직이는 것
이니,
30 그건 누가 말을 해서 전하는 것도 아
니요, 나의 법전이 스스로 살아서 움
직임이니라.
31 그러니 너는 걱정하지 말라.
32 2부와 3부의 법전이 나가면 160권의
법전이 세상에 나간다는 그 역사가 전
하여지고 이루어질 때, 그는 세상에
엄청난 회오리를 부를 것이니라.
33 너를 사탄이요, 사악한 자라 말하여
160권의 법전이 세상에 나오는 것을
전하며, 지금 3부의 법전이 나와 되어
가는 것을 전하며, 또 너를 따르며 너
를 경배하고 너의 제자들이 전하는 그
것 또한 마찬가지이니라.

34 어떠한 형태이든 160권의 법전이 세
상에 나온다는 것을 전하는 것은 만백
성이 깨우침을 얻게 될 것이며, 그들
이 긴장하게 될 것이며, 그들이 나의
법전을 찾아 읽게 되어 있음이니라.
35 너희들의 심리 상태가 무엇이더냐, 나
의 아들아!
36 너희들은 찬양하고 남을 격찬하며 존
경하는 말보다는 남을 헐뜯고 손가락
질하며 저주하며 저만 못한 자, 저보
다 못생긴 자, 저보다 나쁜 자, 그러한
자들을 더 사랑하며 경배하며 그들을
보기를 좋아하지 아니하는가?
37 그리하여 못난 자가 너희들 앞에서 떠
들 때 너희들은 그저 허심탄회하게 박
장대소하며 즐겁게 웃는 것이니라.
38 그러나 너희보다 잘나고 똑똑한 자가
너희 앞에 와서 아무리 재주를 부려도
그를 스스로 외면하는 것이 너희들의
심리이니,
39 이제 너를 사탄이요, 사악한 자라 말
하며 세상에 들춰내는 자들이 있으니,
그들의 말에 귀를 기울이는 자가 더
많이 있음이니,
40 아들아! 나 여호와의 계획에 의하여
내가 다 그를 이끌어 가며 그를 행하
도록 그리하니, 너는 불안하게 생각하
지 말며, 그저 성전에 앉아 기도하며
나의 법전을 만들어 내는 데 묵묵히
최선을 다하라.
41 그리하면 승자가 너라는 것을 내가 일
찍 말하여 주지 않았는가?
42 진리는 이기는 것이니라.
43 나 여호와의 성령은 거짓이 없으며,
반복함이 없으며, 오로지 진리만이 전
해지기 때문이니, 너는 두려워하지 말
라, 나의 아들아!

2,774 번째 하나님 말씀

2002년 8월 1일 17시 50분

1 사랑하는 나의 아들아!
2 "네, 아버님! 말씀하옵소서."
3 나의 피조물 만백성이 수천 년 동안
내려오는 사이에 저희 손으로 만든 성
전에 가 기도하고 경배하는 그와 같은
습관과 습성이 그들의 몸에 배 있음이
니라.
4 그들은 저희들이 보기에도 웅장하고
방대한 그 성전을 호화로운 형태로써
제왕이 사는 궁궐보다도 더 아름답고
웅장하게 꾸며 놨으며,
5 그 속에서 너희들이 감히 숨을 쉬기
불편할 정도로 방대한 행사요, 또는
그 의식이요, 의제를 가지고 너희들은
수없는 시간 공부해 왔으며 거기서 깨
달음을 얻어 왔음이니,
6 그리하여 너희들에게 찬송이요, 찬송
가요, 또 찬양대요, 선발대요, 또 가르
치는 자요, 지도자요, 청년부요, 노년
부요, 여인부요, 그와 같은 수없는 방
대한 조직이 얽히고설켜 살아온 그 속
에서 너희들이 구원을 받고자 지금 몸
부림치고 살아왔음이니,
7 그 웅대함 앞에 너희들은 마음을 돌리
지 못하며, 그 웅대함 속에서 너희들
이 떠나기를 원하지 아니하며,
8 너희들은 그 웅대함 속에서 진정한 것
이 있다 생각하며, 그렇지 않은 곳에
진리가 있다 생각하지 못하느니라.

9 그러나 나의 피조물 만백성 너희들은
들어야 될 것이니라.
10 그 웅대한 성전이요, 궁궐보다도 더
호화롭게 차려 놨으며 제왕보다도 더
엄숙한 분위기로써 모든 행사를 진행
하며 모든 설교와 설법을 진행하는 그
들은 무엇이더냐?
11 다 죽어 있는 형국이니라.
12 아무리 큰 성전이라 해도 그 성전이
너희에게 무엇을 깨우쳐 주었으며 무
슨 깨달음을 주겠는가?
13 그 건물은 죽어 있는 돌덩어리가 아니
던가?
14 너희들이 아무리 호화로운 것을 붙여
놓고 호화로운 것으로 장식해도, 그것
들이 너희들에게 무슨 깨우침을 주며
너희들에게 무슨 깨달음을 주며 어찌
하늘에 오르는 길을 인도하는가?
15 궁궐보다도 더 호화로운 그 장식이 너
희들 눈에 호화찬란하고 방대하며, 그
방대하고 호화로움에 두려워 거기를
떠나지 못하도록 너희들을 위압적으
로 만드는 건물과 형식 그 모두는 아
무런 생명력이 없는 죽어 있는 것이니
라.
16 너희들은 어찌하여 죽어 있는 그것에
위협을 느끼며, 죽어 있는 그 건물이
요, 돌덩어리에 위협을 받으며, 그 웅
대함에 너희들이 마음을 돌리지 못하
며 두려워 거기서 발길을 돌리지 못하
는가?
17 죽은 자의 무덤 속과 같은 그 돌덩어
리요, 나무토막 아래 너희들이 그리
마음이 위축되어 있나니, 너희들이 얼
마나 잘못 생각하고 얼마나 잘못 가고
있는 어리석은 백성이더냐?
18 너희들은 대답이 없이 죽어 있는 돌이
요, 바위요, 나무요, 그와 같은 장식품
에 의하여 거기에 진리가 있고 위대한
것이 있다 생각하나, 거기에는 아무것
도 없는 것이요, 다 죽어 있는 것이니
라.
19 그러나 나의 아들이 나의 뜻이요, 성
령을 받아 법전을 만드는 그가 있는
나의 성전이 초라하며 보잘것없는 곳
이나, 또 나의 아들이 바라볼 것 없는
초라한 모습으로 앉아 있으나, 그는
생명이 있고 살아 있는 자이니라.
20 나의 아들의 살아 있는 생명과 너희들
이 지금 지어 놓은 대궐이요, 궁궐보
다도 더 웅장한 그 성전이라는 곳을
어찌하여 너희들은 그리 비교하는가?
21 그 웅장한 건물이요, 성전이요, 너희
들이 장식해 놓은 것들이 너희들에게
말을 전하던가?
22 추우니 춥다고 말하던가, 더우니 덥다
고 말하던가?
23 너희들이 오니 너희들에게 온다고 인
사하며 가니 간다고 인사말 한마디 하
던가?
24 나의 아들은 비록 초라하나 이 성전에
앉아 나의 성령만을 너희들에게 전함
이니, 그는 너희들의 눈을 뜨게 하며
귀를 열어 주며 나의 성령의 진리요,
이 뜻을 그가 입으로, 소리로써 너희
들에게 전해주니,
25 너희들은 이 초라한 나의 아들의 모습
이 더 위대하며 그가 행하는 것이 더
위대하다 생각하는가, 죽어 있는, 생
명이 없는, 궁궐보다도 더 방대하게

너희 조상서부터 피와 땀을 짜 바쳐
고혈로써 이루어진 죽어 있는 흉물스
러운 그 건물이나 그 장식이나 그 행
사의 절차가 더 위대하다 생각하는가?
26 이와 같은 이치를 너희들은 깨달아야
될 것이니라.
27 너희들의 지금의 믿음의 그 종파가 얼
마나 단단하게 굳어져 있으며 돌이킬
수 없으며 깰 수 없으면 내가 하나서
부터 열까지, 바닥에서 하늘에 이르기
까지 하나하나 나의 아들을 통하여,
나의 성령으로써 책으로 기록하여 법
전으로 만들어 너희들에게 전하는 이
고통스러운 길을 나의 아들과 함께 부
자가 같이 가겠는가?
28 너희들이 그와 같이 무섭게 굳어져 있
느니라.
29 도저히 깰 수 없는 성벽이요, 철옹성
보다도 더 단단한, 바위보다도 더 단
단한 그와 같이 지금 잘못 가는 속에
굳어져 있는 너희들의 그 형태를 바로
잡기 위하여 내가 하나하나 예를 들어
서 말함이니,
30 나의 성전에 초라하게 앉아 있는 나의
아들이 너희들에게 생명력 있고 살아
있는 그 빛을 전하는 것이며 광명의
빛이요, 구원의 뜻을 전하는 것이 너
희들에게 위대하고 보탬이 되고 살이
되는 것이 아니던가?
31 그 웅대하고 화려한 궁궐이 너희들에
게 인사말 한마디를 하던가?
32 너희들은 그걸 보고 찾아가는 그 불쌍
한 인간의 자세를 돌아다봐야 할 것이
며,
33 웅대하나 말도 못하는 돌과 바위요,
나무요, 너희들을 위협하기 위하여 만
든 그 장식물에 의하여, 생명력을 가
지고 있고 판단력이 있고 말을 할 수
있고 생각할 수 있고 의사를 전달하고
사람을 깨우쳐 지도자요, 선생이 될
수 있는 너희들이 그 앞에 움츠려 고
개 숙이고 들어가는 그 모습이 얼마나
우스운 형국인지 아는가?
34 이는 바로 무엇이더냐?
35 내가 너희들에게 먹고살라 명한 그 짐
승들에게 우상이라 절하는 것이나 서
낭당이라는 나무에 돌을 쌓아 놓고 거
기에 절하며 소원을 비는 그들보다도
더 우매하고 어리석은 그와 같은 슬픈
형국으로 살아가는 모습이 지금 너희
들의 모습이니,
36 이를 깨우쳐 너희들이 행해야 될 것이
니, 이를 잊지 말라.
37 너희는 누구를 보고 선택하여야 되겠
는가?
38 나의 초라한 성전에 앉아 나의 성령의
뜻을 듣고 너희들의 가슴을 울리며 너
희들에게 전하며 너희들이 왔을 때 반
가이 맞으며 떠날 때 반가이 인사하며
생사고락을 같이하며 의사소통을 하
며 살아가는 나의 아들의 존재함이 더
소중하던가,
39 아니면 궁궐보다도 더 험악하게 너희
의 피와 땀으로써 이루어 놓은 외형적
인 말 못하는 그 돌덩어리가 더 위대
한가?
40 너희들은 여기서 깨우쳐 너희들이 선
택의 길을 보고 찾아야 할 것이니 그
리 알라.

2,775 번째 하나님 말씀

2002년 8월 1일 18시 08분

1 사랑하는 나의 아들아!
2 "네, 아버님! 말씀하옵소서."
3 지난날의 너의 삶이요, 네가 육에서
살아왔던 그 생활과 네가 나로부터 고
개 들어 당당히 말할 수 없는 그 부끄
러운 삶에 얽매여 너는 울지 말라.
4 네가 지난날 잘못 살아왔으며 나 여호
와를 몰랐으며 나를 아버지라 네가 부
르지 아니하였으며 네가 믿음을 몰랐
으며,
5 너 또한 살아오는 그 성장 과정이 내
가 너를 훈련시켜 너 하나 누가 다스
려 주고 보살펴 주듯 그와 같은 역사
속에서 살지를 못하였음이니,
6 그 모두는 내가 너를 오늘에 이르게
하기 위하여 훈련시켰다 하였음이니
라, 아들아!
7 그리하여 나의 훈련 과정의 어렵고 힘
들고 아팠던 그 지난 과거에 네가 목
메 울며 또 울부짖는다면 어찌하겠는
가?
8 너는 이제 눈물을 거두라.
9 그리고 지난 세월의 그 아픔을 생각하
지 말며, 네가 살아왔던 지난날의 얽
매였던 그 모두를 다 네 가슴에서 털
어 버릴 때 네 가슴에 새로운 역사의
새싹이 오를 수 있음을 알라.
10 네가 지난날의 아픔에 의하여 눈물을
흘리는 그것보다는 오늘의 네가 목련
처럼 환히 웃는 그 얼굴의 모습과 말
없이 멀리 향기를 보내는 한 송이의
백합처럼 아름다운 미래의 삶을 위하
여 살아가며 그리 살아가 만백성이 너
를 보고 깨우친다면 그 길을 가기도
지금 네가 바쁘거늘,
11 각 종교마다 우상으로 받드는 자처럼
모든 이의 답이 네가 되어야 될 것이
니라.
12 '가'요, '나'요, '다'요, 각 종파마다 모
든 사람들이 믿는 그 종파의 우상처럼
다 네가 그들에게 아름다운 모습이요,
아름다운 얼굴로 그리 변해야 될 것이
니,
13 너는 지난날의 삶에 얽매여 울 것이
아니라, 미래의 삶을 살아가는 그 길
을 열어 가는 데 네 모두를 다 바쳐야
함을 너는 알아야 할 것이니라.
14 이제는 네가 그와 같이 지난날의 삶에
울며불며 얽매인다면 네가 새로운 나
의 성령을 받아들일 수 없으며, 네가
변하여 가는 데 그 시간만 더뎌지며,
만백성에게 깨우침의 기회를 주는 데
네가 점점 늦어진다는 그 사실만을 생
각하며,
15 네가 오로지 나의 삶을 대신 사는 사
람으로서 이제는 앞을 보며 앞에 살아
가는 그 삶이 아름답고 남에게 부끄럽
지 않은 그와 같은 삶을 살아갈 수 있
는 그 길만을 향하여 달려가라.
16 사랑하는 아들아!
17 너의 제자들에게 그리 가르치라.
18 너희들이 정녕 나 여호와의 삶을 대신
하여 사는 삶을 깨달았으며 하늘의 뜻
을 알았으며 정녕 나의 법전이 나의
성령이라 깨달은 자들이 있다 말하거
든, 그리고 제가 고치지 못할 것 하나
를 고쳤다 말하거든,

19 그는 이제 '하나님! 저의 죄를 용서하
여 주옵소서.' 하는 그 기도를 빼라 그
리 이르라.
20 너희들이 나에게 '저의 죄를 용서하여
주옵소서.' 하며 울고 부르짖는 것도
또한 너희들의 욕심이 아니더냐?
21 너희들이 이제는 그 이치를 깨달아 그
한계를 넘었으며, 구원하고 구원하지
아니하며 용서하고 용서하지 아니함
은 나 여호와의 권한이며, 너희들의
그 죄를 다 용서받을 만큼 된 자는 즉
무엇이더냐?
22 내가 하나씩 고치라 했던 그 버릇을
고치고, 가장 나쁜 행위를 하지 아니
하며, 너희들이 나를 대신하여 사는
삶이라 생각하며 살아가면서 내가 행
하는 것이라 생각하고 사는 자, 그와
같이 깨달음이 있는 자에게 이제 '여
호와 하나님, 저의 죄를 용서하여 주
옵소서!' 하는 그 대목을 암송하지 말
며, 그저 나에게 감사하다는 생각 속
에서 너희 자신이 누구인가를 깨우치
는 그와 같은 기도와 역사로써 살아가
도록 그리 이르라, 나의 아들아!
23 사랑하는 나의 아들아,
24 이와 같이 너희들은 지금 변해 가고
있음이니라.
25 다만 너희들이 변하는 것을 너희 자신
이 모름이니, 너희들이 그와 같이 무
서우리만큼 변해 가는 것을 너희들은
모르나 나는 알고 있음이니라.
26 여기에서 너희들이 좀 더 노력하며 좀
더 전진하며 좀 더 마음을 비우고 아
름다운 형태로 섰을 때, 너희들은 모
두를 다 알게 됨이니라.
27 사랑하는 나의 아들아, 너의 제자들에
게 그 이치를 깨우쳐 주도록 그리하라.

2,776 번째 하나님 말씀

2002년 8월 1일 21시 59분

1 사랑하는 나의 아들아!
2 "네, 아버님! 말씀하옵소서."
3 정녕 너를 따르며 너와 모두를 다 같
이할 수 있는 참제자를 네가 몇 명이
나 두고 있는가, 그리고 지금 너의 제
자들 중에 참으로 너를 따르는 제자가
과연 얼마나 되는가를 너는 한번 생각
해 보아야 될 것이니라.
4 지금 나의 피조물 만백성이, 나의 아
들 예수의 시대에도 그 제자들이 그와
같은 모든 변화와 그 누구도 이룰 수
없는, 나 여호와의 기적이요, 나의 권
능이 아니며 나의 아들이 아니면 이룰
수 없었던 그 모두를 다 보고 겪은 그
들이 마귀가 되어 돌아섰으며 그를 팔
았음이니,
5 2천 년이라는 세월이 흐르는 동안에
지금 너희 인간들의 마음이 그때보다
더 정화되고 아름답게 변한 것이 아니
요, 더 사악하고 더 험악한 쪽으로 변
해 왔음이니,
6 지금의 너의 제자들 중에 과연 너와
더불어 나의 성령을 가슴에 안고 같이
죽어 갈 자가 몇 사람이나 있다 생각
하는가?
7 사랑하는 나의 아들아!
8 "네, 아버님! 말씀하옵소서."
9 그와 같은 제자 한 사람이 네 옆에 있
을 때 너는 세상의 그 무엇과도 바꿀

수 없는, 그 모두를 다 얻은 그와 같은
사람이니라.
10 그러니 그와 같은 너의 제자들이, 수
천수만의 그 나의 백성들이 너와 더불
어 같이 갈 수 있는 그 역사를 이루는
것이 네가 해야 할 일이며 네가 가야
할 길이니라.
11 그리하기 위해서는 네가 어찌 살아가
며 어찌 행해야 되겠는가?
12 육의 세상에서 보고 깨우치는 그들에
게 네가 보여 줄 수 있는 것은 육의 삶
의 형태이니라.
13 그 형태에서 네가 하나의 오점이 없으
며 한 점의 부끄럼이 없는 그와 같은
삶을 살아간다 해도 너와 더불어 모두
를 다 바칠 만한 그 제자가 나오기가
그렇게 쉽지 않은 것이며, 그와 같이
이룰 수 있는 자가 없음이니라.
14 지금 너와 같이 가는 자들이 다 이해
관계가 있으며 또 그들이 바라는 게
있으며 소원하는 게 있으며 원하는 것
이 있음이니라.
15 너로부터 그들이 은혜요, 덕을 받았을
때 그들의 마음은 변하지 않을 것이라
생각하나, 또한 그렇지 아니한 것이
인간의 마음이니,
16 과연 네가 무엇으로써 그들을 다스려
나갈 수 있으며 너와 더불어 같이 명
을 할 수 있는 그와 같은 제자들이 수
천수만 명이 나온다 생각할 수 있는가?
17 네가 무엇인가를 베풀어 준 그 제자들
또한 제가 더 갖고자, 더 이루고자 하
는 욕심이 그 마음을 흔들어 놓을 것
이며, 받지 못한 자는 받지 못한 대로
그 마음이 너를 흔들어 놓을 것이니,
18 이와 같은 인간관계에서 너의 제자들
중에 그 모두를 다 초월하여 너와 더
불어 나의 법전을 가슴에 안고 죽어
갈 자, 그는 어떠한 자들이던가?
19 재물로써 이루어지는 것도 아니 되며,
네가 베푸는 것으로 이루어져도 아니
됨이니라.
20 그들은 그와 같이 이룰 수가 없음이니
라.
21 받아서 기뻐하는 자는 더 주었을 때
더 기뻐함이니 그 마음에 끝이 없으
며, 이룬 자 또한 더 이루고자 하는 그
마음이 끝이 없음이니, 그와 같은 마
음을 가지고 있는 자는 너와 더불어
모두를 다 저버리고 갈 수 있는 사람
이 못 됨이니라.
22 주고받는 그와 같은 역사가 없는 그
속에서 나의 성령만이 너희들의 구원
의 길이요, 나의 성령이 소중한 것이
며, 이는 나 여호와의 뜻이며, 이를 대
변하여 전하는 너를 대역자로서 그들
이 믿을 때,
23 그리고 네가 거기에 버금가는 행동으
로써 그들에게 모든 역사와 기적을 이
루며 같이 더불어 갈 때,
24 그리한다 해도 그들 중에 과연 너와
함께 생사고락을 같이할 수 있는 사람
이 몇 명이나 나올 수 있다 생각하는
가?
25 이것이 지금 네가 처해 있는 현실인
것이니라.
26 너는 이를 깨닫지 못해도 아니 되며,
이를 바라보지 못한다 하면 너는 아무
것도 이룰 수가 없음이니라.
27 그러니 내가 나의 성전에 많은 사람을

모아 놓고 네가 강론하고 나의 성령을
깨우쳐 주는 것을 원하지 않음이니라.
28 네가 죽어 갈 때 같이 갈 수 있는 그
한 사람이야말로 그는 곧 나 여호와가
존재함을 믿으며, 내가 세상의 모두를
다 창조했으며 죽어 너희들이 내 앞에
와 심판을 받는다는 것을 깨닫는 자이
니, 그가 소중함이니라.
29 그와 같이 깨닫는 자, 네가 나의 아들
이라 깨닫는 자, 그리고 믿음이 확고
한 자, 그와 같은 속에서 너와 더불어
갈 수 있는 그 역사하는 너의 제자가
나올 수 있는 것이니라.
30 이를 깊이 깨우쳐, 네가 이제 베푸는
것이요, 나누어 주는 것만이 너와 더
불어 가는 것이 아님을 알라.
31 너는 이제 너와 더불어 갈 수 있는 너
의 제자와 네가 베풀어서 그를 이룰
수 있는 제자와 그리고 네가 가는 데
역사하여 한 일부를 담당하는 자, 그
들이 다 구분되어 그 부서에서 책임을
다함이니,
32 그와 같은 자들을 적절히 네가 배치하
여 활용하며 그와 같이 맞춰 쓰면 될
것이니라.
33 모두가 다 너를 따라 같이 나의 법전
을 안고 죽음의 길을 갈 때, 하나의 여
한이 없고 하나의 고통이 없이, 가장
영광스럽고 명예스럽게 같이 죽어 갈
자, 그들을 네가 잘 구분하고 분별하
는 안목을 갖고 그때그때 사람을 쓰도
록 그리하여야 할 것이니,
34 인재를 등용함에 네가 소홀히 해서는
아니 될 것이니, 내가 너에게 내리는
이 뜻을 깊이 깨우쳐 행해야 할 것이
니 그리 알라.

2,777 번째 하나님 말씀

2002년 8월 1일 22시 37분

1 사랑하는 나의 아들아!
2 "네, 아버님! 말씀하옵소서."
3 많은 세월 동안에 나의 법전을 가지고
공부했으며 네가 그들을 깨우쳐 주기
위하여 그 많은 시간 동안 나의 성령
을 받아 그들에게 깨우쳐 주어 너의
제자라 일컫는 자들, 그들이 무엇을
배웠으며 무엇을 깨우쳤는가?
4 과연 그들은 정녕 나의 성전에서 배운
바와 같이 그들이 나가 생활할 때 그
와 같은 마음가짐을 가지고 살았던가?
5 그와 같이 살지 아니한 자, 그와 같이
살고자 노력하지 아니하는 자들이 너
에게서 등을 돌려 떠나갔음이니라.
6 그들은 정녕 내가 내리는 성령의 그
뜻을 지키고 살 수 없다는 것을 스스
로 깨달은 자들이며, 내가 지키고 명
하여 그 구원의 길을 받으라, 계명을
지키며 율법을 지키고 나의 법전대로
살아가라 말하였으나, 그들은 저희가
스스로 그리 살아갈 수 없으며 살 수
없는 자들로서 스스로 포기하여 등 돌
리고 떠난 자들이니라.
7 그와 같은 자들이 너에게 지금 무어라
말하며 너를 핍박하는가?
8 네가 아무리 정의로운 말로써 그들을
가르치며 깨우쳤어도, 그들은 그를 가
지고 너를 사악한 자라 몰아붙이며,
이단이요, 사탄이라 그리 말하며, 이
시대에 너를 존재토록 해서는 아니 된

다며 그와 같이 사악한 행위로써 너를
핍박하는 자들이니라.
9 그들이 어찌 말하는가?
10 그들이 궤변과 이룰 수 없는 것을 가
지고 너를 공격하고자 하며, 인간 세
상에 살아가면서 경우요, 도덕이요,
질서에 맞지 않는 그와 같은 행위를
가지고 너를 핍박하고 공격하는 자들
이니, 그들이 너를 공격하고 핍박함이
극에 달하였음이니,
11 내가 내려 만든 나의 성령이요, 나의
법전에 내가 선지자라 부르며 너를 찾
은 것을 그들이 다 삭제하며 지워 버
리는 그와 같은 잔악한 행동을 하는가
하면, 법전에 넣은 네 사진까지도 찢
어 버리는 그와 같은 만행을 하는 것
이니,
12 과연 그들이 많은 시간 속에 너로부터
배우고 깨달은 것이 무엇이 있는가?
13 그들은 너에게 와서 공부하고 배우며
나의 성령을 들을 때와 나가서 행동하
는 그 생활의 차이가 나며 안과 밖이
다르며 저희 나름대로 인생을 사는 그
순리대로 살아가고자 하는 자들이니
라.
14 그리하여 그들은 나의 법전대로 도저
히 살 수 없으며 저희 스스로 영원히
구원을 받을 수 없다 그리하여 돌아서
서 너를 핍박함이니,
15 제 스스로 부끄럽고 제 스스로 깨달음
이 없으며 제 스스로 갈 수 없는 그 길
을 저 자신의 죄라 생각하여 반성하는
것이 아니니, 그들이 오죽하면 너에게
그리 핍박하겠는가?
16 그들은 선지자라 하여 너를 영원히 부
르는 것은 내가 너를 깊이 쓰는 것이
며, 내가 너를 아들이라 부르는 것은
선지자라 하여 법전을 만들어 세상에
전하는 그 임무를 너로부터 거두어 갔
으며 너를 버렸음이라 그리 말하며 그
리 억지를 부리는 것이니라.
17 그와 같이 사악한 자들의 말에 네가
귀 기울이지 말며, 그들이 너에게 시
시비비하거든 그리 일깨워 주라.
18 선지자라 명하는 것이 무엇인지 너희
들이 아느냐?
19 선지자라 명하는 것은 영원히 사는 나
의 나라요, 나의 품에 와서 살 수 없는
자를 선지자라 부르는 것이니라.
20 그러나 그들은 선지자라 부르는 것이
나의 아들이라 부르는 것보다 더 위대
하며 나의 임무를 수행하는 자라 그리
말하며, 아들이라 부르는 자는 그 임
무를 수행할 수 없는 자라 그리 말하
니,
21 내가 모두를 나의 아들 너로부터 다
거두어 들였으며 너를 버렸다 그리 말
하며, 저희 스스로 선지자가 세상에
나올 것이라 말하니,
22 저희들이 나 여호와요, 창조주가 되고
자 하는 것이 아니던가?
23 그들에게 가르쳐 주라.
24 선지자라 부르는 것은, 내가 선지자라
명할 때는 그 누구도 나의 품에, 나의
나라에 와, 영원히 사는 나의 낙원에
기거할 수 없으며 영원히 살 수 없는
것이니라.
25 내가 그를 선택하며 그가 깨달았을
때, 그가 바르게 살 때 나의 나라에 올
수 있는 것이니라.

26 그러나 내가 나의 아들이라 명했으며
나의 아들이라 부르는 자는 나의 아들
이니, 그는 영원히 사는 나의 나라에
와서 기거할 자격이 있으며, 그는 영
원히 나의 나라에 와 기거하는 것이니
라.
27 나의 나라에 와 살 수 있는 자가 나의
아들이니라.
28 나의 나라에 와서 임의대로 살 수 없
는 자가 바로 선지자요, 선지자는 제
임의대로 나의 나라에 와 살 수 없는
자이니라.
29 그러나 나의 아들은 영원히 사는 나의
나라에 와 살 수 있는 자이니,
30 이러고도 너희들이 선지자와 아들과
그리 구분되는 데 억지를 부리며 말도
안 되는 것으로써 나의 선지자를 핍박
함이니, 그들에게 깨우쳐 주라.
31 선지자는 영원히 나의 나라에 와 살
수 없으나, 나의 아들은 영원히 나의
나라에 와 살 수 있는 것이니, 이것이
선지자와 나의 아들이라 부름의 차이
이거늘,
32 너를 떠난 자들이 반대로 말하며 이를
가지고 너를 핍박하니, 그들의 그 시
시비비에 관계치 말며,
33 그들의 사악한 마음이 극에 달하였으
니 그들을 어찌하겠는가?
34 그것이 지금 그들이 처해 있는 상황이
며, 너를 물고 늘어지며 세상에 드러
내 난도질을 하고자 하는 것이 그들이
니, 너는 그들에 대하여 신경쓸 것이
없으며 개의치 말라.
35 아들보다도 선지자가 더 위대하다 말
하는 자에게, 내 품에 와 살 수 없는
것이 선지자요, 내 품에 올 수 있는 것
이 아들이라 내가 다시 한 번 너희들
에게 그 이치를 깨우쳐 주니,
36 그들의 어리석고 우매한 그 행동을 네
가 일깨워 주도록 그리하라, 나의 아
들아!

2,778 번째 하나님 말씀

2002년 8월 1일 22시 48분

1 사랑하는 나의 아들아!
2 "네, 아버님! 말씀하옵소서."
3 지금 많은 종교 지도자들과 구원의 길
에 들어서서 그 길을 가고자 하는 나
의 피조물 만백성이 말하기를,
4 네가 무엇이기에 네가 이 시대의 선지
자며, 네가 무엇이기에 만백성을 구하
는, 예수를 대신하여 내려온 창조주
나 여호와의 아들이라 그리 말하며,
5 네가 기록하여 전하는 그 모든 기도
소리며 성령이요, 법전에 이루고 있는
그 모든 것이 다 어찌하여 나 여호와
하나님의 것이라 네가 그리 말하며 증
명할 수 있는가,
6 네가 성서를 몇 줄을 읽었으며 네가
그들이 지은 성전이라는 곳에 와서 얼
마나 설교를 들었으며 그 세 치의 혓
바닥으로써 나의 피조물 만백성을 우
롱하며 재물과 금화를 거두어들이기
에 급급한 그들에게 와서 얼마나 교육
을 받았으며 성서를 얼마나 공부했느
냐,
7 그러한 기억도, 그러한 역사도 없고
그러한 길도 걷지 아니한 네가, 이방
인 중에서 어찌하여 네가 선지자요,

또는 나 여호와의 아들이냐 그리 말하
며 너를 핍박하나니,
8 그리하여 그들은 이방인에게 나 여호
와가 말씀을 내릴 수 없으며 성령을
내릴 수 없으며, 그래서 이것은 말세
에 사탄의 가장 사악한 방법으로써 세
상에 내려지는 것이라 그리 말할 것이
니라.
9 그러나 너는 그들에게 깨우쳐 주어야
될 것이며, 나의 법전을 읽은 만백성
너희들은 알아야 될 것이니라.
10 내가 나의 아들이라 명하여 부르는 그
는 제가 자의로, 너희들처럼 임의로
기도하며 너희들이 소원하는 것을 너
희들의 환경과 기분에 맞춰 만들어 나
에게 구하며 부르짖으며 기복 신앙의
근본의 자세로 가는 것이 아니라,
11 그는 나에게 듣는 것만을 기록하며 내
가 들려주며 명하여 내리는 것만을 듣
는 그대로 기록하여,
12 그 명칭을 '하늘에 오르는 길'이요, '법
전'이라 하여 책으로 만들어서 만백성
에게 증거하여 그 내용대로 살라 명하
며, 그리 살아가는 것만이 구원의 길
이라 하여 책으로써 증거하여 너희들
에게 내보내 줌이니라.
13 그리고 그는 그를 제시하며 그 내용대
로 살아가고자 몸부림치며, 나의 계명
대로 살아가고자 그 모두를 다 바쳐
몸부림치며 목숨을 내걸다시피 하며
살아가는 자이니라.
14 그것이 그가 지금 가는 길이며 나의
아들이 가는 길이거늘, 너희들은 과연
어찌 가는가?
15 지금 종교 지도자 너희들은 임의대로
기도하며, 너희들이 원하는 것이 있으
며 너희들이 소원하는 것이 있으면 그
것을 상대방에게 너희들이 다 내려 주
듯이, 너희들의 세 치 혓바닥으로 무
엇이 이루어질 것이라, 무엇이 될 것
이라, 몇십 배 몇백 배의 축복과 영광
이 내려갈 것이라 하며 너희 임의로
만들고 임의로 생각하여 나름대로 그
들에게 구원하여 준다, 구원의 길을
인도한다 그리 말함이니,
16 나로부터 듣는 것만을 기록하여 그것
을 법전이라 하여 책으로 만들어 너희
들에게 근거로 제시하는 나의 아들과,
17 너희 임의대로 사람을 자극하며 너희
들이 재물과 금화와 은화를 거두어들
이기 위하여 잠시 그들에게 황홀한 말
로써 달래 주며 그들을 현혹하는 세
치 혓바닥으로써 만들어 나에게 기도
하는 그들의 기도하는 방법과, 나의
피조물과 만백성을 인도하고 안내하
는 방법과, 하늘에 오르는 그 길로 지
도하며 가르친다는 자들의 방법을 보
라.
18 여기에 엄연한 사실이 있으며, 너희들
이 넘지 못할 강이 있으며, 너희들이
감히 건너올 수 없는 불바다가 있는
그와 같은 엄연한 한계가 있음이니라.
19 나의 아들이 듣는 것만으로써 기록하
여 만든 나의 법전은 책으로써, 글로
써 증명함이니, 그 속에 너희들이 어
찌 깨우쳐 변하여 살아가야 하는지 다
기록되어 있으며 진리만을 전함이니,
거기에 너희들이 도적질하며 사악하
게 살아가라는 내용이 없으니, 이를
보고 깨우치는 자들은 그 누구도 건널

수 없는 불바다를 건너오는 영광을 얻
는 것이며, 건너오게 됨이니라.
20 그러나 이를 듣지 아니하고 이를 보지
아니하며 저희 기분에 제 생각대로 나
의 피조물 만백성에게 재물과 시간을
긁어모아 제 육신의 편안한 삶을 위하
여 근거도 없는 말로써 그저 '주라, 주
라' 그리 말하는 자, 너희들이 기도하
여 누구에게 무엇을 주라, 어떠한 은
혜를 열어 축복을 주라 그리 명하는
것은 무엇이더냐?
21 너희들이 창조주인 나 여호와요, 나는
너희들의 심부름하는 자로 너희들이
그리 취급하며 그리 너희들이 망령된
행위를 하는 것이라 내가 일찍이 너희
들에게 깨우쳐 주었음이니, 바로 너희
들이 그러한 행위를 지금 계속 지속하
고 있으며 몇천 년 전부터 그리 흘러
옴이니라.
22 그와 같이 나보다 높은 자가 되어 나
에게 무엇을 주라, 무엇을 내려 주라,
저희들을 따르는 자, 저에게 금화와
은화를 바치는 자에게 열배 백배 축복
을 주라 하며, 저희들에게 모든 것을
순종하는 자에게 축복과 복을 주라 나
에게 명령을 내림이니,
23 저에게 순종하는 자, 저에게 재물을
바치는 자에게 나보고 열배 백배 은혜
와 축복을 주라 명하니, 바로 이게 어
찌된 형상이던가?
24 나를 너희들의 종이라 생각하며, 창조
주는 너희들이라 그리 생각하는 자에
게서 그와 같이 망발을 할 수 있는 것
이 아니던가?
25 그리 망발을 하는 자들이 어찌하여 나
에게 구원을 받을 수 있다 할 수 있는
가?
26 이는 엄연히 너희들이 나를 거역하며,
나를 의식하지 아니하며, 내가 존재하
는 것까지도 머릿속에 기억하지 아니
하는 사악한 자들이 하는 기도의 방법
이니, 이와 나의 아들이 듣는 것만을
기록하여 근거를 제시하는 이것과 비
교하여 너희들이 깨우침을 얻으라.
27 너희들의 머리가 맑아질 것이며 눈이
떠질 것이며 귀가 열릴 것이거늘, 나
여호와가 너희들을 얼마나 사랑하며
아끼면 한 사람의 생명이라도 더 구하
기 위하여 이 깊은 밤, 밤낮을 가리지
아니하고 나의 아들에게 이 시련의 고
통 속에서 나의 성령을 받아 나의 법
전을 세상에 만들도록 이 길을 가게
하겠는가?
28 너희들은 돌아다보아야 될 것이니라.

2,779 번째 하나님 말씀

2002년 8월 1일 23시 03분

1 사랑하는 나의 아들아!
2 "네, 아버님! 말씀하옵소서."
3 구약의 시대에 살아왔던 나의 피조물
만백성이, 모세의 그 역사와 기적을
보며 그를 따랐던 자들이 그에게서 등
돌려 우상으로써 모든 광분된 것을 거
기에 바쳤으며 광란의 인간의 형태로
돌아가 그리 나로부터 죄를 받았음이
니, 그 후손이 또한 얼마나 후회와 뼈
저린 통곡 속에서 살아왔으며 반성의
세월을 살았겠는가?
4 그리하여 내가 그들에게 나의 아들 예

수를 세상에 내보내 그로 하여금 진리
를 전하는, 그들을 구원의 길로 인도
하는 그 임무를 내려 그들에게 선한
말, 그리고 하늘에 오르는 빛, 영광의
그 모두를 가르쳐 주고 전하고자 하였
음이니라.
5 그러나 그들은 어찌하였는가?
6 그들은 그를 나의 아들이라 믿지 않고
거역하였으며 죽게 하였음이니라.
7 그러나 2천 년의 역사가 흐른 지금에
와서 그 아들을 죽게 한 자, 그를 죽도
록 만든 자, 그 거역한 그들이 어떠한
형국으로 가고 있는가?
8 그들은 지금 울고불고하며 광란의 형
태로써 저희들이 만든 성전이라는 곳
에 모여 나의 아들이 진정한 나 여호
와의 아들이었으며, 만백성을 구하기
위하여 세상에 나온 구세주였노라, 그
리하여 그들은 '주여, 주여, 주의 보혈
로써 저희들을 구원하여 주옵소서.'
하며 그리 울고불고,
9 나의 아들의 피로써 영광이 있으며 저
희 손으로 지은 그 성전에 가기만 하
여도, 또 그곳에 성서를 들고 오기만
하여도, 그리고 죄를 짓고 그곳에 와
금화와 은화를 바치기만 하여도 나의
아들 예수의 그 보혈로써 죄를 사해
준다 그리 받들고 광분하여 나의 아들
을 부르짖음이니, 너희들이 그와 같은
형국으로 살아가며 지금에 와서 그를
깨달았으니,
10 2천 년 전 나의 아들이 세상에 나와
너희들에게 선한 나의 성령을 전하며
진리를 전하며 그 구원의 빛을 보여
줄 때는 그는 진정한 나의 아들이 아
니며 구세주가 아니라 하며 그를 죽게
하고 지금에 와서 그의 피로써 모두
구원을 받는다 하여 울부짖으며 그와
같은 형국으로 가고 있는 이 시점에서
너희들은 지금 어찌 깨우쳐 가는가?
11 그와 같은 속에서 너희들이 이제야 깨
달음을 가진 자 또한 잘못 가고 있으
며 나의 성서요, 내가 원하는 그 길로
가지 아니하기에, 내가 나의 아들을
다시 세상에 내려보내 나의 성령을 나
의 아들의 가슴을 통하여 '하늘에 오
르는 길'이요, 법전이라 하여 책으로
만들어 세상에 이를 내보내니, 지금
너희들이 이를 보면서 뭐라 하는가?
12 너희들은 또한 이는 나 여호와의 아들
이 아니요, 내가 직접 내려보낸 것이
아니며 나의 성령이 아니라 하며 이를
믿지 아니하고, 그를 또 죽이려 하며
그를 세상에 존재치 못하도록 하게 하
며,
13 나의 법전이라 하여 하늘에 오르는 길
을 너희들에게 책으로 증거하며 너희
들이 읽고 깨우쳐 하늘에 오를 수 있
도록 내가 내려보낸 그 모두가 말세에
사악한 뿌리가 내려와 만든 것이며,
나의 아들이 아니요, 나의 성령을 받
아 기록된 것이 아니라 그리 말함이니,
14 그리하여 너희들이 지금 나의 아들을
세상에 존재하지 못하도록 그를 죽게
할 것이며 나의 법전을 세상에 나오지
못하도록 그리 뒤흔들어 놓은 다음에
너희들의 그 악의 씨를 뿌린 너희 후
손들은 또 어찌하겠는가?
15 너희들이 지금에 와서 나의 아들이 진
정한 구세주요, 나의 아들이라 그리

부르짖듯이, 너희 후손들은 또 몇천 년의 역사가 흐른 다음에 나의 지금의 아들이 진정한 나의 아들이었으며, 나의 아들을 통하여 기록하여 내려보낸 이 법전이 참진리요, 하늘에 오르는 길이라며 그 악의 씨의 후손들은 또 울고불고 통곡하며 그리 매달릴 것이 아니던가?

16 너희가 정녕 나에게 구원을 받으며 나의 나라에 오르고자 하거든 내가 선택하여 내려보낸 나의 아들을 믿고 따르는 그 길밖에 없으며, 그것만이 너희들이 구원을 받는다는 것을 너희 스스로 깨달아야 될 것이니라.

17 이제는 그가 나의 선지자요, 나의 아들이라 너희들이 명하며 그를 따르는 자, 그들만이 구원의 세계를 볼 수 있음을 알아야 될 것이니라.

18 내가 지금 나의 아들을 세상에 내보내어 그를 선지자라, 아들이라 칭하지 않았는가?

19 내가 그리 부르고 내가 칭하였거든 이 모두는 나의 뜻이거늘, 어찌하여 너희는 내려보낸 나의 뜻을 믿지 않으려 하며 나의 아들을 믿지 않으려 그리하는가?

20 너희들이 2천 년 전에 나의 아들 예수가 진정한 나의 아들이요, 너희들을 구원하기 위하여 나의 성령의 진리를 가지고 세상에 나간 자라 하여 그를 해하지 않았다면 그는 나로부터 많은 성령의 생명수를 너희들에게 내려보내 너희들이 지금같이 사악한 길이요, 나를 거역하는 믿음의 길을 가지는 않았을 것이니라.

21 나의 피조물 만백성에게 모든 재물을 갈취하는, 그리고 그들에게 고통을 가중시키는 그와 같은 방법의 시대는 열어지지 아니하였을 것이니라.

22 이제는 너희들이 깨달아야 될 것이니라.

23 내가 나의 아들이라 칭한 그 명칭은 내가 나의 뜻에 의하여 내려보낸 것이며 내가 부른 자이니, 이가 정녕 나의 아들임을 깨우쳐야 함을 잊지 말라.

2,780 번째 하나님 말씀

2002년 8월 1일 23시 44분

1 사랑하는 나의 아들아!

2 "네, 아버님! 말씀하옵소서."

3 인간의 형태가 천태만상이요, 같은 자가 없다 하였음이니, 그들의 마음씀씀이가 또한 다 하나가 되지 아니하며 천태만상이니라.

4 그러나 너희는 여기서 사람의 마음이 다 천태만상이라 그리 말하여 천 가지 만 가지 생각을 가지고 각자 뜻대로 산다 그리 말하나,

5 그들의 천태만상의 그 격은 하늘과 땅만큼 차이가 있음을 알아야 될 것이니라.

6 선하고 착하게 사는 자, 나의 계명을 지키며 하늘에 오르는 그 길을 위해 진심으로 살아가는 자, 그를 무시하며 그를 거역하며 그를 듣지 아니하며 그를 지킬 수 없다 하여 그리 깨우치고 그리 가르치는 자, 너희들의 마음은 천태만상이라 엄청난 차이가 있음이니 하늘과 땅보다도 더 무서운 차이가

있음이니라.
7 그와 같이 너희들이 마음이 다르며 그
격이 너무나 크니, 그를 하나로 만들
어 이 세상에 나의 뜻을 전하는 그것
은 얼마나 힘들고 어려운 길인지 아는
가?
8 하물며 너희들이 살아가는 집단이 다
르며 종파가 다르며 또 피부색이 다르
며 생활 습관이 다르며 언어가 다른
그 만백성이 살아가는 형태에서 그들
의 문명 수준이 다르며 깨닫고 깨닫지
못한 것이 다른 그들을 다 하나로 만
들어 나에게 기도하는 방법을 하나로
이끌어 구원의 길로 인도한다는 것은,
이는 아무도 할 수 없는 것이니라.
9 어떠한 인간의 능력으로써 이 시대를
지배하는 인간의 지도자도, 아무리 방
대한 종교의 집단을 가지고 있으며 그
집단의 힘을 가지고 있으며 그 조직을
가진 자도, 그 누구도 그와 같이 역사
를 이룰 수 있다 장담하는 자 없으며,
그리 해야만 된다고 생각하는 자 아무
도 없을 것이니라.
10 진정한 종교 지도자요, 저희들이 믿는
그 길이 옳은 길이며 저희가 맞는 길
이라면, 지금 내가 너에게 말했듯이
그와 같은 생각을 가진 자들은 정녕
종교 지도자가 아님이니라.
11 아무리 민족이 다르며 피부색이 다르
며 살아가는 방법이 다르며 그들이 가
지고 있는 문화의 수준이 다르고 살아
가는 형태가 다르다 하더라도,
12 너희들이 가는 길이, 너희들이 지키는
길이 하늘에 오르는 길이요, 진정 나
여호와에게 구원을 받는 길이라면, 그
와 같은 확신이 있다 하면 너희들은
너희들이 지금 가고 있는 그 생활 습
관으로써 언어를 통일시키며 기도하
는 방법을 통일시키며 나 여호와가 존
재하는 것을 깨우치는 것을 똑같이 깨
우치도록 거기에 모두를 바쳐야 하며
그를 위하여 노력하는 자들이 있어야
될 것이니라.
13 그렇지 아니한 자는 정녕 나의 뜻에
사는 자가 아님을 알라.
14 너희들은 다 내가 창조한 한 형제요,
한 가족이니라.
15 그러한 가족을 너희들이 하나로 만들
고자 하는 생각이 없으며, 너희들과
같은 생각을 가진 자, 너희들을 따르
는 자, 너희들을 이해하는 자, 그와 같
은 백성들만을 그저 끌고 가고자 한다
는 것은 바로 무엇이더냐?
16 너희들은 사명이 없으며, 나 여호와로
부터 선택된 자라는 것을 너희들이 모
르며, 너희들은 내가 존재하는 그 자
체도 믿지 않으려 함이니,
17 너희가 한 세상을 살아가는 그 시대가
백 년도 안 되는 육신의 삶의 그 속에
서 어렵고 힘든 그 길을 가려 하지 아
니함이며, 그 고통스러운 길을 생각조
차도 하기 싫어하는 그와 같은 종교
지도자들이 지금 상층부에 앉아 나의
피조물 만백성을 그저 흘러가는 대로
흘러가도록 하며 금화와 재물과 그 모
두를 거두어들이는 데만 전념하고 있
으니,
18 이것이 어찌 감히 종교 집단이요, 진
정한 나 여호와에게 오르는 선택된 집
단들이 하는 행위며 가는 길이라 말할

수 있겠는가?
19 나로부터 선택된 종교 집단이요, 나로
부터 선택된 지도자는 이 세상을 다
하나의 종파로 통일시키며, 언어와 생
활과 모두를 그와 같이 이루는 역사를
위하여 지금서부터 터를 닦아 가며 기
틀을 잡는 자임을 알아야 될 것이니라.
20 지금 나의 아들은 동양의 작은 한 마
을에 자리를 잡고 앉아, 그를 따르는
자도 없으며 부귀와 영화도 없으며 권
세도 없으나, 나의 성령이요, 나의 음
성이요, 나의 뜻을 갖고 '하늘에 오르
는 길'이라 하여 그 책을 만들어 감히
만백성이 똑같이 이를 깨우쳐 하늘에
오르는 길을 만들어 모든 문화권을 하
나로 만들며 생활 습관을 하나로 만들
며,
21 하늘에 나 여호와가 존재하며, 창조주
나 여호와 하나만이 존재한다는 것을
만백성에게 깨우치며, 나로 하여금 너
희들이 구원을 받으며, 그 나라에 임
하는 것이 구원을 받는 것이며, 그리
하여 너희들이 하나의 기도하는 방법
으로써 한 역사의 획을 그어 혁명을
이루고자 하니,
22 나의 아들이 가는 그 길을 과연 너희
들은 어찌 생각하는가?
23 너희들이 생각할 때는 정신 나간 자
요, 미친 자요, 잘못된 자라 말할 것이
니라.
24 너희들은 개미가 황소를 옮겨 놓고자
하여 거기에 매달리는 그와 같은 형국
으로 볼 수도 있을 것이니라.
25 그러나 이는 이루어질 것이니라.
26 수천수만 마리의 개미가 황소를 쓰러
트릴 수 있음이니 너희들은 이를 알아
야 될 것이니라.
27 지금 나의 아들이 혼자 몸부림치며 나
의 성령을 받아 밤과 낮을 가리지 아
니하고 나의 법전이라 하여 만백성이
읽고 깨우치는 이 책을 만들기 위하여
자리잡고 있음이니,
28 그가 이 책으로써, 나의 성령으로써
세상을 통일하고자, 어느 종교 집단도
수천 년 역사가 흐르는 동안에 그를
이루고자 한 자 없으며 그 역사를 이
룬 자가 없으나, 그가 지금 이루고자
하여 나의 법전을 전함이니,
29 과연 이것이 나의 뜻이요, 내가 임한
자이며 내가 그에게 명하는 자요, 나
의 명을 들어 움직이는 나의 아들이
아니라고 누가 거부할 수 있겠는가?
30 이와 같은 나의 아들을 통하여 내리는
법전을 읽고, 나의 아들이 세상적으로
그 모두를 다 통일하며 만백성을 하나
로 묶고자 하는 일에 동참하는 자, 그
가 내가 이루는 새 시대요, 새 역사를
이루고자 하는 나의 뜻에 동참하는 자
들이니,
31 나의 아들을 따라가는 자는 나를 따라
옴이며 나를 경배함이며, 내가 이루고
자 하는 지상의 낙원을 이루는 곳에
모두 다 동참하는 자들이니,
32 너희들은 정녕 나의 역사를 이루며 새
시대를 이루고자 하는 나의 뜻에 동참
하는 백성으로서 살아갈 것인가, 그렇
지 아니하면 지금 잘못된 거짓 종교
지도자들의 세 치의 혓바닥에 놀아나
그들이 죽을 때까지, 너희들이 육의
삶을 마치고 죽어 지옥으로 갈 때까지

그들의 편안한 생활과 그들의 권위와
그들이 가지고 있는 안락함을 위하여
희생양으로 살아가는 그와 같은 삶을
계속 갈 것인가?
33 너희들은 돌이켜 봐야 될 것이니라.
34 너희들을 희생양으로 이용하며 세 치
의 혓바닥으로 너희들의 고혈을 빨지
않는다면, 더 많이 가진 자가 갖지 않
은 자에게 헌금이요, 십일조요, 재물
을 거둬들이는 그와 같은 형국을 계속
하고 있음이니, 그것이 바로 가짜요,
잘못된 자들이 아니던가?
35 사랑은 가진 자가 나누는 것이라 하였
음이니라.
36 가진 자는 천국에 오를 수 없다 하였
느니라.
37 그러니 누가 얼마나 더 가지고 있고
얼마나 소유하고 있는가?
38 종교 지도자 너희들은 남보다도 수천
수만 배 더 가지고 소유한 자들이니,
너희들 것을 나누어 주지 아니하여 너
희들은 천국에 올 자격이 없는 종교
지도자들이며, 너희들이 가르치는 것
은 잘못된 것이니라.
39 그와 같이 많이 가지고 있는 자들이
또 단돈 천 원이라는 지폐 한 장을 가
지고 벌벌 떨며 그를 가지고 힘들게
살아가는 나의 피조물 만백성에게 그
것까지도 세 치의 혓바닥으로 갈취하
여 긁어 들이니, 너희들이 과연 어찌
하여 하늘에 오르는 나의 피조물 만백
성을 구원하는 지도자요, 나의 뜻에
따라 역사하는 자들이라 말하는가?
40 너희들은 자격이 없음이니라.
41 너희들은 정녕 다 나 여호와와는 아무
런 관계도 없이 나를 거역하는 자들이
며, 사탄이요, 사악한 자의 앞잡이임
을 알라.
42 너희들이 가지고 있는 그 재물을 너희
들만 못한 자들에게 나누어 주는 역사
를 이루었을 때 너희들이 나에게 오르
는 빛을 볼 것이며,
43 너희들보다 가난하고 어려운 자들에
게 재물을 거둬들이는 그와 같은 사악
한 행위를 하지 아니할 때, 그리고 너
희들이 가진 것을 그들에게 나누어 주
고 베풀어 줄 때, 그때만이 너희들이
나의 빛을 볼 것이며, 너희들이 사악
한자요, 사탄의 자식에서 벗어남이니,
44 너희들이 그들의 지배를 받지 아니하
고 나의 지배를 받는 그와 같은 영광
을 얻게 됨이니라.
45 나의 아들이 어찌 가는가?
46 5달란트를 주어 10달란트를 만들 수
있는 자에게 저의 모든 재산을 다 털
어 그 역사를 이루고 있음이니, 너희
들은 과연 얼마나 많은 재물을 가지고
있는가?
47 나의 아들보다 수천, 수억 배를 더 가
진 자가 베풀 줄 모르니,
48 바로 가진 자는 하늘에 오를 수 없다
하였으니, 너희들 자신이 하늘에 오를
수 없는 사악한 자들이니, 이 이치를
깨닫지 못하는가?
49 이것 하나만을 너희들이 깨달아도 너
희들이 가지고 있는, 성전에 있는 그
모두를 다 없는 자를 위해 돌려주며
나누어 주는 그 역사를 이룰 때, 그것
이 기적이며 하늘에 오르는 빛을 볼
수 있음을 알라.

50 너희들은 말하기를, 가진 자요, 부자
는 하늘에 오를 수 없다 그리 말하며,
그리하여 나의 피조물 만백성이 먹고
살 수 있는 그 여유가 있는 자들에게
그를 다 바치라 그리 강요하고 거둬들
이면서, 어찌하여 가장 많이 가진 너
희들이 하늘에 바치지 않는가?
51 이것이 바로 너희들이 사악한 자들이
며, 진정한 종교 지도자가 아니요, 나
와는 아무런 관계도 없는, 나의 뜻에
역행하는 자들이며, 나에게 선택받지
못한 자들이니라.
52 그와 같은 자들 앞에 바치지 말라.
53 가난한 나의 피조물 만백성들아!
54 너희들이 살아가기도 힘들고 어려운
그 재물은 내가 주었음이니라.
55 내가 너희들에게 먹고살라 내려 준 그
재물을 너희들보다 몇십 배 더 잘 살
며 배부르고 호화롭게 살며 호의호식
하며 세상에 제왕보다도 더 위대한 자
리를 지키며 그 행사를 하며 살아가는
자들에게, 어찌하여 너희들이 그 힘들
고 어려운 고혈을 바치는가?
56 어찌하여 천만 원을 가진 자에게, 억
을 가진 자에게 단 1원이라는 재물을
가진 자가 바쳐야만 되는가?
57 이 사악한 형국을 너희들은 돌아다봐
야 될 것이니라.
58 너희들은 손발이 저리도록 벌어 작은
금화 한 닢을 가졌으니, 그보다도 더
많은 재물을 쌓아 놓고 어찌할 줄 모
르는 그자들에게, 어찌하여 가난하고
불쌍한 너희들이 그들에게 바쳐야 되
는가?
59 그리고 그들이 그리 거둬 가는가?
60 바치는 자도 지옥으로 갈 것이며, 거
둬들이는 자도 지옥으로 갈 것이니라.
61 거둬들이는 자는 사악한 자요, 사악하
기에 하늘에 오를 수 없는 것이며, 바
친 자는 나의 재물을 잘못 썼으니 그
죄를 받을 것이니라.
62 나의 법전에 이리 나의 성령이라 하여
애달프게 기록하여 너희들에게 전하
니, 이 사정이요, 이 뜻을 나의 법전을
통하지 아니하고 어찌 너희들에게 전
하며 깨우쳐 줄 수 있는가?
63 그리하여 나의 아들에게 긴 밤 긴 낮
을 그 고통의 세월을 가면서 나의 성
령을 받아 기록하게 하여 너희들에게
전하니, 이를 보고 깨우쳐야 될 것이
니라.
64 이 법전이 아니면 너희들은 영원히 구
원받을 수 없으며 하늘에 오르는 길을
볼 수 없음이니라.
65 이를 명심하라, 나의 피조물 만백성들
아!
66 그리고 이를 보고 깨우치라, 그리고
이를 보고 깨우쳐 그 사악한 자들 속
에서 뛰쳐나와 나의 법전을 읽고 나
여호와에게 '하나님! 감사합니다.' 그
기도를 드리는 자만이 구원을 받을 것
이니, 그리 알라.

2,781 번째 하나님 말씀

2002년 8월 2일 08시 50분

1 사랑하는 나의 아들아!
2 "네, 아버님! 말씀하옵소서."
3 너는 나의 피조물 만백성 그들에게 물
어보라.

4 캄캄한 암흑의 밤에 목적지를 찾아 걸
어간다고 가는 사람과, 광명의 태양이
빛나는 밝은 낮에 목적지를 향해서 걸
어가는 사람 중에 누가 그 목적지를
바로 보고 바로 찾아갈 수 있는가 물
어보도록 그리하라.
5 너희들이 지금까지 구원을 받는 길이
라 달려온 것은 어둡고 캄캄한 밤에
목적지를 향하여 자신 있게 찾아갈 수
있다 그리 달려가며 자신 있게 안내할
수 있다는 자들을 너희들은 광명의 길
에 가는 것처럼 따라가는 이와 같은
형국의 믿음의 형태가 이루어졌음을
알아야 될 것이니라.
6 그가 첫째는 나의 아들이 세상에 나와
나의 뜻을 전하지 못하도록 했던 그
순간에 광명의 세상에서 암흑의 세상
으로 바뀌었으며,
7 너희들은 또 내가 그를 통하여 내리며
그가 행했던 역사와 나의 아들이 나
여호와만이 할 수 있는 능력의 그 모
두를 기록하여 너희들에게 어떠한 능
력도 행할 수 있다 그리 기록하여 전
하여 주었으며 그리하여 너희들에게
바로 살라 하였으나,
8 너희들은 나의 성령의 그 깊이를 깨닫
지 못했으며 너희들이 소위 속도 들여
다보지 못한 그와 같은 방법으로써 나
의 피조물 만백성을 깨우친다 하였으
니, 너희들 스스로 마음의 한계가 있
으며 깨달음의 한계가 있어,
9 너희들이 내가 말하기를 나와 같은 마
음자리를 가진 자 나의 성서의 깊이
요, 과거와 현재와 미래를 깨달을 수
있다 하였음이니,
10 그러나 너희들이 지금 그와 같은 것을
깨닫지 못하고 있으며 그를 들여다보
지 못하는 종교 지도자에 의하여 너희
들이 깨우쳐 하늘에 오른다 하고 있으
니,
11 그게 곧 너희들이 암흑의 세계에서,
그 암흑의 길에서 목적지를 향하여 자
신 있게 갈 수 있다 하며 인도하는 자,
그리고 또 그리 갈 수 있다 생각하여
지금 따라가는 그와 같은 역사를 반복
하고 또 반복하여 살아왔음이니,
12 너희들이 캄캄한 암흑의 세계에서 광
명의 길이라 하며 너희들이 원하는 그
목적지를 갈 수 있다 말함이니,
13 너희들이 그 캄캄한 밤에 어찌 목적지
를 찾으며 갈 수 있다 생각하는가?
14 그리하여 내가 너희들에게 광명의 빛
을 비춰 주며 그 횃불을 비추어 너희
들이 밝은 낮에 그 목적지를 찾아갈
수 있는 그와 같은 빛을 내가 내려 줌
이니,
15 너희들은 이 빛을 보고 따라가는 자만
이 암흑의 세계든 광명의 세계든 목적
지를 향하여 갈 수 있으며, 그 원하는
목적지에 도착할 수 있음을 알아야 될
것이니라.
16 내가 너희들에게 말하여 이 빛이란 무
엇을 말하는가?
17 내가 직접 나의 아들을 통하여, 내가
성령을 통하여 너희들을 인도하고 이
끄는 나의 법전이요, 나의 성령으로써
책으로 만들어진 나의 이 법전, '하늘
에 오르는 길'이요, 나 여호와의 말이
라 한 이 책밖에는 없음을 알아야 될
것이니라.

18 너희들이 캄캄한 암흑의 세계에서 허
덕이고 그 속에서 목적지를 가겠다 발
버둥치나, 너희들은 그 캄캄한 암흑의
세계에서 갈 수가 없음이니라.
19 지도하는 자도 인도하는 자도 그 자신
이 가야 할 목적지가 어디며 가야 할
그 길이 어디인지 구분하지 못하니,
20 캄캄한 암흑에서 제가 제 앞에 한 발
짝도 내다보지 못함이니, 어찌 그가
광명의 세계에서 나의 목적지까지 인
도하는 그와 같은 목자라 말하는가?
21 이제 너희들이 광명의 세계로 인도하
는 것은 제3의 시대에 내가 나의 아들
에게 내려보내는 나의 성령이요, 나의
법전밖에 없음을 다시 한 번 강조하니,
22 너희들이 이를 보고 이를 찾는 자 햇
빛을 보는 것이며,
23 그리고 인도하는 자의 그 빛을 보며,
어둡든 태양이 밝든 어떠한 형태에서
도 그 빛은 시들어지지 아니하며 태양
보다도 더 강렬한 빛으로써 너희들을
인도함이니라.
24 그저 이제 너희들은 그 빛을 따라오면
너희들의 목적지인 나에게 구원을 받
는 그 길을 오는 것이니, 이를 잊지 말
고 너희들은 나의 법전을 보며 '하늘
에 오르는 길'이라는 이 책을 봐 너희
들이 스스로 깨달아 하늘에 오르는 영
광을 얻도록 그리하라.
25 창조주인 너희 어버이가 이리 자식을
위하여 간곡히 간곡히 부탁하며 애절
히 너희들에게 내리는 나의 성령의 심
령의 뜻을 어찌하여 너희들은 그리 들
으려 하지 않는가?
26 이 세상의 모두는 다 내가 주관하여,
내가 필요하여 세상에 내놓았으니, 너
희들이 내가 세상에 내놓은 그 속에서
깨우치고 얻어 너희 것으로 만들면 될
것이니,
27 어찌하여 하늘에 오르는 길이요, 하나
님의 말씀이라는 나의 성령의 이 책을
그리도 너희들은 보지 아니하며 덮어
두는가?
28 이 불쌍한 백성들아!
29 어둠 속에서 너희들이 제자리를 돌다
죽어 와 지옥으로 가는 그 역사를 반
복하지 말며, 밝은 빛을 따라 그 지옥
의 암흑에서 벗어나며 하늘에 오르는
그 길을 보도록 그리하라.

2,782 번째 하나님 말씀

2002년 8월 2일 09시 07분

1 사랑하는 나의 아들아!
2 "네, 아버님! 말씀하옵소서."
3 나의 아들 예수가 2천 년 전 지상에
내려가 그가 임의로 말하지 아니하며
나의 명령을 받아 내가 내리는 그 뜻
을 들어 그것만으로써 행할 때, 그가
행하는 것은 세상의 진리요, 빛이었으
니, 너희들을 영원히 구원하는 빛이었
음이니라.
4 그러나 너희는 그 빛과 진리를 세상에
더 전하지 못하게 하였으며 그것을 막
았음이니라.
5 그리하여 암흑의 세상이 시작되었으
며, 생명의 빛이요, 생수가 없는 그 세
상에, 너희들은 암흑의 세상에서 허덕
였으니,
6 그러나 세월이 흐르는 동안에 어둠 속

에서 그 악의 뿌리요, 그 후손들은 정
녕 저희들이 두려움과 무서움을 알게
되었으니,
7 그리하여 너희들이 그는 정녕 나의 아
들이요, 진리의 빛이요, 참빛이라 말
하면서 그 길만이 너희들을 구원하는
길이며 그를 믿는 것만이 너희들의 구
원의 길이라 그리 말하느니라.
8 그러나 그리 깨우친 너희들의 믿음의
형태가 내가 원하는 방향과는 전혀 관
계없이 나의 뜻을 거역하며 달려감이
니라.
9 너희들은 나의 아들을 죽게 하여 그
빛이 세상에 전해지지 못하게 했으며
그 진리가 영원히 존속하지 못하도록
하여 너희 스스로 암흑의 세상에 허덕
이게 되니,
10 너희들은 너희 스스로 두려움과 무서
움과 그곳에서 견딜 수 없다는 너희들
의 깨달음에 의하여 그때야 나의 아들
이 진리요, 참빛을 가지고 온 나의 아
들이라는 것을 깨닫고 후회하며 그를
따르고자 하나,
11 너희들은 그 속에서 또 한 번 더 큰 죄
를 짓고 지금까지 수천수만의 종파가
이루어졌음이니라.
12 오로지 너희들이 정녕 깨달았다면, 나
의 아들 예수가 전하고자 했던 그 행
동과 그가 살아온 모습으로 너희들이
그리 자라며 그가 전한 말대로 목숨을
바쳐 행하고 지켜 왔다면 지금은 지상
의 낙원이 되었을 것이며,
13 너희들이 암흑의 세계에서 두렵고 무
서워 회개하고 반성한 것을 내가 거둬
들일 수 있음이니라.
14 그러나 너희들은 정녕 나를 거역하는
반대의 생활을 해 왔으며 그저 그리
믿어 왔음이니라.
15 너희들은 내가 지키라 명한 그 어렵고
힘든 길은 가지 아니하고, 그저 간단
히 나의 아들 예수의 보혈로써 죄사함
을 받았다 말하며,
16 너희들은 죄를 짓고도 재물을 바치면
그를 용서받으며 너희들이 정해 놓은
성전에 가서 기도하면 그 용서를 받는
다고 지금도 그리 가르치고 있음이니,
너희들이 또한 더 무서운 죄를 짓고
있음이니,
17 너희들이 반성과 회개를 한 것이 아니
요, 죄악에서 죄악의 씨를 낳아 사악
한 방법으로 지금까지 계속 진행되고
있으니,
18 너희들의 믿음의 종교 지도자가 지도
하는 방법과 너희들이 믿어 구원을 받
고자 하는 것이 과연 너희 자신을 위
함이 아니요, 남을 위하며 이웃을 위
하여 기도하고 구원하고자 하는 것이
얼마나 있는가?
19 너희들은 지금 계속 자신의 욕심이라
는 그 뿌리를 버리지 못하며, 내가 전
하고자 하는 성서의 그 깊이의 뜻을
모르며,
20 그는 어렵고 힘들기에 너희들은 성경
을 들고 너희들이 지은 성전에 그저
시계추처럼 왔다갔다하는 그와 같은
믿음으로,
21 눈물로써 회개하는 듯하며 광란의 짓
으로써 또 설교자의 말을 들으며 너희
들은 반성하는 것 같으나, 너희 손으
로 지은 성전을 나와 밝은 태양을 바

라보는 그 순간에 너희들이 무엇을 배웠으며 무엇을 깨우쳤는가를 모르는 그와 같은 형국의 삶을 다람쥐 쳇바퀴 돌듯이 계속 반복하고 있다 하였음이니라.
22 그리하여 지금 믿음을 가는 자들이 정녕 나에게 깨우치는 길을 보는 것이 아니요, 나에게 죄지음을 용서를 빌며 살아가는 것이 아니며 그곳에서 하늘의 뜻을 가르치는 것이 아니라,
23 육의 형태요, 육의 규정이요, 육의 법을 만들어, 하늘에 오르고자 하는 그 백성들을 육의 방법으로써 이끌어 가고 인도하여 저희들의 입에 맞도록, 저희들이 편안하게 살 수 있는 그 재물을 모으고 저희들의 권위를 세우는데 그들을 이용하고 있는 이와 같은 형국이며, 그를 따라가는 자들이 그리 이용된다 하였음이니라.
24 그리하여 내가 너희들의 그 모습을 보기가 불쌍하고 딱하여,
25 지금 나의 법전이 곧 나의 성령이요, 너희들의 생명의 진리요, 너희들의 참빛으로서, 너희들을 인도할 수 있는 그와 같은 여호와가 너희들을 직접 터치하는 시대로서,
26 그 누구도 너희들을 깨우칠 수 없으며 너희들을 바른길로 인도할 수 없기에 나 여호와가 지금 직접 내려가 너희들을 다 깨우쳐 너희들이 하늘로 오르는 그 길로 가도록 하고자 하는 것이 지금 내가 행하고 있는 역사임을 알아야 될 것이니라.
27 사랑하는 나의 아들아, 나의 피조물 만백성에게 경종을 울려 깨우쳐 주라.
28 나의 아들이 2천 년 전에 세상에 나가서 무엇을 했는가?
29 나의 아들 예수가 어떠한 일을 했는가?
30 그가 너희들 앞에 도적질을 했는가, 너희들이 보기에 죄를 짓는 행위를 했는가, 불의의 짓을 하면서 너희들을 가르쳐 하늘에 오르는 길이라, 그리 오라 하였는가?
31 그는 그리하지 아니하였음이니라.
32 너희들을 진정한 깨우침으로 인도하여 진리의 빛을 전했으며, 진리의 말을 전했으며, 영광의 참빛을 비춰 주고자 했으며, 선한 행동과 선한 일들만을 행하였으며, 너희들이 선한 일과 선한 행동을 하며 살아가는 것이 구원의 길이라 그리 가르쳤느니라.
33 너희는 그러나 그와 같이 너희들에게 죄짓지 아니하며 불의하지 아니하였으며 너희들에게 폐를 끼치지 아니하였으며 너희 재산을 축내지 아니하였으며 너희 명예를 짓밟아 땅에 떨어트리는 그와 같은 행위도 한 적이 없는 나의 아들 예수를 죽게 하였음이니라.
34 그리 나의 아들을 죽게 한 너희들이 지금은 어떠한 형국으로 가고 있는가?
35 너희들이 암흑의 세계에서 허덕이는 것을 구원하고자 내가 나의 아들을 통하여 내가 내리는 성령의 가르침이 세상에 전하여지고 있음이니,
36 그렇다 하면 나의 아들을 통하여 전하는 나의 성령의 가르침이 어디가 잘못되었는가?
37 그리고 너희들을 어찌 죄악의 길로 인도하며, 너희들이 사악한 짓을 하며 살라 어디에 기록되어 있는가?

38 너희들에게 선하게 살며 진리의 참빛
을 보라 하여 나의 성령을 너희들 앞
에 내려보냄이니, 진리의 참빛을 봐
구원의 빛을 받으라 그리 깨우치며 그
리 전하고 있느니라.
39 너희들이 2천 년 전에 나의 아들을 죽
여 세상에 진리의 빛을 거두게 하였으
며 그리하여 그 후손인 너희들이 지금
에 와 그것이 참진리요, 진정한 빛이
라 발버둥치나, 그가 원하고자 하는
그 원본의 가르침이 세상에 없으니,
40 내가 그를 통하여 원하고자 했던 그
뜻을 모르고 너희들 생각대로 지켜 나
가고 너희들 생각대로 법칙을 만들어
살아가는 그와 같은 형국의 믿음의 세
계에서 구원을 받고자 발버둥쳤음이
니라.
41 다만 너희들이 정녕 내가 불로 쓴 십
계명이라도 지키고 살고자 발버둥치
고 매달렸더라면 너희들이 지금과 같
이 사악하지 아니하며, 암흑의 세계에
서 나의 종교 지도자들이 나의 사랑하
는 백성들을 이끌어 간다 하는 그와
같은 행위는 하지 아니하였을 것이니
라.
42 한 발짝의 앞도 보이지 않는 암흑의
세계에서 너희들이 제자리를 빙빙 돌
며 거기서 광명을 얻으며 구원을 얻는
다 그리 말하고 있음이니, 이는 이루
어질 수 없음이니라.
43 그리하여 2천 년 전에 이루어졌던 그
사악한 방법으로, 나의 예수의 진리
요, 참빛을 가르치는 그를 죽였듯이,
44 나의 성령으로써 오로지 너희들을 구
원할 수 있는 선한 행위를 하며 선한
마음으로 살라 하는, 그리고 너희들이
나의 뜻이 무엇인가를 깨달을 수 있도
록 기록하여 내리는 나의 법전을 너희
들이 짓밟아 없애며 태워 버리며,
45 지금 나의 아들을 너희들이 이 세상에
존재하지 못하도록 사악한 방법으로
죽이고자 하는 것이니,
46 예수의 시대에 이루어졌던 역사와 지
금에 이루어지는 행동이 다른 것이 무
엇이 있는가?
47 너희들이 과연 2천 년 전에 나의 아들
예수를 죽게 함을 회개하고 반성했으
며 깨달음의 길을 온 백성들이며 그
후손들이라 하면, 지금 내가 나의 아
들을 통하여 나의 성령으로써 진정한
참빛을 세상에 내보내는 것을 바라볼
수 있는 너희들의 마음자리가 있어야
될 것이며, 그를 보고 깨우쳐 하늘에
오르는 길을 얻어야 될 것이거늘,
48 이와 같은 진정한 참빛을 내려보내는
나의 성령의 뜻을 가지고 세상에 내려
간 나의 아들을 죽이려 하며 나의 법
전을 세상에 없애려 하며 그를 깨우치
지 못하게 하는 그와 같은 행위를 하
고 있음이니,
49 2천 년 전에 있던 사악한 자들의 후손
너희들이 지금 2천 년 후에 무엇을 깨
우쳤으며 무엇을 깨달았으며 무엇이
과연 변화되었는가?
50 더 사악한 방법으로써 이 모두를 짓밟
으려 하니, 더 사악한 형국이 이루어
진 것이 너희들의 참모습임을 알아야
될 것이니라.
51 너희들이 2천 년 전에 나의 아들의 진
정한 그 빛을 사악한 자라 죽여 세상

에 나의 성령이 전해지지 못했던 그
사악한 방법을 깨닫고 눈물로써 회개
하며 살아온 백성이, 오늘에 그와 같
은 역사가 또 이루어지니,
52 그를 제거하며 죽이려 하며 세상에 발
을 붙이지 못하도록 하고자 하는 그
사악한 뿌리의 마음이 지금도 지워지
지 아니하고 있다면 지금의 너희들은
그때보다도 더 사악한 후손이 되어 살
아가고 있음을 알아야 될 것이니라.
53 이 세상 그 모두가 어떠한 형태가 이
루어지든, 그를 사랑하며 그를 믿으며
그를 들여다보며 그를 보고 연구하여
깨달음을 얻는 그와 같은 마음이어야
만 나로부터 선택된 백성이며,
54 2천 년 전에 그 사악했던 너희 조상의
뿌리요, 그 속에서 계속 전해져 온 너
희들이 회개와 반성과 믿음으로써 살
아왔다면 지금쯤은 천사와 같은 자가
되어 누가 뭐라 해도 그를 사랑으로
감쌀 수 있는 마음이 되었을 것이니라.
55 그와 같은 마음을 갖지 아니한 자는
나로부터 선택된 백성이 아님을 알라.
56 나의 성령을 가지고 배우고 깨우치는
백성들은 어떠한 형태든 사랑하고 용
서하는 그 길을 가기 위하여 지금 몸
부림침이니,
57 천 년 후에 그와 같은 뿌리를 이루어,
2천 년 전에 사악한 데다 지금 더 사
악한 행위를 하는 그 후손들이 존재하
는 것이 아니라, 지금의 아름답게 열
개를 깨우친 자들의 그 후손들이 천
년 후에 100퍼센트 깨우쳐 천사들만
이 사는 이 세상으로 변화됐을 때, 그
것만이 참진리요, 나의 뜻임을 알아야
될 것이니라.

2,783 번째 하나님 말씀

2002년 8월 2일 09시 19분

1 사랑하는 나의 아들아!
2 "네, 아버님! 말씀하옵소서."
3 모세의 구약 시대에 그 백성이 사악하
고 사악했기로서니 그들은 어찌하였
는가?
4 그들은 우상을 만들어 광란의 모습으
로써 거부하였으며, 그와 같은 사악한
것으로써 그들이 그 죄를 받았음이니
라.
5 그러나 나의 아들 예수의 그 시대는
어찌하였는가?
6 그들은 우상을 만드는 것으로도 만족
하지 못하여 세상에 참빛을 가지고 내
려간 나의 아들을 죽게 만들었으며 그
를 죽였음이니라.
7 그리하여 그 순간부터 암흑의 세상에
허덕이는 너희들이 깨우쳐 이르기를,
그는 나의 진정한 아들이요, 진정한
구원자라 그리 말하며 그 길을 가며
그 뜻을 기린다 하여 지금까지 왔음이
니,
8 너희들 또한 그와 같은 형태의 진정한
그 길을 가지 못하고 지금까지 이리
내려와, 지금은 너희들이 누구의 생명
이든 재물과 금화를 받으며 사람의 생
명을 파리목숨보다도 더 쉽게 죽이고
살리는 그와 같은 험악한 세상이 되었
음이니,
9 모세의 시대에 그 우상의 광란의 세대
와 나의 아들 예수의 시대에 예수를

팔아 그를 죽게 했던 세대가 지금에
와서는 만백성을 그저 금화와 은화로
계산하여 사람을 죽이고 살리는 것을
그저 파리 하나 잡듯이 그리 생각하는
세상이 되었음이니, 그때보다 얼마나
더 사악한 세상이 되었는가?
10 너희들의 생각이 구약과 신약 시대보
다 지금의 시대에 깨우치고 회개하며
살아왔다는 백성이 더 사악하고 간악
해지니, 이 죄는 누가 받아야 된단 말
이던가?
11 누가 이와 같이 만들었단 말이던가?
12 내가 가장 큰 집단을 가지고 운영했던
그런 집단에 소속된 자들이 지금의 이
와 같은 험악한 세상을 만든 주범이라
말하였음이니라.
13 너희들은 말하느니라.
14 그와 같이 생명을 죽이고 사람의 생명
을 파리 목숨만 하게도, 미물이요, 벌
레만 하게도 여기지 아니하고 재물과
금화와 은화만 주면 살인하는 그와 같
은 시대를 만든 자들을 너희들은 뭐라
느냐?
15 이방인이라 말하며, 그들은 믿음이라
는 너희들이 손으로 지은 그 성전에
와 속해 있지 아니한 자들이니 너희들
과 관계없다 그리 말하고 그리 발뺌하
며 살아갈 것이니라.
16 그러나 여기서 너희들이 가슴에 손을
얹고 한번 반성해 보라.
17 만일 사람의 목숨을 미물의 목숨보다
도 쉽게 금화와 은화를 받고 그들을
죽이고 살리는 일을 하는 자가, 그들
이 어려서 부모의 손을 잡고 너희들이
깨우치고 너희들이 가르치는 그 종파
에 입문해 교육을 받은 자라 하자.
18 그러한 자라면 너희들은 과연 어찌 대
답할 것인가?
19 너희들이 만든 성전이요, 너희들이 성
서를 가르치는 곳이요, 그리고 만백성
을 이끌어 가는 각종 종파들 속에서
그들이 어려서 부모의 손을 잡고 그곳
에 입문하여 그가 그곳에서 배우고 깨
우친 자라 하자.
20 그가 나가서 그와 같이 살인을 했으며
사악한 짓을 했을 때, 너희들은 그래
도 그를 이방인이라 말하며 너희들과
관계없는 자들이라 하며 너희들이 지
금 잘못 가르치고 잘못 깨우쳐 인도하
는 그 죄를 남에게 돌리려 하는가?
21 너희들보다 더 큰 집단이 없으며 너희
들보다 더 큰 단체의 조직이 없이 이
세상이 흘러왔거늘, 모든 책임은 가장
큰 조직을 가진 너희들에게 있다 하였
느니라.
22 그가 어려서 부모의 손을 잡고 너희들
이 가르치는 그 성전에 입문하였다가
세상에 나가 그가 살인하며 사악한 짓
을 한다 하면, 그것은 바로 너희들의
씨이며 너희들의 모습임을 알아야 될
것이니라.
23 그 어린아이가 세상에 태어나 부모의
손을 잡고 너희들의 성전에 와 그 설
교를 듣고 교육을 받았다 하며, 그가
너희들을 바로 가르쳤으며 그에게 진
정으로 똑바로 가르치며 너희들이 진
리의 빛만 가르쳤다면 그들이 어찌하
여 부모의 손을 잡고 너희들의 성전에
찾았다가 그곳에서 등을 돌리고 떠나
가겠는가?

24 그들이 떠나도록 한 그 원인의 주범이
너희들이니라.
25 그리하여 너희들 말대로 그들이 너희
품을 떠나서 사악한 죄를 저질렀다 하
면 너희들의 그 품을 떠나도 잘못 가
르치고 잘못 행한 것이 너희들이 주범
이요,
26 그것을 깨우쳐 나간 자가 세상에 나
여호와를 깨우치며 하늘에 오르는 길
이며 가장 선한 천사들만이 살아 있을
세상이 더럽고 추하니 이 세상은 얼마
나 더럽고 추한 세상이며, 자기를 돌
봐 줄 자, 자기가 어려울 때 같이 나눌
형제요, 사랑하는 자가 없다 하여 그
가 마음이 포악해져서 사람을 죽이는
그와 같은 일을 서슴없이 저지르며 살
인하고 간음하고 강간하며 살아가도
록 했다면,
27 그 험악한 사람을 그리 만든 원흉은
바로 너희들이라는 것을 어찌 깨우치
지 못하는가?
28 너희들은 어찌하여 너희들의 성전에
찾아왔던 사람이 떠나면 그는 사악한
자요, 사탄이요, 악마요, 이방인보다
더한 자라 그리 말하는가?
29 그를 떠나도록 만든 자가 너희들이며
너희들이 주범이니, 이를 깊이 깨우쳐
행해야 될 것이니라.
30 사랑하는 나의 아들아!
31 "네, 아버님! 말씀하옵소서."
32 너희들 제자 또한 이 이치를 깨달아야
될 것이니라.
33 너희 성전에 와 깨우치지 못하고 떠나
는 자, 그 모두는 너희들의 잘못이며,
나의 아들 네가 잘못 가르치며 잘못
깨우쳤으며, 네가 행함에 있어서 한
점의 부끄러움이 없는 삶을 살지 못하
여 그와 같이 떠나가는 자들이 생기는
것을 너는 깨달아,
34 이후 네가 나의 삶을 대신 사는 자로
서, 나의 성전을 찾아온 자 한 사람도
등을 돌려 떠나는 자가 없어야 될 것
이며, 나의 법전을 손에 넣고 깨우친
자 그 법전을 던지는 사람이 없도록
그리 행하여 가야 할 것이니라.
35 이는 많은 잘못 가르치는 종교 지도자
들의 책임이나 네가 지고 있는 그 책
임이나 다 똑같음이니라.
36 그들을 거울삼아 너는 너를 찾아 나의
성전에 오는 그 백성, 나를 찾아 네가
있는 이 성전에 와 너의 강론을 듣는
그 백성, 그 누구도 떠나도록 해서는
아니 될 것이며,
37 그들이 나의 법전을 손에 들고 깨우
치는 그 역사를 진행하도록 그들에게
네가 최선을 다해야 할 것이며, 네 자
세가 발라야 될 것이며, 너의 제자들
이 화목하게 살아가는 모습을 보여야
만 할 것이니, 이를 명심하라.
38 그들이 나가 잘못되며, 사악한 짓을
하며, 그들이 나가 너희들을 비방하는
것은 다 너희들의 부덕함이며, 너희들
의 죄며, 너희들이 잘못 깨우침이며,
그 원인의 제공자는 너희들이라는 것
을 명심하라, 아들아!

2,784 번째 하나님 말씀

2002년 8월 2일 10시 17분

1 사랑하는 나의 아들아!

2 "네, 아버님! 말씀하옵소서."
3 지금 이 세상에 살아가는 수많은 백성
들의 가장 큰 영광과 영화요, 기쁨이
무엇인지 알겠는가?
4 나의 피조물 만백성은 그를 깨우치지
못하고 있음이니라.
5 그리고 또 그와 같은 영광과 축복의
그 길을 수없이 차단하고 막는 자들이
주변에 너무나 많이 깔렸음이니라.
6 너희들의 가장 큰 은혜와 영광과 축복
은, 나의 아들을 통하여 나의 성령의
법전이 세상에 전해지는 이 시대에 살
아가는 것이니,
7 나의 법전을 읽어 깨우칠 수 있는 그
와 같은 깨달음의 그 세상에 살아가는
백성이 얼마나 영광된 백성인지를 너
희들은 지금 모르고 있음이니라.
8 나의 법전이 세상에 나가 너희들이 죽
지 않고 살아 생명이 있는 그 시대에,
너희들이 이를 접할 수 있으며 이를
보고 읽을 수 있는 그와 같은 시대에
사는 것보다 더 큰 영광이 없음이니라.
9 더불어 나의 아들이 33년이라는 그
세월을 살아가는 동안에 나의 아들과
이 세상에 존재하여 같이 살아가는 너
희들이 그와 같은 영광과 은혜와 은총
이 없건만, 너희들은 어찌하여 그것을
깨닫지 못하는가?
10 너희들은 알아야 될 것이니라.
11 어떠한 방법이든 어떠한 형태든 나의
법전을 읽지 아니하며 제3의 시대에
내가 새로운 역사를 이루고자 내려보
내는 나의 이 성령을 읽지 않는 백성
은 하늘에 오르는 그 영광의 길을 알
지 못하며 볼 수 없음이니라.
12 오로지 나의 법전을 읽는 자만이 영광
의 하늘에 오르는 그 길을 선택받는
것이며, 축복 속에서 그 역사가 이루
어질 수 있다는 것을 알아야 될 것이
니라.
13 그 무엇도 너희들을 구해 줄 수 없음
을 내가 다시 한 번 나의 법전에 기록
하여 전함이니,
14 곧 지금 나의 성령과 나의 법전과 이
모두가 내가 같이 있음을 너희들은 알
아야 될 것이니라.
15 그리하여 너희들이 나의 법전의 뚜껑
을 열어 그를 행할 때 내가 항상 너희
들과 같이하고 있다 하였으며, 나의
법전의 그 내용을 너희들이 정독할
때, 그 속에 나의 성령의 깨우침이 있
다 하였음이니라.
16 이와 같이 너희들은 내가 같이 있는
이 시대에 살며 내가 너희들을 직접
구원하고자 나의 아들을 통하여 성령
을 내려보내 법전을 만들어 이 법전이
세상에 나와,
17 너희들이 죽은 자 가운데서 볼 수 없
는 자가 아니라, 산 자 가운데서 이를
볼 수 있는 너희들이 이 시대에 사는
것, 그보다 더 큰 영광이 없다 하였으
며, 나의 아들이 33년이라는 그 세월
에 존재하는 동안 나의 아들과 더불어
살아갈 수 있는 영광을 얻으며 선택된
백성 너희들보다 더 큰 영광과 은혜가
없다 말하였음이니라.
18 이와 같은 시대에 사는 너희들이 어찌
하여 그 크나큰 영광과 그 기쁨의 은
혜를 받고 얻으려 하지 아니하는가?
19 이는 바로 무엇이더냐?

20 어떠한 형태로 어떠한 방법으로 믿음
을 가든, 너희들이 나의 법전을 정독
해서 그 속에 있는 삶을 깨우치며 하
루하루 변해 가는 삶을 살지 않는 자
는 구원의 길을 볼 수 없으며 구원받
을 수 없다는 것이 내가 너희들에게
마지막으로 내리는 경고이니라.
21 이를 듣지 아니하고 믿지 아니하는
자, 그들이 얼마나 불행한 삶을 살아
영원히 그 지은 죄의 대가를 받는가를
알게 될 것이며,
22 그와 같은 깨달음을 얻어 구원의 길을
올 수 있다는 그 영광을 얻을 수 있는
이 시대에 사는 자, 너희들이 숨 쉬고
살아 있는 그 형태에서 얻어진다는 것
이 얼마나 위대한 것인가를 알아야 될
것이며, 너희들이 이 법전을 읽고 깨
우쳐 나에게 왔을 때 너희 스스로 알
게 될 것이니라.
23 수십 년 동안 너희들이 배우며 다니는
그 성전에 가 공부하는 자, 10년, 20
년, 30년을 다녀도 변하는 역사가 별
로 없으며 내면에 도사리고 있는 사악
한 마음들을 완전히 뿌리 뽑지 못하는
것이 너희들 인간의 형태이니라.
24 그는 왜 그렇더냐?
25 너희들을 가르치는 종교 지도자들이
잘못 가르쳐 '인간은 완벽할 수 없다.'
그리 말하기에,
26 교회라는 곳이요, 성당이요, 성전이
요, 너희들이 믿는 종파에 평생을 다
닌 사람도 완전히 사악한 마음을 뽑은
자만이 구원을 받는다는 그 생각이 아
니라, 인간이기 때문에 더러 죄를 지
으면서도 용서를 받을 수 있다는 그와
같은 안일한 방법으로, 믿는 구석이
있으니 그와 같은 마음으로 믿음을 가
지고 가기 때문에 너희들이 바로 죽은
믿음이요,
27 20년, 30년 믿은 자와 처음에 믿는 자
와의 차이가 없음이니, 차라리 더 오
랫동안 믿은 자가 더 사악한 마음을
가지고 있다 내가 그리 말하느니라.
28 너희들 인간사에서 부귀와 영화가 있
으며 권력이 있는 자, 너희들 인간사
에서 믿는 구석이 있어 당당히 살아가
며 남들 앞에 군림하고자 하듯이,
29 너희들은 죄를 짓고도 용서를 빌면 구
원을 받을 수 있다는 그 사악하고 단
단한 너희들의 뒤를 믿는 배경의 힘이
있기에, 그 사탄의 힘을 믿고 있기에
너희들은 변화되지 못하는 것이니라.
30 이와 같이 엄청난 너희들의 무서운 현
실을 알아야 될 것이니라.
31 너희들이 죄를 짓고도 용서를 빌면 구
원을 받는다는 사탄의 방법에 의하여
사탄을 믿는 그와 같은 마음자리가 한
구석에 없다 하면, 너희들은 두려워서
십계명을 지켜야 되며 나의 율법을 지
키고 살아야 된다 하여 매일같이 변화
될 것이니,
32 5년, 10년, 30년 그 믿음 속에서 변화
되는 것은 하늘과 땅의 차이처럼 변해
있을 것이니라.
33 그러나 너희들은 사탄의 꾐에 넘어가,
죄를 짓고도 용서를 빌면 구원을 받는
다는 그 사악한 자들의 믿는 구석 때
문에 너희들이 지옥 불로 감이니, 그
원인이 바로 거기에 있음이니라.
34 그리하여 나의 아들이 살아가는 시대

에, 나의 법전이 세상에 전해지는 지
금 이 시대에, 나의 법전을 죽기 전에
접하고 읽을 수 있는 세대에 사는 자,
너희들이 가장 행복하고 영광된 자라
내가 말하는 것은 무엇이더냐?
35 나의 법전을 한 권을 읽고 두 권을 읽
고 열 권을 읽는 자, 읽을 때마다 그
깨달음과 행함이 달라짐이니라.
36 너희들이 스스로 변화되는 것을 알게
되는 것이 바로 너희들이 살아서 나에
게 받는 크나큰 축복이요, 영광임을
알아야 될 것이니라.
37 너희들이 이 세상에 살아가면서 이 세
상이 변화되는 것, 나 여호와의 뜻이
너희들에게 그 어떠한 역사를 이루는
것을 볼 것이라는 것은,
38 그것은 너희들의 세상의 변화는 그와
같은 모습보다도, 너희 스스로 변해
너희가 살아가는 모습이 아름답게 변
해지는 것을 너희들 자신이 봄이며,
그게 바로 내가 존재함을 믿는 것이며
내가 살아 있는 것을 너희들이 믿는
역사임이니라.
39 나의 아들 예수의 시대에 그들은 믿었
느니라.
40 왕이라 하여 그가 제왕이 되어 세상의
백성을 다 통제하는 인간의 왕으로서
군림할 것을 바랐으며, 그리하면 권력
을 쥐고 세상사를 통제하는 지배자 밑
에 저희들이 이인자요, 삼인자로서 군
림하고자 그리 생각하고 나의 아들을
따랐음이니,
41 예수는 그와 같은 제왕이 아님을 그들
이 깨달았을 때 그들은 스스로 실망하
여 예수를 팔았으며 등을 돌린 자들이
아니던가?
42 그들은 육의 왕을 원했던 것이며, 육
의 왕 속에서 저희들이 부귀와 영화를
얻는 것을 원했던 자들이니라.
43 그러나 그는 육의 왕이 아니요, 영적
인 나의 가르침의 왕이기에 그들은 그
를 배신하고 떠났음이니라.
44 지금 너희들이 나의 아들을 통하여 듣
듯이 이 세상에 나의 법전이 진정한
나의 뜻이라는 것을 너희들이 죽기 전
에 세상이 다 알 것이라는 것은,
45 너희들 앞에 부귀 영화가 쌓이며 명예
가 쌓이며 권력이 쌓이며 세상에 너희
들이 이를 만든 그 역사를 세상 사람
들이 고개 숙여 경배한다는 그런 생각
으로써 너희들이 죽기 전에 깨닫는다
그리 생각하지 말라.
46 너희들이 죽기 전에 역사하는 것을 보
며 깨닫는 것은, 너희들 스스로 너희
속에 있는 그 마음의 변화요, 너희들
의 생활의 방법이요, 너희들이 사물을
보는 것이 변화되는 그것이 첫째 너희
들이 죽기 전에 이 세상에 변하는 것
을 보며, 나의 위대한 성령의 뜻이라
는 것을 알며, 나의 법전이 나 여호와
의 뜻이라는 것을 아는 것이며, 그것
이 첫 번째요,
47 두 번째 역사의 변하는 것은 내가 주
관하는 그 형태의 변함이니,
48 너희들의 육의 생각에서 계산되어 큰
역사가 변하여 너희들이 재물을 쌓으
며 권력을 가지고 세상을 지배하는 자
밑에서 같이 육의 영화와 부귀를 얻을
것이라고 그와 같이 생각하는 자, 너
희들은 정녕 그를 볼 수 없으며 얻을

수 없음을 알라.
49 오로지 너희들이 세상에 살아 존재하
며, 나 여호와가 너희들에게 이 성령
이 진정한 나의 것이며, 내가 새로운
시대를 열고자 하는 그 뜻은 너희들의
마음의 변화 속에서 너희들이 변함을
무섭게 알며, 너희들이 생활에서 변하
며 내가 존재함을 먼저 깨닫는 그와
같은 자만이 나의 아들을 따라 영원히
같이 갈 수 있는 자임을 알아야 할 것
이니라.

2,785 번째 하나님 말씀

2002년 8월 2일 10시 59분

1 사랑하는 나의 아들아!
2 너희들이 나의 아들 예수를 죽게 하였
으며 지금까지의 그 시대는 암흑의 시
대며,
3 너희들이 아무리 부르짖고 위대한 성
전이요, 궁궐보다 더 호화찬란한 그
속에서 나의 피조물 만백성을 인도한
다 그리해도, 그와 같이 가르치는 자
도 저 자신이 소신이 없으며, 확실한
깨달음이 없으며,
4 확실히 나 여호와로부터 성령을, 나의
음성을, 나의 빛을 본 자가 없음이니,
내가 그들에게 직접 그를 명한 사실이
없음이니,
5 지금 그 암흑의 세상에서 한 치 앞을
못 보는 깜깜한 그 속에서 다람쥐 쳇
바퀴 돌듯이 돌며 그 어둠에서 벗어나
지도 못한 그 믿음을 믿고 살아온 것
이 너희들의 형태라 말하였음이니라.
6 그러하기에 너희들이 그 속에서 2천
년 전에 나의 피조물 만백성이 가지고
있던 인성보다도 너희들 스스로 깨우
치고 사랑을 베풀며 살라 가르치고 가
르친 그 나의 피조물 만백성이 2천 년
전보다 더 사악해지고 더 험악한 인생
사를 살아가는 삶을 엮어 가는 그와
같은 시대를 만들었음이니,
7 이게 바로 너희들이 암흑에서 산 증거
이며 너희들이 바른 빛을 보지 못하였
기 때문이니라.
8 그리 너희들이 몸부림치고 구원받고
자 그 암흑의 세계에서 너희 모두를
다 바쳐 벗어나고자 하는 그 마음에,
그것도 진실한 깨우침을 얻고자 하는
자, 그들이 가련하고 딱하여 내가 다
시 나의 법전을 세상에 전하며 이 법
전이 곧 너희들을 인도하는 빛이요,
너희들을 구원의 길로 인도할 수 있도
록 내가 너희들에게 제3의 시대에 마
지막 한 번의 기회를 더 줌이니,
9 너희들은 지금 그 암흑의 세계에서,
그 암흑의 믿음에서 구원을 받는다 발
버둥쳐서는 아니 될 것이며,
10 너희가 육신이 지탱하고 있는 힘이 있
으며 육신으로써 지탱할 수 있는 그
능력이 있으며 너희들 스스로 죄를 용
서하며 너희들이 지은 죄를 회개하며
반성할 수 있는 이와 같은 힘이 있는
이때 나의 법전의 빛을 보고 구원을
받아야 될 것이니라.
11 너희들이 육신을 지탱할 수 있는 기회
가 있으며 너희들이 자유로이 움직일
수 있으며 너희들이 옳고 그름을 판단
할 수 있으며 진정한 믿음이 무엇이며
진정한 믿음이 아닌 것은 무엇인가 너

희들의 사리로 판단할 수 있는 능력과
힘이 지탱되어 있을 때,
12 이때 너희들이 진정한 길을 선택하여,
나의 이 법전을 보고 빛을 보는 자는
구원을 받을 것이며, 그렇지 못한 자,
그 사리 판단을 하지 못하는 자는 영
원히 구원을 받지 못할 것이니라.
13 그리하여 너희들이 나의 법전을 보고
정녕 깨우쳐 하나하나 매일같이 변하
는 삶이며, 한 권, 두 권, 너희들이
160권의 법전을 읽었을 때 스스로 내
가 원하는 나와 같은 삶을 살아가는
자, 그와 같이 변하여 가는 자만이 영
원히 나와 같이 사는 나의 아들과 딸
이 될 것이며 나의 자식이 됨을 알라.
14 너희들이 지금의 믿음으로써 잘못된
그 근거가, 오래 믿은 자요, 오래 다닌
자나 얼마 안 된 자가 똑같으며,
15 지도자라 하여 단상에 서서 외치는 그
자 또한 이면과 외면의 생활이 일치하
지 못하며 믿지 않는 자보다 더 사악
한 방법으로써 나의 아들과 나의 이름
을 팔아 살아가며, 제가 지탱하기 위
해 거기다 더 초점을 맞추니, 그와 같
은 자들은 나와 관계가 없다 하였음이
니라.
16 그리하여 나의 법전을 믿고 나를 믿으
며 나를 따르는 자만이 구원을 받을
수 있음을 너희들은 알아야 될 것이니
라.
17 이제 나의 아들과 나의 딸이 되는 길
은 너희들이 나의 법전을 보고 깨우쳐
구원을 받는 그 길밖에 없으며,
18 나의 아들이 너희들에게 전하는 나의
법전을 믿으며 나의 아들을 믿으며 내
가 지금 성령으로써 나의 아들을 통하
여 너희들에게 가르치는 그것이 나의
성령이라 믿는 자들은 곧 나를 믿고
나의 존재함을 깨달으며 믿고 따르는
자이니라.
19 그는 내가 항상 같이하고 있기 때문이
니라.
20 나의 법전과 내가 같이하고 있음이니,
나의 법전을 정독하고 읽는 자는 내가
같이하고 있기 때문이니, 너희들이 이
와 같은 이치를 깨우쳐 구원의 길을
받으라 이리 애절하고 간곡하게 전하
는 너희 어버이의 마음을 저버리지 말
아야 할 것이니, 그를 깨달아 알라.

2,786 번째 하나님 말씀

2002년 8월 2일 15시 12분

1 사랑하는 나의 아들아!
2 "네, 아버님! 말씀하옵소서."
3 정녕 네가 살아감에 있어서 너 자신을
돌아다보며 너 스스로 변해 가는 그
생활 속에서 완벽한 그 변화만을 나의
피조물 만백성이 너에게 요구하며, 네
가 또한 그리 완벽한 사람으로 서 있
어야 함을 알아야 될 것이니라.
4 네가 나의 삶을 대신하여 사는 자로서
선택되어 세상에 나와 삶이니,
5 네가 이제는 그와 같은 이치를 깨달았
으며 법전 3부를 지금 기록하여 가는
이 시점에, 너는 안과 밖에, 내면과 외
면에 오로지 나의 삶을 그대로 살아가
는 그 길밖에 없음이니라.
6 그 길이 완벽히 이루어졌을 때, 네가
생각하고 있는 그 어렵고 힘든 모든

것이 이제는 거두어질 것이니라.
7 네가 1부의 법전을 썼을 때 100중에
서 10을 깨우쳤다 하면, 네가 지금 3
부를 쓰는 것은 80이요, 90이 아니라
완벽한 100이라는 숫자의 깨달음을
얻어 네가 바로 서야 됨이니라.
8 이제 너를 내가 더 이상 훈련시키지
아니할 것이며, 내가 더 이상 너에게
무엇을 하라 명하지 아니할 것이니라.
9 너 스스로 행해야 할 것이며, 네가 해
야 할 그 모두는 네가 스스로 하여 완
벽히 서야 될 것이니라.
10 지금 3부까지 나오는 기간 동안에 내
가 너를 더러는 용서했으며, 아직 너
의 깨우침이 미진하여 내가 그를 덮어
주고 더러는 용서하여 지금까지 이끌
어 왔으나,
11 이제 3부의 법전이 세상에 나오는 이
시점에 너는 완벽하지 아니하면 아니
될 것이니라.
12 네가 지금 거의 완벽하게 갈 수 있으
며, 네가 여기서 조금만 더 박차를 가
하여 네 마음자리를 다진다면 완벽한
인간으로 갈 수 있으며 설 수 있음이
니라.
13 네가 지금 세상사의 그 모두를 아름다
운 쪽으로 그 속의 정답을 찾아 행하
여 가고 있지 않은가?
14 네가 단 하나라도 네가 그 정답이 아
닌 길을 가는 그와 같은 자세로써 살
아간다면 네가 원하는 기적이요, 역사
가 이루어지지 아니할 것이며, 그로
하여금 너의 많은 제자들과 너를 따르
는 백성들이 깨우침 속에서 밝은 빛을
보지 못하며 허덕일 것이니라.
15 내가 세상에 천사와 같은 자 한 사람
이 있음으로 이 세상의 모두와 바꾸지
않는다 하였음이니,
16 우선 네가 그 한 사람으로 바로 서 이
세상에 낙원을 이루고자 하는 나의 뜻
이요, 내가 추구하는 그 뜻의 그 씨앗
을 완벽하게 뿌려 성장시킬 수 있는
네 자리부터 잡아야 할 것이니라.
17 너는 오늘 이후부터 완벽한 사람이 되
어야 될 것이니라.
18 네가 완벽한 사람으로 성장하여 바로
서지 못한다면, 그 무엇도 이루어질
수 없는 것이 나의 뜻이니라.
19 이제 네가 99퍼센트의 그 한계에 올
랐음이니 1퍼센트인들 네가 못 넘기
겠는가?
20 네가 50퍼센트라는 것을 달성해 간다
면 50퍼센트를 기다리는 시간을 너에
게 더 줄 수 있으며 너를 심한 훈련 속
에서 나의 뜻대로 성장해 가도록 하
나, 네가 99퍼센트의 깨달음에 와 있
음이니라.
21 지금 네가 인간으로서 인간의 그 한계
를 벗어나 나의 나라에 돌입하여 오고
있음이니, 네가 하나라도 잘못되는 것
을 갖고 있어서는 아니 되며, 잘못된
것을 가지고 있다면 네가 그 자리에서
오를 수 없음이니라.
22 내가 너를 명하듯이 60의 인간 세상
에서 벗어났으나, 네가 지금 거기서부
터 인간 세상에 벗어난 것이 아니라
영의 세계에서 바라볼 때 한 점의 부
끄럼이나 한 점의 오차의 잘못됨이 있
다 해도 이는 내가 용서할 수 없으며,
23 너를 더 이상 거기서 받아 주지 아니

하며, 너의 몸에 묻은 그 오물을 나의
하늘나라의 영광된 곳에 묻힐 수 없음
이니,
24 네가 지금 선상에서 오르지 못함이 있
으며 빙점에 있음을 알라.
25 네가 지금 인간의 세속에 잘못 살아가
는 그 모두를 털어 버리고 0점인 그
선상에 서 있으니, 네가 앞으로 오는
것은 영광과 축복이나,
26 네가 하나의 오물이요, 하나라도 추한
생각을 가지고 있으며 네가 행동함에
있어서 한 점이라도 부끄러움이 있다
하면, 내가 너를 받아들이지 아니하며
네 발자국을 떼지 못하게 함이니,
27 네가 영의 세계에 성큼성큼 걸어올 때
나의 피조물 만백성에게 그에 따른 영
광과 축복이 이루 말할 수 없이 이루
어질 것이니, 네가 이제 지키라.
28 내가 나의 피조물 만백성, 너의 제자
들에게 이르지 아니하였는가?
29 너희들의 악습을 한 가지씩 고쳐 너에
게 고백하라 했느니라.
30 그 한 가지씩을 완전히 고쳤을 때, 내
가 너희들에게 상을 준다 하였음이니,
31 너도 이제 99퍼센트이니 1퍼센트를
고치면 되니, 네가 한 가지만 고치면
되느니라.
32 그리하여 너는 하나만 고치면 되는 것
이며, 너의 제자들은 하나를 고침으로
써 100개를 고쳐 가야 될 것이며, 너
는 하나를 고치면 다 고치는 완성품이
되어 가는 싸움이 여기에 있느니라.
33 어찌하겠는가?
34 "아버님, 가겠사옵나이다.
35 어떠한 역경에도 제가 가겠사옵나이
다.
36 저에게 힘과 용기를 주옵소서.
37 저에게 능력을 주옵시고 저를 보살펴
주옵소서, 아버님!
38 감히 이 죄인이 아버님께 매달려 기도
드리옵나이다.
39 이 마음을 어찌하오리까?"
40 아들아! 네가 스스로 일어서라.
41 나에게 무엇을 구하려 하지 말며, 달
라 하지 말며, 얻고자 하지 말라 하였
거늘, 어찌하여 네가 지금 한 입을 가
지고 두 말을 하려 하는가?
42 너 스스로 바로 서서 깨우쳐야 네가
만백성에게 나에게 무엇을 달라 원하
는 그 기도를 하지 말라 할 수 있지 않
겠는가?
43 이제는 네가 그와 같은 생각을 해서도
아니 됨이니라.
44 네가 바로 일어서라.
45 네가 싸워서 이기라.
46 네가 그리고 완벽한 사람이 되도록 그
리하라.
47 그리하여 네가 육의 세계에서 영의 세
계에 와 나에게 성큼성큼 걸어올 때,
너의 제자들과 나를 따르는 너희 백성
들, 나를 따르는 그 나의 아들딸들, 그
리고 너를 따르는 나의 백성들이 성큼
성큼 무한한 변화를 이룰 것이니, 네
가 오늘 이후부터 선택하라.

2,787 번째 하나님 말씀

2002년 8월 2일 15시 17분

1 사랑하는 나의 아들아, 나에게 네가
할 말이 있는가?

2 "네, 아버님! 말씀드릴 것이 있사옵나
이다.
3 이제껏 제가 살아와 아무리 깨우쳐 한
단계씩 한 단계씩 올라온다 해도 제
몸에 추하고 더러운 그 행함은 저도
모르게 스스로 이루어지는 그와 같은
삶이 수없이 있었사오니,
4 저 자신의 마음속에 한 점으로 만들지
못하여 다스리지 못한 그 죄를 깨달았
사옵나이다.
5 이제는 모두를 정녕 버리겠사옵나이
다.
6 남들이 보든 보지 않든, 하나님 아버
지께서 저에게 관여하시든 관여하지
않으시든 제가 바로 서겠사옵나이다.
7 바로 가겠사옵나이다, 아버님!
8 지금까지는 인간을 속였으며 아버님
을 속였으며 제 주변에 있는 제자들을
속였으며 제 주변에 많은 사람들을 속
이는, 추하고 더러운 그와 같은 것을
순간순간에 하나씩 벗어나지 못하는
생활의 싸움에서 당당히 이길 수 있는
그 자체도 이기지 아니하였으며,
9 선한 것을 선택하기 전에 때로는 편한
것을 선택하였으며, 안일한 것을 선택
하였으며,
10 그저 아버님께서 용서하시리라 믿으
며, 아버님께서 이것만은 용서하실 것
이라 생각하며,
11 제가 좀 더 천천히 깨우쳐 가 하늘에
올라도 될 것이며, 제가 서서히 깨우
쳐 인간 세상의 향락을 벗어나 아버님
께 가도 된다 그리 생각하였으며,
12 그와 같이 어리석은 짓을 하고 살았사
옵나이다.
13 지금 아버님께서 천 년에 걸쳐 이 백
성을 구하고자 하시는 것이 시간이 없
으며 초를 다투어 애타 하시는 그 말
씀을 수없이 들으면서도 제가 서서히
변해 가고자 하는 그 육의 생각과, 육
의 향락에 저 스스로 즐거워하는 것
을 100가지 중에 99개를 버렸으나 수
시로 한두 개를 아직도 버리지 못하는
추한 모습으로 남아 있는 저를 용서하
여 주옵소서, 아버님!
14 이제 이 모두에 하나하나 제가 기다리
며 서서히 간다 하여 안일한 마음, 여
유 있는 마음으로 행했던 그 잘못되고
잘된 것을 구분하여, 선한 길을 선택
하는 그 길만을 가도록 완벽한 사람으
로 가겠사옵나이다, 아버지!
15 아버님 앞에 지금까지 살아온 어린아
이와 같은 광대놀음의 그 깨우침을 먼
저 용서를 비오며,
16 모든 백성들에게 용서를 비오며, 저의
성전에 와 공부하는 자, 저에게 무엇
인가를 깨닫고 배우고자 했던 그 제자
들 앞에 무릎 꿇고 사죄를 드리오며,
17 이제 그리하여 아버님께 용서를 비오
며, 만백성에게 용서를 빌며, 저의 제
자들에게 용서를 빌며, 제 주변에 가
까이에 있는 사람들부터 먼저 용서를
빌며, 그리하여 못 잡았던 것들을 하
나하나 잡아 나가겠사옵나이다.
18 완벽한 아들로 서겠사옵나이다, 아버
님!
19 그리하여 오늘 아버님께 용서를 비옵
나이다.
20 그리고 만백성에게 용서를 비옵나이
다.

21 그리고 저를 따르는 많은 제자들에게
용서를 비옵나이다.
22 저에게 와 성령의 말씀을 듣고 법전을
듣고 깨우치고자 왔다가 떠난 사람들,
그게 다 제 탓이며, 저의 죄이며, 저의
불찰이며, 저의 욕심이며,
23 인간의 탈을 벗지 못하며 서서히 변해
가는 속에 인간의 향락을 서서히 버리
며 간다는 그런 안일한 생각 속에서
그들의 마음을 헤아리지 못했으며, 그
들이 저에게 바라는 저의 상을 몰랐으
며, 그들이 저에게 원하는 제 형태를
몰랐으며, 그와 같은 제 모습을 보여
주지 못하였사옵나이다.
24 아버님!
25 아버님 성령의 성전 앞에, 아버님의
영혼 앞에 오늘 간곡히 저의 죄의 그
용서를 비오며, 만백성에게 용서를 비
오며, 제 앞에서 떠난 자들에게 용서
를 빌며, 저의 제자들에게 용서를 빌
며, 저의 가족에게 용서를 빌며, 가장
가까운 사람들에게 그 모두의 용서를
비옵나이다.
26 아버지! 완벽하게 살아가도록 그리하
겠사옵나이다.
27 저를 보아 주옵소서."

2,788 번째 하나님 말씀

2002년 8월 2일 15시 20분

1 사랑하는 나의 아들아!
2 "네, 아버님! 말씀하옵소서."
3 네가 참사랑의 의미를 깨달았으며 참
진리를 깨달았으며,
4 인간의 도리를 벗어나 영의 세계에 추
구하고자 하는 모든 사람들이 말하기
를 인간은 신이 될 수 없다 그리 말함
이니, 그러나 인간은 신이 되어야만
나의 나라에 올라올 수 있다는 것을,
나의 어리석은 백성들이 그를 모르고
있음이니라.
5 네가 그 신이 되고자 발버둥치며 네가
그와 같이 되고자 역사가 이루어지는
것을 보며 만백성이 그를 보고 깨우칠
것이며, 그들 입에 감히 인간은 신이
될 수 없다 하는 말을 하지 못할 것이
니라.
6 네가 지금 신의 세계요, 영의 세계에
살아가는 그 모습으로 변하는 것은,
가장 깊이 깨달음은 무엇인 줄 알겠느
냐?
7 아들아, 참사랑과 진실한 사랑이며 진
실한 진리의 길을 가는 것이니라.
8 그것 외에는 아무도 지탱할 수 없으
며, 너는 더구나 그것이 아니라면 견
딜 수가 없느니라.
9 오로지 진실한 사랑, 참사랑을 네가
깨달아 이제 실천하며 살아가고자 함
이니, 너의 깨달음에 나 여호와의 기
쁨이 이루 말할 수 없느니라.
10 이제 너를 믿노라.
11 내가 너를 이제 믿노라, 아들아!
12 진리가 아니면 네 입에서 나와서는 안
되는 것이며, 진정한 아름다운 것이
아닌 것이 나와서는 아니 되며,
13 네가 행하고 사는 것이 진실한 그 사
랑만을 가지고, 진실의 빛만을 가지고
살아간다 하면, 그는 네가 신이 되는
것이니라.
14 그리하여 나의 피조물 만백성에게 신

이 되는 길은 진실한 사랑을 가지고 살아가는 것이 그 길이라 그리 깨우쳐 주며, 네가 깨달아 왔던 그 길을 그들이 따라올 수 있도록 그리 깨우쳐 주라, 나의 아들아!

2,789 번째 하나님 말씀

2002년 8월 2일 20시 09분

1 사랑하는 나의 아들아!
2 "네, 여호와 하나님! 말씀하옵소서."
3 네가 너 자신이 지키고자 하는 그 노력에 나 여호와의 기쁨이 이루 말할 수 없으며,
4 네가 그리 굳건히 결심을 스스로 하였음이니, 네가 그리 지켜 갈 것을 나 여호와가 알고 있음이니라.
5 이제 너희들은 사랑하는 마음, 남을 용서하는 마음, 그와 같은 마음으로 살아왔음이니,
6 이제 너희들이 살아가면서 그 생활 속에서 남을 배려하는 마음, 남을 이해하는 마음, 그리고 남의 입장에서 생각하는 그와 같은 마음으로 살아가는 세상 이치를 하나 더 깨우쳐야 할 것이니라.
7 너희들이 남을 배려하며 남의 입장을 생각하며 그의 어렵고 힘든 것을 같이 이해할 수 있는 그와 같은 마음으로써 살아가야 하는 것을 깨우쳐야 될 것이니라.
8 너희들의 마음이 아름답고 고와질 때 너희들이 꽃 속에 있는 그 꽃과 대화를 하며, 그 꽃들과 너희들이 대화를 나눌 수 있고 그 대화를 듣는 것처럼, 그와 같이 변해져 가는 너희들은 이제는 남들을 배려함을 알아야 될 것이니,
9 꽃들의 말 속에서 그가 무엇을 원하는 것이며 그가 무엇을 의미하는가를 너희들이 알 수 있듯이,
10 보이지 않는 그 생활 속에서 남을 위하여 배려하는 마음은 즉, 상대방의 마음을 읽어 줌이며, 그의 뜻과 같이 하는 것이니,
11 이제는 너희들이 사랑하는 마음, 용서하는 마음에서 남을 배려하는 그와 같은 마음을 하나 더 너희 것으로 만들어 가야 될 것이니라.
12 내가 이 세상을 창조했을 때 너희들에게 다 특성과 너희들이 살아갈 수 있는 장기를 주었으며 기술을 주었다 하였음이니라.
13 그 수천수만 가지 짐승이요, 동물들에게 다 하나하나 주었음이니,
14 인간으로서 몸이 불편하게 세상에 태어난 자, 그 또한 하나의 장점을 가지고 있으며, 그만이 계발할 수 있는 능력과 용기와 희망을 가지고 살아갈 수 있는 그와 같은 것을 다 내가 그들에게 주었음이니,
15 너희들은 그를 계발하지 못하며 그를 보지 못함이니라.
16 너희 보통 사람들이 꽃들이 하는 말을 들을 수 없듯이, 너희들이 신체적인 외형의 조건에 따라서 좌절하며 용기를 잃음으로 인하여 너희들이 가진 그 장기의 특성과 개성을 계발하지 못하는 것이 너희들이니라.
17 그뿐만이 아니니라.
18 너희들이 온전한 형태를 가지고 있는

사람, 그들도 다 형태를 내가 주었으
며 하나의 장기를 주었으며 특기를 주
었거늘 그것을 계발하지 못하는 자,
몸이 불편해 스스로 용기를 저버리며
용기 없어 그 특성을 계발하지 못하는
그 사람보다 더 어리석은 자가 너희들
이 되는 것이니라.
19 그러니 내가 너희들에게 다 하나씩 각
자만이 가지고 있는 특성을 주었음이
니, 그 특성을 찾아 자신을 계발하여
살아가는 그와 같은 현명함을 얻어야
될 것이니라.
20 그를 발견하지 아니하는 자, 제가 스
스로 살아가는 그 삶에 있어서 제 길
이요, 제 궤도를 가지 못하는 그와 같
은 삶을 살게 됨이니라.
21 그리하여 육의 삶에서 너희들이 살아
갈 때, 내가 너희들에게 내려 준 그 특
성을 찾지 못하며 그를 계발하지 못하
는 자, 육의 삶에서 그 생활의 형태가
비틀어지며 흐트러짐이니,
22 육에서부터 잘못 흐트러진 삶을 살아
가는 자가 바로 설 수 없음이니, 그는
또한 하늘에 오르는 그 영광의 빛을
더욱이 볼 수 없음이니라.
23 그러하니 내가 너희들에게 내리는 특
성이요, 너희들이 가지고 있는 그 개
성을 살리는 그와 같은 지혜와 용기가
있어야 함을 잊어서는 아니 될 것이니
라.
24 그리 자신의 특성과 개성을 살리는
자, 너희들의 육의 삶을 무난히 살 수
있으며, 그리하여 그 속에서 너희들이
믿음이라는 길을 갈 수 있음이니라.
25 그리하여 내가 너의 제자들에게 이르
는 것이 그것이니라.
26 너희들이 의식주를 해결하는 그 삶을
먼저 추구하며 그 속에서 믿음을 가지
라 하였음이니,
27 이는 곧 너희들이 가지고 있는 그 특
성을 살려 남이 가지고 있지 않은 각
자만의 그 장점으로써 세상을 살아가
는 그와 같은 지혜를 갖도록 하라는
나의 가르침이 또한 거기 있음이니,
너희들은 알아야 될 것이니라.
28 사랑하는 나의 아들아!
29 세상의 모든 동식물이 살아가는 것이
오묘하며 그 수법이 경탄하리만큼 천
태만상의 그 기술과 능력을 가지고 살
아가고 있지 아니하는가?
30 그들은 너희들이 생각할 수도 없는,
묘기에 가까운 그와 같은 삶으로써,
곡예사와 같은 삶을 그들이 재주를 부
리며 가지고 살아가고 있음이니라.
31 그것이 다 그들이 가지고 있는 특성이
니라.
32 내가 그와 같이 모든 동식물에게도 그
를 다 주었거늘, 너희 인간들에게 어
찌 그를 주지 아니했겠는가?
33 너희들이 그를 찾지 못함이니라.
34 너희들이 그를 발견하여 찾아야 될 것
이니라.
35 그러는 자만이 구원의 길에 오를 수
있는 평탄한 너희들의 삶의 기초가 육
에서 다져지니, 그 위에서 너희들이
믿음의 길을 갈 수 있는 그와 같은 것
을 얻게 됨을 알아야 될 것이니라.
36 사랑하는 나의 아들아!
37 "네, 여호와 하나님! 말씀하옵소서."
38 모든 동식물이 그리 오묘한 묘기 속에

서 살아가듯이, 너희들이 하늘나라에
오는 그 길은 또한 어떠한 것이더냐?
39 너희들은 하늘에 오르는 그 길에 와,
영원히 사는 하늘나라에 와 사는 사람
의 자격이 있으며 기준이 있음이니라.
40 너희들이 육의 세상에서 내가 준 그
특성을 가지고 살아 구원을 받을 때는
그 육의 삶에서 너희들이 바로 산 자,
그리고 하늘나라의 이치를 깨닫고 산
자, 나의 계명이요, 나의 율법에 따라
살아온 자, 그러한 자만이 영의 세계
를 볼 수 있음이니라.
41 너희들이 지상에서 잘못 살아왔으며,
너희들이 지상에서 살아온 그 죄의 줄
을 몸에 감고 있는 자, 영혼이 사는,
그 신선이 사는 세상에 올 수 없음이
니라.
42 아름다운 천사들이 사는 세상에 오르
고자 할 때 너희들은 천사가 되지 아
니하면 올라올 수 없듯이,
43 너희들 자신이 나의 나라에 올라오고
자 한다면 너희들이 나의 나라에 올라
올 수 있는 그 자격을 지켜야 됨이니,
이는 곧 무엇이더냐?
44 신이 되고자 하는 삶을 살아야 될 것
이니라.
45 감히 인간으로서 초월할 수 없다는 신
이요, 곧, 나 여호와와 같은, 나 여호
와의 사는 그 형태요, 나 여호와가 존
재한다는 것을 깨달아 그리 행하는 자
만이 나의 나라에 올 수 있음을 알라.
46 너희들은 인간이 신이 될 수 없다 그
리 말하나, 인간이 신이 될 수 있다 생
각하며 그리 살아가는 자는 신이 될
수 있는 길이 있음을 알라.

2,790 번째 하나님 말씀

2002년 8월 2일 20시 31분

1 사랑하는 나의 아들아!
2 "네, 아버님! 말씀하옵소서."
3 구약과 신약의 역사의 흐르는 그 수천
년 동안 믿어 왔던 너희들의 그 믿음
이 정녕 하늘에 오르는 길이 아니요,
나를 역행하는 너희들의 육의 세상이
요, 육의 계획에 의하여 너희들이 움
직여졌다 내가 말하였음이니라.
4 내가 너희들에게 다시 말하노라.
5 너희들이 큰 그릇에 그득히 생수가 담
겨 있을 때, 거기에 기름이라는 오물
이 한 방울 떨어지면 그 생수를 먹지
못한다 하였음이니라.
6 내가 구약의 시대에 모세를 통하여 역
사를 이루며 바로 세우고자 했으며,
나의 아들 예수를 통하여 너희들의 새
로운 시대의 역사를 이루고자 하였음
이니,
7 너희들이 바로 생수요, 또 만백성을
구하는 그 생수를 전하는 자들이라면,
너희들이 거기에 오물이 하나라도 묻
어서는 그 생수의 가치가 없다 함을
깨달았을 것이니라.
8 그렇다면 너희들이 정녕 지금의 가는
길이 하늘에 오르는 길이요, 바른길이
요, 정녕 너희들만이 나에게 오를 수
있는 그 길이라 가르치며 인도하는 너
희들이 과연 삶을 어찌 살아왔는가 한
번 가슴에 손을 얹고 돌이켜 보라.
9 나의 아들 예수가 살고 그가 원했던
그 방법대로 너희들은 100퍼센트 그
리 살아왔는가, 그리 지키고 왔는가?

10 그렇지 않고 나의 아들 예수의 산 것
만큼 못 산 부분이 너희들 가슴에 있
다 하면, 너희들이 지금 살아오는 모
습이 그와 같지 못하다면,
11 종교 지도자요, 너희들을 일깨우는 지
도자라 하여 단상에서 부르짖는 그들
이 예수의 삶과 같이 그리 살지 못하
였다면,
12 또 너희들이 10년, 20년, 평생 죽을 때
까지 나 여호와를 찾으며 너희 손으로
만든 그 성전에 가 헌금과 모두를 바
치며 기도하고 경배하여 하늘에 오를
수 있다 생각하며 구원받았다 말하는
자, 단 한 가지라도 나의 뜻에 거역한
것이 없는가?
13 너희들이 나에게 한 가지를 거역했을
때 큰 그릇에 생수를 담아 놓았으나
그 생수에 기름 한 방울이 있음으로
그를 다 먹지 못하며 버리듯이,
14 너희들이 나의 아들 예수의 삶처럼 그
리 살지 못하고 몇 가지만 너희 인간
의 생각이요, 계획대로 행하며 그 믿
음이라는 것을 가르치면서 너희들 생
각으로써 가르쳤다면,
15 너희들의 가르침은 나의 예수요, 내가
원하는 그 가르침이 아니라, 생수 속
에 기름이 묻어 그를 다 버리듯이 너
희들이 그와 같은 형국이기에 바로 너
희들이 구원을 받을 수 없는 것이며,
잘못 가르치며 잘못 갔다 말하느니라.
16 너희들은 들어야 될 것이니라.
17 너희들이 나의 피조물 만백성을 구원
한다 하여 단상에서 그들에게 재물을
바치면 구원을 받으며 죄를 짓고 용서
받으며, 그리 기도하고 너희들이 하늘
에 재물을 많이 쌓아 놓으면 구원을
받는다 그리 가르치는 것이,
18 나의 아들 예수가 나의 백성들을 깨우
칠 때 그와 같은 대목이 어디 있었으
며 그와 같은 뜻이 어디 있으며 그를
행한 것이 어디 있는가?
19 너희들은 나의 뜻에서 하나가 어긋나
도 그게 다 나의 뜻이 아니라 하였음
이니라.
20 그와 같이 무서운 것이 나의 뜻이요,
나의 백성이요, 나로부터 선택된 자가
가는 길이니라.
21 너희들은 여기서 알아야 될 것이니라.
22 너희들이 인간이기 때문에 신이 될 수
없다 말하며, 신이 될 수 있다 그와 같
이 이야기하는 자는 정신 나간 자며
정신분열자라 말하나,
23 너희들은 신이 되고자 하여 신의 경지
에 오르고자 그와 같은 삶을 살지 아
니하면 절대 구원을 받을 수 없음을
알아야 될 것이니라.
24 이는 곧 무엇이더냐?
25 큰 그릇에 담아 놓은 생수에 오물이
묻은 것이나 마찬가지니, 내가 그리하
여 너희들이 간단히 지킬 수 있는 십
계명이라는 것을 세상에 내려보냈음
이니라.
26 그 십계명대로 하나라도 너희들이 지
키지 아니한다면 크나큰 그릇에 생수
를 담아 만백성을 구하는 그 그릇에
기름이라는 오물이 떨어져 그를 먹지
못하게 만드는 형국이거늘,
27 너희들이 얼마나 이것이 무서운 것이
며 얼마나 두려운 것인지를 알겠는가?
28 너희들이 아무리 나의 십계명을 다 지

킨다 해도 하나를 지키지 못함으로 인
하여 그가 생수에 오물이 묻은 것이니
그를 먹을 수 없듯이 너희들이 구원을
받지 못한다 하였으니,
29 너희들이 하늘에 오르고자 하는 것은
신과 같은 삶을 살지 아니하면 올라올
수 없음이니라.
30 너희들이 육의 세상에 60점을 받아
너희들이 다음에 사는 세상은 영의 세
상이요, 영원히 사는 세상이며 천사들
이 사는 신의 세계이니라.
31 그 속에 너희들이 올라오고자 하면 어
찌해야 되겠는가?
32 너희들이 오물을 더덕더덕 묻혀 가지
고 그 세계에 와서 오염시키고 살 수
있다 생각하느냐?
33 절대 올라올 수도 없으며 너희들이 설
자리가 없다는 것을 알아야 될 것이니
라.
34 하물며 너희들이 십계명을 하나 못 지
켜도 영원히 하늘에 오를 수 없다 하
였거늘,
35 너희들이 지금 말하기를 인간이기 때
문에 십계명을 지킬 수 없다 그리 팽
개치며 그렇게 안일하고 편안한 자세
로 믿음의 길을 가고 있음이니, 이게
어디 되겠는가?
36 내가 너희들에게 내리려 하는 그 생수
그릇에 한 방울의 기름이 떨어져도 안
된다 하였거늘, 어찌하여 너희들은 그
기름을 반반 섞어도 먹을 수 있다 그
리 말하는가?
37 그와 같은 망발을 하지 말라.
38 절대로 너희들이 지금 오를 수 없으
며, 너희들의 믿음이 얼마나 잘못되었
는가를 알아야 될 것이니라.
39 내가 그리하여 종교 지도자는 유리로
비춰 보아 한 점의 부끄러움이 없는
자만이 지도자가 될 수 있다 말하였음
이니라.
40 그리하여 또한 나의 아들도 그와 같이
변하지 못하며 신의 경지에 오르고자
하는 그 노력이 없기에, 내가 그에게
크나큰 은혜와 영광을 지금 내리지 아
니하고 생명만을 유지하게 하고 있듯
이,
41 나의 아들도 너희들과 같이 그리 변했
을 때 모든 역사와 기적을 이룰 것이
며, 예수가 이룬 그 위대한 기적보다
도 더한 것을 이룰 것이니라.
42 나 여호와가 공의의 하나님이요, 공평
한 하나님이라는 것을 너희들이 알지
않는가?
43 나의 아들이라 하여도 내가 그에게 기
적을 내리며 역사를 이루며, 편애하여
무엇인가를 이루어 주지 않거늘,
44 그를 따르는 제자들이 마음을 비우지
아니하였으며 천사가 되지 아니하였
는데 그들에게 상을 주며 복을 내리는
나 여호와가 아니니라.
45 우선 나의 아들부터 그가 신이 되고자
하는 그 경지에 올라야 될 것이며,
46 한 점의 부끄러움이 없는 삶을 살며,
모든 나의 피조물 만백성에게 나의 아
들을 따르는 제자들이 나의 아들에 대
하여 유리로 비춰 보았을 때 한 점의
흠이 없으며 부끄러움이 없다고 판정
할 때,
47 내가 나의 아들에게 축복을 내리며 영
광을 내리며 기적의 역사를 이룰 것이

며, 그를 따르는 모든 제자들에게 내
가 영광을 내릴 것이니라.
48 나는 공의의 하나님이요, 나의 아들을
따르는 그 모두도 다 그들이 정녕 깨
우치지 못하였을 때 너희들과 똑같으
니라.
49 사랑하는 나의 피조물 만백성 너희들
은 들으라.
50 너희들 몸에 하나의 오물이 있어도 구
원을 받지 못한다는 엄연한 사실을 가
슴에 새기며,
51 큰 그릇에 오물이 생기면 그 생수를
먹지 못하는 그 원리이니 그를 버림과
마찬가지이니라.
52 너희들 자신이 한 점의 부끄러움이 없
으며, 추하고 더러운 것이 없으며, 예
수와 같은 삶을 산 자는 나에게 구원
을 받을 수 있으나,
53 그리 살지 못하고 너희들이 혼탁한 것
을 가지고 재물이나 금화와 기도로써
용서를 받고 또 너희들이 깨끗해졌다
그리 말하는 자, 그는 정녕 구원을 받
을 수 없으며 나와는 관계없는 길이니,
54 너희들이 신이 되고자 신과 같은 세상
의 삶을 살아 육의 세계를 벗어나라.
55 그것만이 너희들이 구원을 받는 길임
을 알아야 될 것이니 그리 알라.
56 내가 그리하여 지금 너희들에게 무엇
을 내려보내는가?
57 나 여호와가 성령의 뜻을 담아 너희들
이 읽고 깨우치는 그 이치를 간단하게
풀어서 세상에 내려보내니, 이게 곧
나요, 공의의 하나님이요, 너희들에게
평등하게 사랑과 기회를 주는 것이니,
58 너희들은 알아야 될 것이니라.
59 너희들은 내가 내려보내는 나의 법전
을 보고 깨우쳐 그대로 실행하며 그
뜻을 깨우쳐 노력하는 것, 나의 법전
을 읽고 그 속에 있는 그대로 실천하
고자 하는 것이 너희들에게 크나큰 영
광이 있을 것이며, 너희들에게 깨우침
이 있을 것이니라.
60 그리하여 내가 직접 내려보낸 성령의
그 뜻보다도 더 깊은 것이 나의 사랑
이 또 있음이니,
61 너희들이 나의 법전을 읽고 깨우쳐 그
의미와 그 깊이를 알고자 노력하며 그
대로 행할 때, 내가 성령으로써 법전
에 기록해 내려보내는 그보다 더 깊고
깊은 나의 사랑의 큰 상이 너희들에게
있음을 알아야 될 것이니,
62 너희들은 이와 같은 이치를 깨우쳐 나
의 법전에 모든 생명을 다 걸어 너희
들이 내가 명한 대로 그대로 시행하고
지키라.
63 그리하여 너희들이 경지에 오르는 것
이며 신이 되고자 하며 천사가 되고자
했을 때 너희들이 구원의 길을 받을
것이니라.
64 천사가 나에게 죄를 지어 사탄으로 감
이 있으며, 너희들 인간들도 또한 마
찬가지니라.
65 너희들이 신과 같이 살았을 때 나에게
와 천사가 될 수 있음이니, 이 이치를
깊이 깨달아 행하도록 하라.
66 모든 종교 지도자, 너희들은 지금 등
골이 오싹함을 알아야 될 것이니라.
67 너희들이 하나라도 부끄럽고 추한 행
위를 가지고 살았다면, 예수가 행했던
그 삶이요, 예수가 시행했던 그 마음

이며 그 사랑과 너희들을 이해하는 마
음과, 더구나 너희들의 심성을 이해하
며 상대방을 편안하게 이끌어 줄 수
있는 그와 같은 마음의 자세로 산 나
의 아들 예수를 닮지 않은 자는 하늘
나라에 올 수 없음이니,
68 거기서 너희들이 잘못 살아온 것이며
예수와 같이 삶을 살지 않은 자는 종
교 지도자의 자격이 없으며, 그리 살
지 않는 너희들은 그를 따라 하늘에
오를 수 없음을 여기서 깊이 깨우쳐야
할 것이니, 이게 하늘의 법도이니라.
69 나의 아들도 신과 같이 살지 못할 때
그를 용서치 않을 것이며, 나의 아들
의 제자들 또한 그와 같이 살지 않을
때 그들에게 축복이 없으며 그를 용서
치 아니함이니,
70 너희들은 지금서부터 그 길을 향하여
살아가도록 그리하는 자만이 구원을
받음을 알라.

2,791 번째 하나님 말씀

2002년 8월 2일 20시 52분

1 사랑하는 나의 아들아!
2 "네, 아버님! 말씀하옵소서."
3 몇천 년 동안 흘러온 지금의 믿음의
길을 가고 있는 그들이 지금 잘못 가
는 것을 너와 너의 제자들이 그들에게
깨우쳐 줘야 되며, 그들이 잘못 가는
그 믿음 속에서, 그 믿음의 틀에서 벗
어날 수 있도록 그들에게 용기를 심어
주는 것이 너희들이 할 일이니라.
4 아들아!
5 "네, 아버님! 말씀하옵소서."
6 그들이 지금 수천 년 동안 젖어 오고
찌들어 있고 또 굳어져 있는 그 믿음
의 틀에서 정녕 벗어날 수 있는 용기
와 벗어날 수 있는 힘이 없음이니라.
7 그들이 거기에서 벗어날 수 있는 용기
를 심어 주는 것이 바로 너희들이 할
일이며, 그들이 변화하는 그 용기를
가질 수 있도록 그들을 인도하고 깨우
치는 것이 너희들이 해야 할 길이니라.
8 그리하여 그들이 그 용기를 갖고 나에
게 달려오는 그 순간에 그들은 저희들
이 원하는 것을 얻을 수 있으며, 그리
고 정녕 너희들이 그리도 갈구하고 소
원하는 구원의 길을 얻을 수 있음이니,
9 그들이 용기를 갖고 변화할 수 있도록
그들을 이끌어 주는 것이 너희들의 지
상의 과제임을 알아야 될 것이니라.
10 지금 세상의 삶이 어찌 가는가, 그리
고 지금의 너희들의 믿음의 그 길이
과연 어떠하던가?
11 열 사람 중에서 도둑이 아닌 자를 아
홉 명이 도둑이라면 그가 도둑으로 밀
리는 형국이며, 아무리 한 사람이 아
니라며 그를 변호해도 그 말이 먹히지
아니하는 것이니,
12 아무리 착하고 선하게 살아간다 해도
그들이 악하다 하면 악한 자가 되는
것이 집단의 힘이며, 지금 너희들이
살아가는 형태가 아니던가?
13 아무리 악한 자라 해도 그들이 천사라
하여 열 명 중에 아홉 명이 집단의 힘
으로 그를 천사로 믿는다면 어찌 되는가?
14 그는 천사가 되며, 진정한 천사는 악
한 자가 되지 않는가?
15 지금 그들은 집단의 힘에 밀려 참진리

요, 하늘에 오르는 그 영광된 길을 보
지 못하고 방황하고 있는 그와 같은
형국임을 네가 알아야 될 것이니라.
16 나의 피조물 만백성이 지금의 수천 년
역사에 흐르는 믿음의 그 집단 속에서
저희들이 뛰쳐나올 용기가 없으며 그
를 배척하고 나올 용기가 없어 그들이
지금 그와 같이 허덕이는 믿음 속에서
살아가고 있음이니라.
17 그들이 집단으로부터 진정 차고 나올
수 있는 그 힘과 용기를 주어 그들이
참진리를 보고 구원의 길에 오를 수
있도록 하는 것이 너희들이 지금 해야
할 대명이며, 나의 법전을 읽고 깨우
친 만백성이 해야 할 길임을 알아야
될 것이니라.
18 나 여호와의 나라에 오르고자 하는 이
들이 그 얼마나 많은 백성들이 지금
갈구하는가, 그리고 소원하는가?
19 그리 소원하고 갈망하는 자들에게 너
희들은 내가 내린 이 법전을 읽고 깨
우치며 계명을 지키며 십계명의 율법
에 따라 살아가고자 하는 너희들의 깨
우친 그 힘을 갖고 나의 피조물 만백
성을 일깨워 줘야 될 것이며 그들을
인도해야 될 것이니라.
20 너희들은 나의 피조물 만백성에게 전
하라.
21 내가 내린 계명을 지키며 나의 율법을
지키며 내가 새로운 천 년의 역사를
이루기 위하여 새로 내리는 나의 법전
을 읽고 깨우치는 자만을, 그를 읽고
깨우쳐 그 뜻에 따라 순응하며 순종하
며 살아가는 자들만을 내가 사랑함이
요, 내가 그들을 기억함이며, 그리하
여 그들을 구원할 것이니라.
22 나의 계명을 지키지 않고 나의 율법을
지키지 아니하며 나의 법전을 지키지
않고 찢어 버리는 자, 불태우는 자, 그
리고 사악한 자의 행위라 말하는 자,
저 자신을 파악하지 못하며 그리 나의
법전을 핍박하는 자, 그리고 나의 아
들을 핍박하는 자,
23 그와 같은 자는 나의 자식이 아니요,
내가 그를 사랑하지 않음이요, 너희가
그리하고는 구원을 받지 못할 것이니,
24 내가 내린 계명을 지키며 나의 뜻에
따르며 나의 법전을 지키는 자만이 하
늘에 오를 수 있음이니라.
25 나의 십계명이요, 나의 율법을 세분화
하여 아무나 읽고 깨우쳐 행할 수 있
도록 너희들에게 기록하여 내려보낸
것이 나의 법전이니라.
26 자세히 세분화하여 나누고 나눠 너희
들이 보면 바로 깨달을 수 있도록 그
리 상세히 성서를 이해하고 깨우치는
그와 같은 기초요, 기본으로써 내려보
낸 것이니, 너희들은 이를 보고 깨우
쳐야 될 것이니 그리 알라.

2,792 번째 하나님 말씀

2002년 8월 2일 21시

1 사랑하는 나의 아들아!
2 "네, 여호와 하나님! 말씀하옵소서."
3 모든 종교의 집단들이 그 힘을 가지고
나의 아들 너에게 와 너는 이단이요,
사탄이요, 그리고 네가 지금 나의 성
령을 받아 기록하는 이 법전은 사탄의
장난이요, 악마가 이 세상을 혼란케

하기 위한 그와 같은 짓이요, 그와 같
은 행위라며 너를 핍박하고 욕하며 나
의 법전을 보지도 아니하고 태워 버리
며 찢어 버리는 그들에게 너는 일깨워
주라.
4 너희들은 성서에 기록되어 있는 내용
을 정녕 제대로 보고 공부하는 자들인
가?
5 성서에 기록된 내용을 너희들은 정녕
제대로 보며 너희들 스스로 성서를 읽
으며 그 뜻과 그 기록되어 있는 이치
를 아는가?
6 성서에 기록되어 있음이니라.
7 나 여호와로부터 나의 세상에 전해지
는 진리요, 성령을 전할 보혜사가 다
시 세상에 온다 기록된 그 대목이 너
희들이 공부하는 성서에 있거늘,
8 반드시 그 성서에 기록되었기를 나의
뜻을 세상에 가지고 전하는 자, 진정
한 나의 진리요, 나의 성령을 가지고
만백성을 구하기 위하여 세상에 보혜
사가 올 것이라 기록되어 있느니라.
9 너희들은 이와 같이 기록된 것을 연구
하지 아니하고 생각하지도 않으며, 그
저 그냥 덮어 두고 지나쳐 감이니,
10 과연 너희들이 성서에 기록되어 있는
나의 뜻이요, 내가 원하는 것을 알고
있는가?
11 성서를 가르치고 설교하며 나의 백성
을 이끌어 하늘에 오르도록 인도하는
자들이 과연 그와 같은 대목을 읽고
연구하며 깨우쳐 왔으며, 새로운 보혜
사를 통하여 나 여호와의 뜻을, 진리
요, 성령을 갖고 전하는 자가 온다 얘
기하는가, 그리고 기다리는가?
12 너희들은 그와 같은 부분을 설교하여
가르치는 자도 보지 않으려 하며, 그
뜻을 연구하지 않으려 하며, 그에 대
한 의미를 알려 하지 아니함이니라.
13 그리하여 너희들은 단상에 서서 나의
피조물 만백성에게 그를 가르쳐 주지
도 아니하며 설교하지도 아니함이니,
정녕 참진리요, 성경의 그 깊은 뜻을
알고 있는가?
14 너희들이 한 자도 빼서도 안 되며 더
해서도 안 되며 임의로 해서도 안 된
다는 그 성경에 기록되어 있는 그 대
목을 너희들은 어찌 그리 소홀히 다루
는가?
15 그 내용을 너희들이 찾아 한번 읽어
보면, 성서에 한 자도 빼지도 말며 더
하지도 말라 하였으니, 그게 정녕 나
의 뜻임을 알 것이니라.
16 그리하여 내가 나의 아들을 통하여 너
희들에게 보혜사를 통하여 나의 진리
요, 참뜻을 내려보낸다 하였음이니,
17 너희들이 말하는 하늘을 두루마리 삼
아도 다 쓰지 못하며 바닷물을 먹물로
하여도 다 쓰지 못하는 나의 진리요,
나의 성령이요, 나의 뜻이 지금 세상
에 전해져 내려가고 있음이니,
18 어찌하여 이와 같은 역사에 그를 증명
하며 그가 역사에 기록되어 있거늘,
그가 지금 이루어지며 그 대단원의 역
사가 이루어지거늘,
19 구약과 신약보다도 더 위대한 결론의
시대, 마지막 심판의 시대의 그 역사
에 나의 성령이 지금 나의 아들을 통
하여 세상에 나가 책으로 만들어져 너
희들에게 전해지는 역사가 이루어지

거늘,
20 어찌하여 너희들은 이를 보고 이를 연
구하려 하지 아니하며, 그저 사탄이
요, 사악한 자가 한 것이라며 찢어 버
리고 태워 버리고 짓밟으며,
21 그를 보고 깨우쳐 하늘에 오르는 그
빛을 보고자 하는 나의 피조물 만백성
에게 이는 사탄의 안내자로, 너희들이
이를 봄으로 잡아먹히고 지옥으로 간
다 하여 그를 보지도 못하며 열어 보
지도 못하게 그와 같이 사악한 행위를
하고 있음이니, 이를 어찌해야 되겠는
가?
22 그러나 너희들은 그와 같은 것으로써
는 아니 됨을 알라.
23 너희들이 아무리 그와 같이 나의 법전
을 읽어서도 안 되며 봐서도 안 된다
말해도, 이는 너희 손바닥으로 하늘을
가리려는 어리석은 행위임을 알라.
24 너희들이 그리 말하는 대로 나의 법전
이 이 세상에 전해지지 아니하고 중단
되고 찢어지며 태워져 버려 그가 존재
하지 아니하면 너희들의 그 소원이 이
루어질 것이며, 너희들의 말이 맞을
것이며, 종교 지도자 너희들이 간곡히
기다리고 원하는 대로 나의 법전이 세
상에 전해지지 아니할 것이라 생각하
나,
25 나의 법전은 추운 겨울날 눈이 되어
내리는 그 함박눈의 눈송이처럼 멈추
지 아니하고 그치지 아니하며 계속 내
려보내 세상에 쌓일 것이니,
26 너희들이 아무리 손바닥 같은 것으로
써 하늘을 가리려 하며 그리 나의 피
조물 만백성을 현혹하고 유혹하며 그
들을 달래고 이끌어 가려 해도, 그들
은 쌓이는 눈의 진실함을 알게 될 것
이며, 그와 같이 내리는 나의 법전을
그들은 열지 아니하고는 아니 될 것이
니라.
27 내가 함박눈을 한없이 내려보낼 때 이
세상에 사는 자 중에 그 눈을 맞지 않
을 자 없을 것이니,
28 그와 같이 나의 법전이 녹지도 아니하
고 변하지도 아니하며 그리 전해질 것
이니라.
29 함박눈은 내리다 녹아 없어질 것이며
가려진 곳에는 그 눈발이 날릴 수 없
으나,
30 나의 법전은 눈발이 날려 들어가지 못
하는 곳에도 들어가 전해지고, 눈발은
녹으나 나의 법전은 그 눈발처럼 녹지
아니하고 영원히 내려갈 것이니, 너희
들이 과연 이를 막을 수 있다 생각하
는가?
31 일찍이 지금의 종교 지도자 너희들은
지금 잘못 가르치고 가는 그 종교 지
도자의 그 자리에서 단상을 뛰쳐나와
무릎 꿇고 너희들의 제자라는 너희 신
도들에게 너희 잘못함을 용서 빌며 바
로 가고자 하는 길만이, 나의 법전을
손에 들고 너희들이 바로 나의 백성들
을 이끌어 인도하는 것만이 구원을 받
을 수 있는 길임을 알라.
32 이제 나의 법전을 무시하고 찢어 버리
며 이를 사탄이요, 이단이라 말하는
종교 지도자 너희들은 첫째, 나 여호
와에게 무릎 꿇고 용서를 빌어야 할
것이니라.
33 너희들이 보이지 않는 곳에서 그리고

보이는 곳에서 행하는 그 모든 추하고
자격이 없는 너희 행태를 내가 다 보
고 있음이니,
34 너희들은 우선 너희들의 부끄러운 것
을 나 여호와에게 먼저 용서를 받으
며, 너희들 앞에 와 깨우침을 얻어 하
늘에 오르겠다고 재물과 시간과 공간
과 그 모두를 다 바치고 애원하며 몸
부림치는 너희 신도들 앞에 무릎 꿇고
사죄하며 용서를 빌어야 될 것이며,
35 너희 자신에게 용서함을 받아 스스로
신이 되고자 하는 그와 같은 삶으로
변화되지 아니할 때, 너희는 용서받지
못할 것이니 그리 알라, 종교 지도자
너희들은!

2,793 번째 하나님 말씀

2002년 8월 2일 21시 09분

1 사랑하는 나의 아들아!
2 "네, 아버님! 말씀하옵소서."
3 내가 너에게 나의 진리요, 성령이요,
나의 뜻을 전함이니, 너는 이를 받아
법전이라 하여 책으로 만들어 만백성
에게 전하는 그 역사를 이룸이니,
4 너는 오로지 이 과정에 있어서 나에게
받은 그대로 나의 진리요, 성령을 만
백성에게 전하면 되는 것이며, 그 역
사보다 더 소중한 것이 없음을 알아야
될 것이니라.
5 나로부터 받은 진리요, 성령을 그대로
네가 받아 만백성에게 그대로 전하는
것이 얼마나 소중한 역사인지 아는가?
6 그리하여 내가 나의 법전이라 하여 책
으로 만들어 만백성에게 전하게 하였
음이니, 이는 굴절이요, 굴곡이 없도
록 하고자 함이었음이니라.
7 내가 너에게 전하는 것을 네가 잘못
받아 왜곡되게 기록하여 전한다면 이
는 사탄과 사악한 자들이 저희들 것으
로 만들고자 하는 그 힘을 지탱하기가
어려울 것이니라.
8 그러나 네가 지금 내가 내리는 나의
진리를 그대로 받아 그대로 만백성에
게 전하는 이 법전을 책으로 만들어
전하고 있음이니, 이것이 얼마나 소중
하고 위대한 일인가를 너와 너의 제자
들이 알아야 될 것이니라.
9 그리하여 법전이 책으로 나왔을 때 영
원히 변하지 아니하며, 나의 피조물
만백성이 지상에 존재하는 동안 영원
히 이를 보고 그들이 깨우쳐 행하여야
될 것이니라.
10 천 년의 역사가 이루어진 다음에 나의
아름다운 천사요, 나와 같은 백성들이
하늘에 이루어진 낙원과 같은 이 지상
의 낙원에서 살아갈 때, 나의 법전이
거기서 끝나며 모두가 접어 둠이 아니
니라.
11 그 백성들 중에 또 사악한 자가 뿌리
를 내릴 수 있기에, 나의 이 법전이요,
나의 성령을 태워 내려보낸 '하나님!
말씀하옵소서.'라 하는 이 책은 영원
히 이 지상에 존재하며 그 역사에 길
이 남음을 알아야 될 것이니라.
12 그러기에 너는 그 길 외에는 무엇도
생각해서는 아니 되며, 어떠한 것을
이루고자 딴생각을 해서는 아니 됨이
니, 나 여호와의 이 애절한 마음을 너
의 제자들에게 전하라.

13 그리하여 너는 누구와도 시시비비해
서는 안 되며, 갑론을박해서는 안 되
며, 네가 남으로부터 핍박받고 저주받
을 그와 같은 행동과 생활을 해서는
아니 될 것이며,
14 너는 오로지 나의 법전, 나의 성령을,
내가 너에게 내리는 진정한 것을 그대
로 기록하여 만백성에게 전하는 것이
네 생명을 다 바쳐 해야 하는 길이니
라.
15 네가 여기에 모두를 다 바치지 아니하
며, 네가 인간과 시시비비를 하며, 갑
론을박하는 종교 지도자들과 네가 그
를 가지고 시시비비하며 얼굴 붉히는
일이 있을 때, 너는 160권의 법전을
세상에 만드는 역사를 중단하게 되는
죄를 지을 것이니라.
16 오로지 인간사에서 지키는 것은 네가
스스로 지켜 너를 보호하며 너 스스로
가야 될 것이니라.
17 그리하지 아니하고 스스로 태만하며
자신을 버리고자 하는 그와 같은 자가
되어서는 아니 됨을 알아야 될 것이니
라.

2,794 번째 하나님 말씀

2002년 8월 2일 22시 49분

1 사랑하는 아들아!
2 "네, 아버님! 말씀하옵소서."
3 너희들이 진정 살아가는 그 용기는 무
엇이던가?
4 너희들이 충분히 상대해서 이길 수 있
을 때 그를 스스로 양보하는 그와 같
은 미덕을 갖는 것이 용기라 할 수 있
지 아니한가?
5 이 세상에 살면서 남에게 베풀 수 있
는 자, 그리고 남을 도우며 살아갈 수
있는 자가 그와 같은 행위를 할 때 그
는 진정한 용기 있는 자며, 그는 사랑
과 베풂을 아는 자이니라.
6 그러나 너희들은 지금 살아가는 형국
이 어떠한가?
7 가진 자는 더 갖고자 하며 높은 자는
더 높고자 함이니, 그와 같은 욕심을
버리지 못하고 살아가는 것이 너희 인
간들의 살아가는 형태이니라.
8 너희들의 말에 너희들이 욕심을 부림
으로써 화를 당한다 하였으니, 한 치
앞에 닥쳐올 그 화를 모르면서 너희들
은 그저 욕심에 더 갖고자, 더 이루고
자 하는 그와 같은 마음으로써만 살아
가는 것이니,
9 어찌 그와 같이 사는 사람들이 사랑이
있으며 나눔이 있는가?
10 정녕 남을 다스릴 수 있는 자가 그 밑
에서 가르침을 받을 수 있는 것, 약자
앞에 강자가 숙일 수 있는 것, 그리고
약자 앞에 강자가 그 강함을 과시하지
아니하고 강함을 보이지 않는 것,
11 이와 같은 행위를 할 수 있는 자가 정
녕 용기 있는 자며, 이와 같은 자가 사
랑이요, 베풂을 아는 자이니라.
12 너희들이 사는 인간 세상이 그와 같이
형성되어 왔다면 지금과 같은 형태는
이루어지지 아니하였을 것이니라.
13 그리하여 내가 지금 나의 법전을 세상
에 내려보내 너희들을 일깨워 주고자
하는 것은,
14 너희들이 구원받아 하늘에 오른다는

신본주의에 빠져 살아가는 그와 같은
너희들의 인성을 내가 인본주의부터
너희들에게 깨우쳐 신본주의로 변하
는 그와 같은 역사를 이루고자 하는
것이 내가 너희들을 다스리고자 하는
기초의 근본이니라.
15 너희들은 지금 인간 본연의 자세인 그
자체부터 파괴하였으며, 그 질서를 지
키지 아니하며 그를 파괴한 상태에서
살아가면서 그 생활 속에서, 하나의
오점이요, 하나의 잘못됨이 없이 완전
히 신과 같은 삶을 사는 자만이 오를
수 있는 하늘나라에 오르겠다 하며,
나에게 구원을 받아 영광의 이 천국에
와 살고자 하는 것이 너희들의 소원이
며 너희들이 그리 원하고 그리 살고자
함이니,
16 과연 너희들이 거기에 오를 자격이 있
다 생각하는가?
17 내가 나의 아들을 통하여 말하였음이
니라.
18 나와 같은 삶이며, 신과 같은 삶이며,
나의 예수가 살았던 그와 같은 삶을
똑같이 살아가지 아니하며 그를 역행
하는 자, 단 한 가지라도 그를 지키지
아니하는 자는 정녕 하늘나라요, 나의
천국에 올 수 없다는 것을 내가 확실
히 너희들에게 못박아 주었음이니, 너
희들은 이와 같은 뜻을 깊이 깨우쳐야
될 것이니라.
19 너희들은 십계명이라는 내가 쓴 것을
지키는 것이 영혼의 양식이요, 하늘에
오를 수 있는 근본이라 하였거늘, 너
희들이 감히 그것을 인간이기에 지킬
수 없다 그리 말함이니,
20 십 분의 일이요, 백 분의 일을 지키지
못해도 너희들이 하늘에 오를 수 없는
것이 하늘의 이치이니라.
21 십계명의 열 개 중에 하나를, 백 분의
일, 만 분의 일을 지키지 않았다 해도
그 죄의 대가 때문에 하늘에 오를 수
없는 그와 같은 이치 속에 사는 것이
너희들이라 하였거늘,
22 어찌하여 인간이기에 그를 지킬 수 없
다 그리 얼버무리고 넘어가는 그와 같
은 삶을 살아가는 너희들이 하늘에 오
를 수 있다 생각하는가?
23 그와 같은 믿음 속에서 가르치고 배우
는 자, 너희들이 정녕 구원을 받을 수
있다고 생각하는가?
24 죄를 짓고 용서를 빌며 또 재물로써
그를 사할 수 있다는 그와 같은 너희
들의 생각으로써 과연 하늘에 오를 수
있다 생각하는가?
25 너희는 절대로 오를 수 없음을 알아야
될 것이니라.
26 너희들이 사용하는 모든 기계라는 것
의 부속도 그 자리에 맞아야 되며, 그
자리에 그 형태가 그대로 가야 모든
기계가 돌아가며 정상을 이루느니라.
27 흘러내리는 물을 막는 그것도 한 방울
만 한 조그마한 구멍이 있어도 그 물
은 새서 제방을 무너트림이니, 그 물
이 완벽하게 잠겨야 되며 새는 곳이
없어야 되는 것이니라.
28 너희들이 인간사에 물이라는 것도 그
와 같이 해야만 막고 통제할 수 있으
며, 또 너희들이 쓰는 기계도 그곳에
정확하게 맞지 아니하면 부서져서 쓸
수 없는 것이니,

29 너희들 인간사에 수천수만 가지의 모
든 기계요, 너희들이 살아가는 그 속
에 있는 것들이 제자리를 정확하게 지
키지 아니하면 그를 사용할 수 없으며
그 자리를 지킬 수 없는 것이니라.
30 너희들 인간사에서도 사는 법도가 그
러하니라.
31 나의 뜻대로 살지 않는 자는 육의 세
상에서 제자리를 지키지 못함이니, 물
을 막는 기계가 제대로 맞지 않아 물
이 새는 그와 같은 형국의 삶을 사는
것이 너희들임을 알아야 될 것이니라.
32 조그마한 틈만 있어도 그 물은 샘이
니, 완벽하게 그를 막을 수 있는 것,
완벽하게 제자리를 지키는 그 기계만
이, 그 부속만이 물이 새지 않게 할 수
있음이니라.
33 아무리 훌륭한 것, 아무리 좋은 것을
갖다 맞춘다 하여도 제자리에 맞는 것
이 아니면 그 자리를 지킬 수 없는 것
이 인간 세상에 생명이 없는 기계들이
돌아가는 것의 질서이며, 너희들의 철
칙이니라.
34 하물며 그와 같은 것도 정확한 것이
제자리를 지킬 때 제 임무를 다 하거
늘, 너희들 인간이 살아오면서 인간의
형태에서 인간 본연의 자세를 다 못하
고 사는 자, 그들은 어떠한 형국이더
냐?
35 제 기능을 못 하는 것이니라.
36 인간사에서도 제 기능을 다 못 하는
자를 남에게 뒤지며 남에게 존경받지
못하는 삶을 사는 자들이라고 그와 같
이 너희들이 평가하니,
37 너희들이 살아가는 형편이 과연 어떠
하던가?
38 최선의 노력을 다하는 자가 그나마 명
예요, 부귀와 영화요, 인간 세속에서
행복이라는 것을 누리고 살아가지 않
는가?
39 너희들은 하늘에 오르는 그 길이 그
모두보다 더 허술하고 쉽다 생각하는
가?
40 너희들은 어찌하여 그 이치 하나도 깨
우치지 못하는가?
41 물이라는 것이 새는 것을 막는 그 부
속도 완벽해야 그를 막으며, 너희들이
사는 것도 완벽한 인생의 삶을 사는
자만이 내가 너희들에게 내려 준 60
점이라는 그 점수에서 벗어날 수 있음
이니라.
42 그 점수를 벗어나서 하늘에 오르는 하
늘의 낙원이요, 천사들이 사는 세상에
너희들이 올라오고자 한다면, 그보다
도 더 정밀하고 정확하게 그와 같이
깨끗하고 아름다운 마음으로 산 자가
아니면 하늘에 오를 수 없음이니라.
43 천사와 같이 더불어 너희들이 하나를
이루고 산다면 천사와 같은 자만이 천
사의 세상에서 살 수 있음이니,
44 천사가 되지 못한 자는 천사 속에서
살 수 없으며, 신이 되지 못한 자는 신
과 같이 살 수 없음이니,
45 나 여호와와 같은 생활을 하지 않는
자는 천국에 올 수 없다는 것은 엄연
한 사실임이니, 너희들은 이와 같은
이치를 깨달으라.
46 그리하여 너희들이 신이 되고자 하는
그 열망의 마음으로 살아야 될 것이
며, 나 여호와가 원하는 그 마음으로

살아야 될 것이니,
47 정녕 이와 같이 살지 않는 자가 나에게 구원을 받는다는 그 감언이설에 속지 말라.
48 차라리 너희들이 스스로 자신을 다스리는 것이 하늘에 오르는 길을 볼 수 있을 것이니라.
49 지금 잘못 가르치는 종교 지도자들이 너희들을 지도하고 가르치는 그 방법으로써 너희들은 더 가중한 죄를 짓는 짓을 하고 있음이니,
50 차라리 믿지 않고 그대로 평범하게 살다 오는 자, 제 부모에게 공경하며 양심에 거리낌 없고 남에게 부끄럽지 않은 삶을 살려고 노력하고 살다 오는 자, 그들이야말로 그래도 제자리를 지킬 수 있을 것이니라.
51 믿음이라는 길을 위하여 죄를 짓고 또 죄를 짓는 그 방법으로써 얼마나 더 무서운 죄를 짓고 사는 것이 지금의 믿음의 길을 가고 있는 너희들의 형국인가를 알아야 될 것이니,
52 이를 깊이 깨우쳐, 너희들의 현주소요, 지금 너희들이 있는 위치를 파악해 보라.

2,795 번째 하나님 말씀

2002년 8월 2일 23시 08분

1 사랑하는 나의 아들아!
2 "네, 아버님! 말씀하옵소서."
3 이 지구상에 나의 피조물 만백성이 수십억이며, 정녕 저희들이 크나큰 종교 집단을 이끌어 나와 세상에 추앙받는 자, 또는 저희 소집단에서 추앙받는 종교 지도자, 그 누구를 붙잡고 너희들이 물어봐도 인간은 신이 될 수 없다 그리 말하느니라.
4 그리고 인간은 나 여호와같이, 나 창조주같이 살 수 없다 그리 말할 것이니라.
5 그러니 이 지상에 살아 생명을 가지고 있는 모든 나의 백성들이 그리 말하느니라.
6 그러나 지금 동양의 이 작은 나라의 한 골방에 앉아 있는 너는 인간은 신이 될 수 있으며 나 여호와같이 될 수 있고 살아갈 수 있다 그리 말함이니,
7 너를 보고 만백성은 정신이상자요, 미친 자요, 뜬구름을 잡고 하늘을 난다는 그와 같은 허황된 자라 욕하고 비웃을 것이니라.
8 그러나 너희들은 들어야 될 것이니라.
9 인간 세속에서 살아가는 너희들이 수십 킬로미터를 달려와 온 세상에 명예의 면류관을 쓰는 그 사람은 얼마나 피나는 노력을 해서 그리 갈 수 있었던가?
10 지금 너희들이 어떠한 사람이든 간에 그 사람이 달려온 길을 달리라 할 때 너희들은 죽었다 깨어나도 그 길을 갈 수 없다 그리 말할 것이며 그리 달릴 수 없다 말할 것이니라.
11 그리고 너희들이 제한된 시간 속에 그 길을 달리라 하면 너희들은 차라리 목숨을 던지는 것으로써 그 벌을 받는 게 낫지 그 길은 갈 수 없다 말할 것이니라.
12 그렇다면 그는 세상에 너희 인간의 부모의 뱃속에서 나와 태어날 때 너희들

과 똑같이 태어났으며 나로부터 생명
의 은총을 받아 세상에 태어났으니,
13 그가 너희들과 같이 그저 먹고 놀며
세상을 살아왔다면 그는 몇십 킬로미
터를 달리는 수십억 인구 중에서 가장
영광된 면류관을 쓸 수 있는 달리기라
는 종목의 운동선수가 될 수 있겠는가?
14 그는 노력하였음이니라.
15 그리고 그는 무한한 훈련을 하였음이
니라.
16 그리고 그는 끝없는 고통과 자기 번뇌
와 체력의 싸움에서 그 모두를 이기고
그는 달리고 또 달려서 그리 연습을
하여 그 결과를 얻었음이니라.
17 너희들이 살아가는 인간 세상에서 명
예를 얻은 자며 권력을 얻은 자며 부
귀를 쥔 자, 과연 그들이 노력하지 아
니하고 보통 너희들의 인생을 잘못 살
아온 사람처럼 흥청망청 시간을 쓰며
그리 인생의 삶을 소비하며 살았더냐?
18 그들은 그리 살지 아니하였음이니라.
19 똑같은 인간이 그 길을 놓고 노력하고
또 노력하며 연구하고 또 연구할 때
그 역사를 이루며 그 목적을 달성함이
니,
20 너희들은 그 하나의 이치를 보면서 어
찌하여 너희들은 신이 될 수 없으며
나 여호와와 같은 마음과 형태로 살아
갈 수 없다 그리 말하는가?
21 날짐승처럼 많은 사람을 태우고 나는
기계도, 지상에서 달리는 기계 그 모
든 것도 다 누군가가 만들어 주었으
며, 너희들이 단 몇 초 만에 그것을 만
들었는가?
22 그를 갖고 몸부림치고 씨름하고 연구
하며 또 연구한 많은 나의 피조물 만
백성의 그 연구의 결과에 그리했으니,
그는 곧 무엇이더냐?
23 그들의 노력인 것이니라.
24 너희들에게 몇십 킬로미터를 달려와
명예의 면류관을 쓸 수 있는 그와 같
은 길을 가라 할 때, 누구도 그를 하라
할 수 없으며, 너희들은 그리 갈 수 없
다 말하며, 할 수 없는 것이니라.
25 그리하여 너희들은 포기를 할 것이니
라.
26 지금 너희들이 신이 되고자 하는 그
욕망을 갖고 살라, 나 여호와가 사는
것과 같은 그와 같은 마음을 가지고
살라,
27 약속한 것은 지켜야 될 것이며 지키지
못할 약속은 하지 말라, 너희들의 입
에서 나오는 것은 만백성을 구하는,
아름다운 향기로운 가르침의 말로써
나와야 하며, 거짓 하지 말며,
28 또 나 여호와가 불필요한 말을 하지
않듯이 너희들이 불필요한 언어를 삼
가며 살아가라, 그리고 나를 닮아 살
아가라는 그와 같은 것이 너희들은 전
혀 불가능하며, 있을 수 없는 일이라
그리 말하며,
29 그와 같이 신의 경지에 오르며 신이
되고자 노력하는 나의 아들을 보며 너
희들이 정신 나간 자요, 미친 자요, 사
악한 자라 그리 말하나,
30 세계에서 먼 길을 가장 빨리 달려 그
영광의 면류관을 쓰는 사람이 나오듯
이, 노력하고 또 노력하면 너희들이
그와 같이 변화될 수 있다는 것을 알
아야 될 것이니라.

31 너희들은 아예 노력도 하지 아니하며,
힘들고 어려운 그 길을 가지 아니하고
도 편안하게 살아갈 수 있기에 그 길
을 선택한 것이니라.
32 죄를 짓고 구원을 받지 못하는 너희들
이, 죄를 짓고도 구원을 받을 수 있다
그리 말하며, 너희들이 노력하여 번
재물의 일부를 그저 너희 손으로 지은
성전에 가서 잘못 가르치는 종교 지도
자들 앞에 쌓으면 하늘의 창고에 재물
이 쌓여 축복을 받으며 구원을 받으며,
33 그와 같이 해괴망측한, 간단한 방법으
로써 하늘나라에 오를 수 있다는 것에
너희들이 현혹되어 지금 죽음의 지옥
의 길로 가는 것이니라.
34 너희들이 신이 되고자 노력한다면, 너
희들이 오늘 당장은 안 될 것이나, 1
년, 2년, 10년 그와 같이 노력할 때, 너
희들이 노력하는 것이 가상하고 그와
같은 깨달음을 가진 자라 내가 생각할
때, 너희들에게 그리 지킬 수 있는 지
혜와 능력과 내가 이끌어 주는 영광이
있음이니,
35 너희들은 아예 하려고도 하지 않음이
니라. 너희들은 노력을 하지도 아니함
이니라.
36 그러면서 너희들은 구원을 받고자 하
는 것이니라.
37 수십 킬로미터를 세상에서 가장 빨리
달린 자가 얼마나 노력하고 연구하여
그리 영광의 면류관을 썼겠는가?
38 너희들은 하나도 노력하지 아니하며,
그가 노력할 때 잠자고 향락을 즐기며
살아왔던 자가 1등을 하겠다는 그와
같은 욕심을 부리는 것과 똑같음을 알
아야 될 것이니라.
39 너희들은 여기서 내가 나의 아들을 통
하여 너희들이 가장 깨닫고 알기 쉽게
너희 손에 쥐여 주는 이 깨달음을 듣
고도 행하지 못한다면,
40 그 먼 길을 제일 빨리 달려온 운동선
수가 피나는 노력을 했으며 그 모든
인간의 삶을 다 접고 오로지 그 길만
을 위해 눈물로 그 길을 달리고 또 달
리고 노력하고 또 노력한 그 결과이거
늘,
41 너희들은 그와 같이 노력을 하지 아니
하고 그 면류관을 쓸 수 있다 하는 자
들과 똑같은 자들이니, 얼마나 너희들
이 어리석은 자들이더냐?
42 나의 아들은 지금 신과 같은 그 경지
에 오를 수 있도록 최선을 다하며, 나
여호와의 삶과 같은 그 삶을 살고자
피나는 노력을 하고 있음이니,
43 그가 1년, 10년의 세월이 지난 다음에
과연 나 여호와같이 될 수 없다 말할
수 있겠는가, 그리고 신의 경지에 오
를 수 없다 너희들은 말할 수 있겠는
가?
44 내가 기적을 이루고 세상을 창조한 것
을 비교하지 말라.
45 내가 가진 마음이요, 내가 가진 성령
을, 그것을 너희들이 닮으라는 것이
며, 그와 같은 마음으로 살라는 것이
나의 뜻이니라.
46 너희들은 노력과 고통 없이 얻으려 하
지 말라.
47 그저 너희들은 편안한 길을 선택하면
서 나에게 오르는 영광의 그 길을 얻
으려 하지 말라.

48 나의 아들이 오늘의 고통과 시련을 다
접어 두고 오로지 한 길을 위하여 가
는 그 마음을, 그가 변하는 것을 너희
들이 세월이 지난 다음에 알 것이니라.
49 그리고 너희들은 여기서 하나 깨우쳐
야 될 것이니라.
50 너희들이 이 세상에 살아가면서 이루
어지는 모든 일은 그 시작함이 있음이
니라.
51 너희들이 천릿길을 가는 것도 첫 발부
터요, 너희들이 운동 시합을 할 때도
그 시합 직전에 준비를 할 것이며,
52 너희들이 어떠한 일을 하든, 너희들이
크나큰 건축물이라는 것을 짓든, 친구
간에 어떠한 시시비비를 놓고 판가름
을 하든, 오락을 하든, 즐거운 일을 하
든, 모든 것은 그 시작함이 있음이니
라.
53 시작할 때의 마음가짐이 바로 너희들
이 천사가 될 수도 있고, 사악한 악마
가 될 수도 있는 것을 알라.
54 모든 것은 시작 없이 이루어지는 일이
없으니, 시작할 때 너희들이 어떤 마
음을 갖고 생각하느냐에 달렸음이니
라.
55 너희들이 선한 마음을 갖고 살 것이냐
사악한 마음을 갖고 살 것이냐, 천 가
지 만 가지의 너희들이 하루하루 부닥
치는 그 속에서 그때그때마다 천사의
마음으로써 가고자 한다면 그게 무엇
이더냐?
56 바로 신의 경지이며, 신이 되는 경지
임을 알라.
57 너희들이 그와 같이 깨우치고 살아가
면 나 여호와의 심성을 닮으며 나의
심성을 꼭 닮아 나의 나라에 올 자격
이 있는 나의 아들과 딸이 됨을 알라.
58 이와 같은 이치를 너희들이 깨우치지
못한다면, 너희들은 천년만년 너희들
이 지금 손으로 지은, 궁궐보다 더하
다는 두꺼비집의 그 형국 안에서 사랑
을 베푼다면서 시기 질투로 싸우는 그
와 같은 시간이 너희들에게 없을 것이
며,
59 남에게 언짢은 말, 남의 마음을 상하
게 하는 일, 남을 불쾌하게 하는 일,
남을 기만하는 일, 남을 속이는 일, 그
러한 일을 감히 할 수 없을 것이며,
60 남들이 보지 아니한다 해서 높은 단상
에 앉은 자가 이면에서 추한 짓을 하
지 아니할 것이며, 남 앞에서는 가장
현명하고 위대한 자처럼 이야기하나
이면에 더럽고 추하게 사는 그 죄를
짓지 아니할 것이니,
61 그와 같은 죄를 지으며 산 너희들은
나 여호와에게 먼저 용서를 빌며, 모
든 백성들에게 그들을 속이고 살아온
그 죄를 먼저 용서를 빌라.
62 그리고 모든 일을 시작할 때 너희들이
진정한 진리요, 순리에 따라서 생각하
면 너희들은 승자가 되는 것이며, 바
로 그것이 너희들이 신의 경지에 오르
는 길임을 알라.

2,796 번째 하나님 말씀

2002년 8월 2일 23시 18분

1 사랑하는 나의 아들아!
2 "네, 아버님! 말씀하옵소서."
3 네가 지금 깨우치는 그 모습을 하늘에

사는 모든 백성들도 두려워하며 너를
찬양하고 있음이니라.
4 인간 세상 세속에서 살면서 나의 아들
이라 명받아 법전을 세상에 만들어 전
하는 네가 얼마만큼 흔들리며 흔들리
는 그 삶을 살았던가?
5 네가 이제 법전 3부를 만들어 가면서
세상 이치를 깨달아, 나를 대신하여
사는 너라 그리 깨닫고 살아가며,
6 너는 신의 경지요, 신이 될 수 있다 생
각하며 그리 살아가는 네 모습을 보고
그 모두가 다 경탄하여 놀라지 않는
하늘나라의 나의 백성이 없음이니라.
7 사랑하는 나의 아들아!
8 지금 네가 그와 같이 깨닫고 그와 같
이 느끼면서 세상을 보는 너의 눈과
마음이 어떠하더냐, 나의 아들아!
9 "네, 아버님!
10 제가 이와 같이 인간이 노력하고 노력
했을 때 신과 같은 삶을 살 수 있으며,
한 점의 부끄러움이 없이 사는 인간의
길을 갈 수 있다는 것을 깨닫고 세상
을 바라보니,
11 지금까지 제가 세상을 보았던 그 부끄
럽고 부끄러운 마음에 고개를 들어 아
버님을 뵐 수가 없으며 감히 아버님의
이름을 부를 수가 없사옵나이다.
12 세상이 온통 다 추악하고 더럽고 사악
하며, 인간이 인간을 상대하기가 무서
웠으며, 인간이 인간을 접하기가 두려
웠사옵나이다.
13 그리하여 차라리 눈을 감고 사는 것이
낫다 생각하였으며, 귀를 막고 세상사
사는 것이 낫다 생각하였사옵나이다.
14 그러나 아버님, 제가 인간도 노력하면
노력할수록 진정한 신과 같은 경지에
오를 수 있으며, 죄를 짓지 아니하고
추하고 더러운 생각을 하지 아니하고
살 수 있다 깨닫고 세상을 보니,
15 이 세상 모두가 다 제자리를 지켜 살
아가고 있으며, 그들에 따라 제가 그
들을 추하고 더럽고 흉한 모습으로 볼
이유가 없으며, 그들을 그저 그 모습
그대로 보며, 제가 지키고 갈 길만을
가면 된다는 것을 생각하였사옵나이
다.
16 그러하니 세상은 다 아름다운 것이며,
세상은 다 하나님께서 이루신 그 지상
의 낙원이 지금 이루어지는 것을 느낄
수 있으며,
17 그 지상에 살아가는 모든 사람들의 사
악한 모습은 즉, 저희 자신의 사악한
모습이요,
18 도적질하는 자, 간음하는 자, 남을 기
만하는 자, 그들은 그들로써 그 죄를
받게 될 것이며 그 대가를 치를 것이
며, 그들은 그 대가를 치르니 세상은
공평하며, 하나님의 공의로운 심판이
기다리고 있음을 알며,
19 그러하니 그들이 지금 행하는 것이 제
가 보기에 추하고 더럽고 도적질하는
자 있는 이와 같은 암흑의 세상이라고
볼 이유도 없으며 그리 생각할 필요도
없음을 알았사옵나이다.
20 그저 다 제 마음이 깨끗하고 바르며,
제가 인간으로서 알 수 없는, 감히 신
의 세계에 천사와 같은 마음으로 경지
에 오르고자 하는 그 마음으로 내려다
보는 눈은, 저 자신이 얼마나 깨끗하
며 소중한가 하는 저 자신만을 지키고

견디면 되는 것을,
21 저 자신도 지키지 못하는 주제에 남의
허물을 보고 남의 허물을 말하고 남의
허물을 흉보며 살아온 제가 얼마나 부
끄럽고 추한 모습인가를 알았사옵나
이다.
22 제가 신의 경지가 되고자 깨끗한 마음
으로 보니, 세상에 그와 같지 않은 자
가 없으며,
23 추한 자는 그 순간일 뿐이며, 그들도
깨우쳐 하늘나라에 오르는 하나님의
아들딸들이 될 수 있으며,
24 또 설사 죄를 짓고 산다 해도 그들은
그 죄의 대가를 반드시 아버님께 받아
치름이니,
25 그 또한 그들이 깨끗한 사람으로, 깨
끗한 백성으로, 하나님께 순종하는 깨
끗한 백성으로 될 수 있다는 것도 제
가 지금 깨닫고 느끼고 있사옵나이다.
26 그들이 심판을 받아 죗값을 치른다 하
면 저희들이 그 심판 다음에는 하나님
께 받을 수 있는 그 은혜를 받을 수 있
다는 것도 지금 깨우치고 있사옵나이
다.
27 그러하니 제가 탓할 필요도 없으며 제
가 남을 욕할 것도 없다는 것을 깨달
았사옵나이다.
28 지금까지 더러운 세상이요, 험악한 세
상이요, 사탄이 우글거리는 세상이요,
도둑이 우글거리는 세상이요, 이와 같
이 세상을 보았던 것은 제 마음에 그
러한 구석이 있기에, 제 마음이 그와
같이 행할 수 있기에, 제가 그와 같은
행동을 할 수 있기에 그들의 추하고
더러운 모습을 볼 수 있었음을 알겠사
옵나이다.
29 이제 제가 신이 되고자 하며, 제 마음
을 다스리며, 제가 한 점의 부끄럼 없
이 살아가고자 하는 이 시점에서는 모
두가 다 그리 보이옵나이다.
30 다 그와 똑같은 것이라 그리 보이고
있사옵나이다.
31 남의 허물이 보이지 아니하며, 남이
잘못하는 것이 보이지 아니하며, 남이
욕하는 것이 들리지 아니하옵나이다,
아버님."
32 나의 아들아, 네 마음이 세상이라는
것이 거기에 있느니라.
33 너의 제자들에게 다 일깨워 주라.
34 너희들의 마음이 곧 행동이니라.
35 너희들의 행동이 곧 너희들의 마음이
니라.
36 그리 깨우쳐 주라.
37 너희들의 마음이 천사가 되어서 세상
을 볼 때 그 모두는 다 천사이니라.
38 너희들의 입에서 추하고 더러운 욕이
나오며, 남을 비방하는 말이 나오며,
남을 흉보는 것이 나오며, 남의 잘못
하는 것이 눈에 보이며, 남의 잘못하
는 것이 귀에 들리며, 남이 흉보는 소
리가 귀에 들리는 것은 너희들의 마음
이 그와 같이 흉악하기 때문에 그러하
니라.
39 너희 마음들이 하얀 천사와 같이 되어
신의 경지에 오르는 마음이 되다 보면
너희들에게 깨끗한 것 외에는 아무것
도 들리지 아니하며 보이지 않는 세상
이 열림이니라.
40 이와 같은 이치를 너의 제자들에게 깨
우쳐 일러 주도록 그리하라.

2,797 번째 하나님 말씀

2002년 8월 2일 23시 31분

1 사랑하는 아들아!
2 내가 너를 종이라 부르며, 너를 선지
자라 부르며, 지금은 나의 아들이라
부르니, 더 이상 너를 부를 호칭이 없
다 내가 말하였음이니라.
3 아들이라 부르는 말보다도 더 가까운
호칭이 없다 말하였으니,
4 너는 내가 아들이라 부르는 것을 과연
알고 있는가?
5 "네, 아버님! 알겠사옵나이다.
6 아버님께서 저를 아들이라 부르시는
그 아버님의 뜻을 알겠사옵나이다.
7 저는 아버님의 아들이 될 수도 없으
며, 아버님의 아들의 자격도 없으며,
아버님께서 원하는 그 길을 갈 수가
없는 추하고 더러운 한 인간이었사옵
나이다.
8 이와 같이 잘못 살아오고 60평생을
얽히고설켜 살아온 삶에서 남보다 추
하고 더럽게 잘못 살아온 그 형태로써
도 감히 고개를 들 수 없는 저를 아들
이라 부르신 것을, 저는 이제야 그 뜻
을 깨달았사옵나이다.
9 아버님께서 저를 아들이라 부르심은,
10 아버님께서 제가 아버님의 아들이요,
아버님의 혈통을 받은 자요, 아버님의
아들의 자격이 있어 저를 아들이라 부
르심이 아님을 이제야 깨달았사옵나
이다.
11 정녕 제가 노력하여 아버님의 아들이
될 수 있는 그 길을 오라 그리하여 사
랑으로써 아버님께서 저를 아들이라
부르셨음이니,
12 제가 아버님의 아들이 되는 길은 오로
지 신의 세계를 돌파하는 것이며,
13 모든 천사들이 즐겨 사는 그 세상에
올라서는 것이 제가 아버님께서 아들
이라 불러 주신 보답으로 제가 아들이
되고자 노력하라는 그 뜻에서 저를 일
찍이 아들이라 부르심을 알겠사옵나
이다.
14 아버님께서 자격이 없는 저를 아들이
라 부르심은, 제가 노력하여 깨달아
하나님의 아들이 되라 하여 그리 말씀
을 내리신 것을 알겠사옵나이다.
15 예수는 성령으로써 태어나게 하시어
그가 역사하셨으며 하나님의 뜻을 온
백성에게 전하였으니, 그는 바로 준비
단계에 아버님께서 보내신 아들이며,
16 저는 아버님께서 인간의 60세가 다
되도록 인간 세계에 살도록 두셨음이
니, 그리하여 아버님께서 지금 저를
아들이라 부르심은, 저에게 제가 노력
하여 아버님 앞에 아들의 자격을 획득
하는 그와 같은 기회를 주셨으며, 그
와 같은 의미에서 저를 아들이라 부르
심을 저는 깨닫고 그리 알고 있사옵나
이다.
17 제가 마지막 제3의 시대에, 아버님께
서 새로운 역사의 시대를 열고자 하시
며, 구약과 신약의 그 모두를 덮으시
며, 제3의 시대가 심판의 시대요, 결
실의 시대요, 결과를 맺는 시대로서,
아버님께서 저를 아들이라 부르신 그
뜻은,
18 만백성 속에서 살아오며 만백성 속에
서 제가 깨우쳐 신과 같은 자리를 차

지했을 때, 그와 같이 됐을 때, 아버님
께서 저를 아들이라 받아들일 것이니,
19 그리하여 스스로 제가 노력하여 하나
님의 아들이 되라 하시는 그 명령이라
하는 것을 이제 깨달았사옵나이다.
20 제가 그리하여 아버님께 아들이라는
그 합격증을 받을 때, 만백성을 통제
하며 만백성이 저를 보고 깨우치며,
21 두고두고 천년만년 이 지상이 존재하
며 하나님의 백성이 존재하는 동안에
제가 그들의 거울이 되며 그들의 본보
기가 되며 그들의 삶의 희망이 되며
그들이 저를 보면서 깨우칠 수 있는
그와 같은 기적을, 그와 같은 역사를
만드시고자 하는 아버님의 뜻을 이제
야 알았사옵나이다."
22 사랑하는 나의 아들아,
23 내가 그리하여 구약의 시대요, 신약의
시대, 그 모든 역사의 시대보다도 네
가 더 소중한 자라 말하였으니,
24 너는 이제 결실의 시대에 인간 세속에
서 살아오면서 네가 신이라 칭하여 나
의 아들이 될 수 있는 그 자격을 획득
하는 것이 만백성으로 하여금 나의 아
들딸이 될 수 있다 하는 그와 같은 희
망이요, 본보기의 그 길을 가고 있음
이니라.
25 내가 예수를 세상에 내보내 나의 아들
이라 하여 기적을 이루었으나, 만백성
이 그를 신비주의로 보며, 저희들과는
영 관계가 없는 세상의 성령의 나의
아들로 보며, 하늘나라의 천사로 그를
생각하며,
26 너희들 인간사와는 전혀 반대쪽에서
생각하며, 같이 견주어 가도록 생각하
지 아니하며, 너희들과 동등하다 생각
하지 아니하니,
27 너희들과 동등한 그 속에서 사는 나의
아들이 신이 되는 그 모습을 보였을
때 만백성이 너를 보고 따르며, 그들
이 또한 저희들이 신의 세상에 오니,
28 하늘에서 이루어진 것같이 이 땅에서
이루는 것은 그 신의 깨달음을 갖고
그리 행한 자들이 세상에 존재해야 하
기 때문이니,
29 너 하나가 그리 변하는 것이 가장 위
대한 역사의 변화이니라.
30 네가 변함으로 너의 제자들이 변할 것
이며 나의 법전을 읽은 만백성이 변할
것이니라.
31 아들아, 너는 정녕 나의 아들이니라.
32 네가 노력하여 나의 아들이 되라 함이
아니라, 너는 정녕 나의 아들임이니라.
33 아들로서 네가 창조주인 나 여호와를
가장 기쁘게 하는 효성을 갖춘 아들이
되라 함이니, 그리 알라.

2,798 번째 하나님 말씀

2002년 8월 2일 23시 55분

1 사랑하는 아들아!
2 "네, 아버님! 말씀하옵소서."
3 그 방대한 종교의 조직과 만백성으로
부터 추앙을 받는 너희 종교 지도자들
도, 또 많은 종교 지도자들이요, 저희
들이 하늘에 오르는 길이라 말하는 수
천수만의 집단들도,
4 정녕 내가 그들에게 물을 때 그들은
신이 될 수 없다 그리 말한다 하였음
이니라.

5 우선 그들이 신이 될 수 없다 말하는 그 자체는, 그들이 정녕 종교 지도자로서 자격이 없다는 것을 스스로 말함이며, 저희들은 나로부터 선택된 자가 아니라는 것을 입증하는 것이며, 저희 스스로 죄짓고 삶을 말하는 것이니라.

6 가르치는 자의 자세는 어떠한 것이더냐?

7 인간관계에서 스승과 제자라 하는 것도 스승은 몸가짐을 바로 하는 것이 스승의 자세이니라.

8 하물며 하늘에 오르는 나의 피조물 만백성을 나의 나라, 천국으로 인도한다는 자들이, 저희들이 정녕 신이 되지 못한다 하면, 어찌 신의 뜻이요, 나 여호와의 뜻을 그들이 알고 전할 수 있다는 말이던가?

9 그들이 신이 될 수 없다 말하는 것은 저희 스스로 자격이 없음을 말하는 것이며,

10 그와 같이 흘러온 역사와 그와 같이 배운 백성 너희들이 그리하여 암흑의 세계에서 지옥으로 간다 말함이니라.

11 너희들은 어찌 그리 어리석은 삶에서 벗어나지 못하고 그리 사는가?

12 사랑하는 나의 아들아!

13 "네, 아버님! 말씀하옵소서."

14 네가 지금 '인간은 신이 될 수 있으며, 인간도 하나님과 같이 살 수 있다, 하나님이 생각하시고 행하시는 역사의 기적이 아니라, 하나님께서 성령으로써 만백성에게 기본이 되고자 하시는, 그 가지고 계신 마음의 행함을 인간들도 따라서 그리 할 수 있다, 그리 될 수 있다.' 이리 네가 만백성에게 부르짖음이니,

15 이것은 만백성의 구원의 빛이요, 만백성의 희망의 빛이요, 정녕 이를 보고 따르는 자, 구원의 길에 들어서는 그와 같은 역사를 네가 지금 부르짖고 있음이니라.

16 너보다 더 웅대한 조직이요, 너보다 수천 배 위대하며 저희들이 존경받는다 하는 그들도 인간은 인간이기에 신이 될 수 없다 그리 말함이니, 그들은 자격이 없음이니라.

17 스스로 저희들이 죄를 수없이 짓고 있으며, 저희들이 깨끗하게 살아가지 못하고 있음을 증명함이니라.

18 그리고 그들은 공과 사를 가릴 때, 또는 죄와 벌을 가리고 상벌을 할 때, 공정하게 행하지 못하고 있다고 저희 스스로 시인하는 것이니라.

19 그리고 악행과 선행을 행할 때, 그들은 악을 제거하며 선만을 행하며 살아갈 자신이 없다는 것이며, 그리 행하지 못한다는 것을 저희 스스로 말하는 것이니,

20 그것 하나만큼은 저희들이 진정한 고백이라 네가 생각해야 될 것이니라.

21 그 누구도 이룰 수 없다는 그것을, 너는 인간이 신이 될 수 있다 함이니,

22 인간이 신이 될 수 있다 생각하고 그리 노력하고 그 길을 가고자 발버둥칠 때, 너희들이 신이 되어 나의 나라에 올라올 수 있음이니, 이것이 만백성의 가장 큰 빛이요, 행복이요, 그들의 희망임을 알아야 될 것이니라.

23 너희들은 인간사에서 살아가면서 유년시절서부터 꿈을 가지고 사느니라.

24 너희들이 이야기하는 많은 사람 앞의
무대에서 춤을 보이는 무용수가 되고
자 할 때 그는 무용수가 될 것이며,
25 또는 노래를 잘하는 자, 피아노 건반
을 잘 울려 만백성의 심금을 울리는
자, 악기를 다루는 자, 그리고 운동하
는 선수라든지 너희들은 다 어렸을 때
그 꿈을 가지고 살아감이니,
26 너희들이 제왕이 되고자 생각하는 자
와 그 밑에 신하가 되고자 생각하는
자와 일개 조그마한 고을을 다스리고
자 하는 자, 너희들이 꿈을 어찌 갖느
냐에 따라서 그 사람의 노력의 한계가
달라짐이니라.
27 웅대한 계획을 세운 자는 그 웅대한
계획을 위해서 노력하고자 하는 생각
을 갖지 않겠는가?
28 제왕이 되고자 하는 자와 스스로 그저
촌부로 살아가고자 하는 자는 그가 처
음서부터 살아가는 생각과 살아가는
방법의 차이가 있지 않겠는가?
29 너희들은 그와 같은 것이 세상에서 살
면서 인간의 속에서 이루어지는 것을
볼 것이니라.
30 그렇다면 너희들이 어디에 꿈을 두고
어디에 계산을 두고 어느 곳에 생각을
두며 살아가고 노력하는 것이 현명한
것이던가?
31 큰 꿈을 위하여 노력하는 자와 꿈이
없이 살아가는 자와 인생의 결과에 어
떠한 차이점이 있겠는가?
32 꿈을 가진 자는 그 꿈을 위하여 더 노
력할 것이며 더 생각할 것이니라.
33 지금 누구도 이룰 수 없다는 '인간은
신이 될 수 있으며, 인간은 신이 되어
야 된다.' 하며 그리 부르짖는 나의 아
들이 노력하는 것과 나의 아들이 살아
가는 그 행동과 나의 아들이 나에 대
한 믿음의 길을 가는 것이 과연 차별
화되지 않겠는가?
34 지금의 지도자 너희들은 육신을 위하
여, 향락을 위하여 그저 재물과 금화
와 은화를 거둬들이는 데 연연하며 정
녕 신이 될 수 없다 하니,
35 그리 말하는 자들과 신이 될 수 있다
말하는 자와 세월이 흐른 다음에 어찌
변하겠는가?
36 신이 되고자 노력하는 자는 그와 같이
되지는 못할지라도 70점이요, 80점이
요, 그와 같은 높은 한계에 오르는 깨
달음을 얻고, 질서를 파괴하지 아니하
며 하늘의 뜻을 따르고자 노력할 것이
며, 나의 계명과 나의 율법에 따라서
살아가고자 그 누구보다도 더 피나는
노력을 할 것이니라.
37 모든 운동선수가 명예를 차지할 때 그
들은 피나는 노력을 한 자이니라.
38 그리고 각광을 받는 명수가 손발이 저
리도록 노력하지 아니하면 아니 될 것
이며, 나의 수십억 인구 중에서 가장
우수한 자가 될 때 그는 누구보다 더
피나는 노력을 한 결과가 아닌가?
39 노력하지 아니하는 자에게 무엇이 얻
어지겠는가?
40 지금 신이 될 수 있다 생각하며, 신이
되고자 그리 노력하며, 인간은 노력하
는 한도 내에서 신이 될 수 있다 그리
말하는 나의 아들이 바로 너희들에게
희망이요, 너희들에게 꿈이요, 너희들
에게 하늘에 오르는 길을 보여 주는

그와 같은 역사를 이루고 있음이니라.
41 나의 아들은 해낼 것이니라.
42 그는 신이 되고자 할 것이니라.
43 불의한 일과 불의하지 않은 일 중에서
그가 생각할 때, 그는 선을 선택하며
불의한 일을 선택하지 아니할 것이니
라.
44 하루에 살아가면서 천 가지, 만 가지
이루어지는 속에서 불의를 행하지 않
고 선을 행할 때, 그게 바로 신의 삶이
니라.
45 너희들은 어찌 그리할 수 없는가?
46 그리할 수 있느니라.
47 그리하는 자만이 구원을 받는다는 것
을 내가 이 깊은 밤, 나의 아들에게 다
시 한 번 명하노니, 너희들은 이 뜻에
따라 그리 행하는 자만이 정녕 나에게
오를 수 있는 자임을 알라.

부 록

【하나님께서 가르쳐 주신 운동】

천재지변이 일어날 때, 동물이나 미물들은 미리 알고 대피하지만, 인간은 알지 못하고 큰 화를 당합니다. 하나님께서 인간에게 가장 높은 지혜를 주시고 완벽하게 창조해 주셨기에 동물들보다 더 잘 알 수 있지만, 욕심으로 마음이 혼탁해져서 한 치 앞을 보지 못하는 것입니다.

마찬가지로, 인간은 누구나 스스로 필요한 운동을 해서 건강을 지킬 수 있도록 하나님께서 만들어 주셨습니다. 우리의 머리에서 우리 몸에 필요한 동작을 해 달라고 끊임없이 신호를 보내지만, 인간이 혼탁하게 살아서 그 신호를 알아채지 못합니다. 그러니 자연스럽게 자기 몸이 원하는 그 신호를 따라서 운동하는 것이 하나님께서 가르쳐 주신 운동 방법입니다. 바로, 우리의 영이 육을 이끄는 운동입니다.

▶ 하나님 운동법

1. 눈을 감고, 발을 어깨너비로 벌리고 바르게 선다.
2. 몸에 힘을 풀고, 허리를 숙이면서 손과 머리를 아래로 내린다.
3. 허리를 펴고 싶을 때, 천천히 펴면서 하고 싶은 동작을 하면 운동이 시작된다. (사람마다 다르다.)
4. 멈추지 말고, 어떤 동작이든지 자기 몸의 느낌대로 계속 이어서 한다.

▶ 참고 사항

① 눈을 감은 상태로 아무 생각 하지 않고, 자기 몸의 느낌대로 움직입니다.
② 마음을 비우고, 욕심을 버리고, 지난날의 잘못을 반성하면서 몇 차례 시도하다 보면, 자기도 모르게 하고 싶은 동작이 끊임없이 생깁니다.
③ 운동 장소는 방 안이든 운동장이든 관계없으며, 걷거나 달리고 싶을 때는 눈을 떠도 됩니다.
④ 매일 40분 이상, 주 4회 이상, 3개월 이상 하면 음식 조절에 들어갑니다.
- 음식으로 생긴 병은 음식으로 치료하게 되며, 어떤 음식을 먹어야 하는지 스스로 알게 됩니다.
(자기 몸에 필요한 음식만 먹고 싶어집니다.)
⑤ 사랑하는 사람과 함께 운동하면 서로 치료해 주기도 합니다.
⑥ 운동을 하다가 몸의 어느 한 부분을 계속 손으로 자극한다면 그쪽에 이상이 있는 것이니, 의사에게 상담을 받고 적절한 치료를 받으면 됩니다.
⑦ 다이어트 및 기타 건강관리에 효과적입니다.
⑧ 꾸준히 운동하여 영이 맑아지면, 자신의 과거와 미래를 스스로 보게 됩니다.

누구나 스스로 하실 수 있습니다.

간행사

《새로운 성경》은:

· 새로운 성경은, 하나님께서 선량하고 선한 자를 선택하여 십계명을 암송하도록 하시고, 십계명을 암송한 다음에 음성으로써 들려주시는 말씀을 듣고 그대로 카세트테이프에 녹음해서 받아쓴 책입니다.

· 90분짜리 녹음테이프 700여 개에 달하는 말씀으로, 1999년 8월부터 2004년 7월까지 총 160권(권당 288쪽)을 완성하였으며, 그 이후에도 현재까지 계속 말씀을 내려 주고 계십니다.

· 새로운 성경은 "하늘을 두루마리 삼고 바닷물을 먹물 삼아 쓰고 써도 다 못 쓴다"는, 끝없이 방대한 하나님의 말씀이 두루마리로 직접 내려오는 것입니다. 이러한 새로운 성경은 구약과 신약을 폐하려는 것이 아니라 "인봉된 성서의 비유의 뜻"을 상세히 설명하여 완성하고자 하나님께서 직접 내려 주신 말씀입니다.

《새로운 성경》의 구성:

· 제 목: 2013년, 160권 모음집을 발간하면서, 본 도서의 제목을 "하나님! 말씀하옵소서"에서 《새로운 성경》 으로 명해 주셨습니다.

· 단행본: 각 권당 288쪽(신국판) 책이 160권까지 시리즈로 출판됩니다.
(모음집은 단행본을 16권씩 묶어서, 총 10부로 구성됩니다.)

《새로운 성경》의 성경적 근거:

· 신약 성경 [요한복음] 16장 13절에 "진리의 성령이 오시면 그가 너희를 모든 진리 가운데로 인도하시리니 그가 자의로 말하지 않고, 오직 듣는 것만을 말하며" 하신 말씀처럼 하나님의 음성을 들은 것만 기록하였으며,

· "장래 일을 너희에게 알리시리라" 하신 말씀과 같이 개인, 나라, 인류의 "장래"일을 하나님께서 알려 주시는 것만 기록하여 책으로 만들었습니다.

《새로운 성경》의 기록 방법:

· 1999년 8월부터 하나님께서 저에게 들려주시는 음성을 기록하였습니다. 처음에는 제가 들은 말씀을 불러 주면 저의 아내가 기록하여, 2000년 1월 29일에 1권 초판이 세상에 나왔습니다. 2000년 4월부터는 주시는 말씀을 받아 녹음기에 기록하여 시리즈로 출간하기 시작하였습니다.

· 녹음을 시작하면서 하나님의 말씀을 받는 데 가속도가 붙었고, 2001년 5월 3일에 1부(1~16권까지)를 인쇄하여 출판하였으며, 2004년 7월까지 총160권 분량의 말씀을 받아 기록하였습니다.

하나님께서 저에게 주신 것은:

· 첫째, 만백성을 상대로 내려 주시는 "기도", 둘째, 수시로 내려 주시는 "묵상", 셋째, 개인의 과거, 현재, 미래를 알려 주시는 "개인 기도", 넷째, 개인의 건강을 위해서 내려 주시는 "음식 처방", 다섯째, 하나님께서 가르쳐 주신 "운동"등이 있습니다. 이 중에 첫 번째, "기도"를 책으로 편찬하였습니다. 사람의 생사, 개인의 미래에 관한 천기는 수록하지 말라 하셨습니다.

강론 안내:

· 하나님께서는 지금도 매일 저에게 새로운 하늘의 비밀의 말씀을 내려 주고 계십니다. 수시로 내려 주시는 말씀을 정리해서 제자를 육성하라는 말씀에 따라 매주 강론을 하고 있습니다. 누구나 무료로 들으실 수 있습니다. (book160.com)

《새로운 성경》을 읽는 분들에게 드리는 선물:

· 개인 기도: 개인의 과거, 현재, 미래에 관하여 말씀을 내려 주십니다.

· 음식 처방: 사람은 음식을 먹고살다가 건강을 잃으니, 음식과 운동으로 건강을 되찾는 방법을 알려 드립니다. 단, 하나님이 계심을 믿고, 십계명을 지키겠다고 진실로 서약하는 분들께 알려드립니다.

《새로운 성경》의 은혜와 기적:

· 새로운 성경 전160권은 16권씩 묶어서 총 10부의 모음집으로 구성됩니다. 모음집 한 부를 읽고 깨우치는 자에게 하나님께서 다음과 같은 기적이 있다고 하셨습니다.

· "첫째, 그가 죽어 하늘에 갔을 때 그의 죄를 묻지 아니하며, 구원을 받는 위대한 은혜가 있으며, 둘째, 그의 소원과 소망이 이루어지고, 셋째, 죽은 자(부모, 형제, 자식, 사랑하고 은혜 입은 분)의 이름으로 구입한 책을 읽고 누군가 한 사람이 깨우칠 때, 그 죽은 자가 지옥에서 천국으로 구원을 받게 되며, 넷째, 유산, 중절 수술 등으로 태어나지 못한 아이를 위하여 구입한 책을 보고 한 명이 깨우쳤을 때, 그 아이가 사람으로 다시 한 번 태어나는 은혜를 받는다."

· "새로운 성경"을 3회 이상 정성을 다해 정독하는 자, 성서의 비밀을 알게 되고, 세상의 이치를 알게 되며, 세상을 지배하고 통제할 수 있는 지혜를 다 얻게 된다고 하셨습니다. 이 책은 만백성이 정독하고 이웃에게 전하여, 평생 가슴에 묻은 슬픔과 고통의 짐을 벗고 미래를 위한 힘찬 삶을 살아가도록 하는 책입니다.

끝으로

· 하나님께서는 흰 눈이 세상을 덮듯이 새로운 성경을 온 세상에 전하라고 하셨습니다. 《새로운 성경》 을 각국어로 번역해서 온 인류에게 구원의 길을 깨우쳐 주고, 그 수익으로 가난하고 어려운 백성을 구제하여, 만백성의 영과 육을 함께 구원하는 선지자의 임무를 수행하라고 저에게 명하셨습니다.

· 하늘에서 내려 주신 말씀의 보화를 만백성에게 나누어 주는 것이 선지자의 임무라고 하셨습니다. 새로운 성경을 통해서 얻는 재물을 사용할 곳도 하나님께서 일일이 명해 주십니다. 모든 재물은 저의 자의로 쓸 수 없고, 하나님께서 명하시는 대로만 쓰여집니다.

· 어떤 명분으로든 십일조나 각종 헌금을 거두어들이지 말라 하셨으며, 국내뿐 아니라 각국에 성전과 단독 서점을 운영하며, 한국의 많은 젊은이들을 전 세계에 지도자로 내보내라고 하셨습니다.

· 우리는 세계적으로 새로운 성경을 보급하며 어려운 이들을 돕는 역사를 해 나갈 것입니다. 지금까지 비록 몇 명 안 되는 제자들과 함께 이러한 일을 역사했지만, 앞으로도 계속 하나님께서 기뻐하시는 일들을 해 나갈 것입니다. 부족한 저희에게 여러분들의 지혜와 성원을 보내 주시기를 바랍니다. 많은 분들의 참여와 도움을 간절히 기다립니다. 감사합니다.

한국어로 내려온 《새로운 성경》 단행본을 출간하며
2016년 4월 10일

발행인 **김 용 철**

한국어로 내려온

새로운 **성 경** · 3부 · 제37권

지은이 하나님 말씀
대역자 김용철

초판인쇄 1쇄 2009년 11월 21일
재판인쇄 1쇄 2017년 4월 3일

펴낸 곳 도서출판 하얀마음
등록번호 제 10-2107호 (2001년 2월 14일)
주소 서울시 노원구 덕릉로86길5, 2층
전화번호 02) 313-1114
팩스 02) 393-5554
전자우편 book160@hanmail.net
편집위원 조나영 김미향 이석교
제작지원 김철종 조현숙 김영환 이계숙

도서상담 1600-7527
ISBN 978-89-5875-137-3 (04230)
978-89-5875-100-7 (세 트)

값 10,000원
잘못된 책은 구입하신 곳에서 바꾸어 드립니다.

※이 책은 10부로 제작되며, 각 부 16권씩 총160권으로 구성됩니다.※

1부	2부	3부	4부	5부	6부	7부	8부	9부	10부
1권	17권	33권	49권	65권	81권	97권	113권	129권	145권
2권	18권	34권	50권	66권	82권	98권	114권	130권	146권
3권	19권	35권	51권	67권	83권	99권	115권	131권	147권
4권	20권	36권	52권	68권	84권	100권	116권	132권	148권
5권	21권	37권	53권	69권	85권	101권	117권	133권	149권
6권	22권	38권	54권	70권	86권	102권	118권	134권	150권
7권	23권	39권	55권	71권	87권	103권	119권	135권	151권
8권	24권	40권	56권	72권	88권	104권	120권	136권	152권
9권	25권	41권	57권	73권	89권	105권	121권	137권	153권
10권	26권	42권	58권	74권	90권	106권	122권	138권	154권
11권	27권	43권	59권	75권	91권	107권	123권	139권	155권
12권	28권	44권	60권	76권	92권	108권	124권	140권	156권
13권	29권	45권	61권	77권	93권	109권	125권	141권	157권
14권	30권	46권	62권	78권	94권	110권	126권	142권	158권
15권	31권	47권	63권	79권	95권	111권	127권	143권	159권
16권	32권	48권	64권	80권	96권	112권	128권	144권	160권